五年制高等师范教材

现代汉语

主　编　卜玉平
副主编　白金香

南京大学出版社

五年制高等师范教材

现代汉语

编写人员名单

卜玉平（南京大学文学院，江苏教育学院）
白金香（盐城高等师范学校）
夏　莲（南通高等师范学校）
王永吉（江苏教育学院）

五年制高等师范教材
编写说明

五年制高等师范学校经过二十多年的探索与实践，已经成为我国培养专科层次小学、幼儿园教师的骨干力量。为进一步提高人才培养的规格与质量，我们组织编写了本套五年制高等师范学校基础阶段教材。

编写五年制高等师范教材是适应基础教育课程改革的需要。我国基础教育课程改革顺应时代发展的要求，着眼于培养一代新人，描述了新的课程框架，提出了课程功能的转变等具体目标，引发了基础教育人才培养内容和方式的深刻变革。课程问题最终是教师的问题。我们应当适应基础教育课程改革的需要，努力构建新课程理念下小学教师的培养模式和课程体系。

编写五年制高等师范教材是适应小学教师专业化的需要。教师专业化是世界教师教育的潮流。小学教师专业化与中学教师专业化是有区别的，小学生的依赖性和向师性，对小学教师专业情意的要求更为鲜明；小学教育的趣味性和艺术性，对小学教师专业技能的要求更为全面；小学教育的基础性和全面性，对小学教师专业知识的要求更为综合。因此，我们要认真研究小学教师的专业特点和要求，在专业化视野中探究小学教师教育的理念和方法，深化五年制高等师范的教学改革，加强小学教育专业建设。

五年制高等师范教材的编写努力体现"五年一贯"的思想。我们的基本构想是前三年以基础性为主，兼顾选择性，后两年以选择性为主，兼顾基础性。前后衔接，融为一体。作为系统工程的一部分，我们先行开发基础性阶段的部分教材，以后将逐步探索，构建整体的教材体系。

为编写五年制高等师范教材，我们在充分调研的基础上，聘请了师范院校具有丰富教学经验和较高学术水平的学科带头人分别担任学科教材的主编，从事教学的一线骨干教师参与编写，同时聘请专家进行审定。由于时间仓促，难免存在不足之处，请在使用中提出宝贵意见，以便修订完善。

五年制高等师范教材编写委员会
2009 年 6 月

五年制高等师范教材编写委员会名单

主 任 委 员：杨九俊
副主任委员：黄正平　左　健　顾爱彬
委　　　员：（按姓氏笔画排序）
　　　　　　丁兆雄　王淑芬　王振华　户振江
　　　　　　孔宝刚　华　炜　李　放　张兴朝
　　　　　　张祥华　陈昌林　陈之芥　周　彬
　　　　　　赵裕东　胡　豪　郭毅浩　唐志华
　　　　　　崔一良　章跃一　葛高元

目 录

第一章 绪论 …………………………………………………………… 1
  第一节 现代汉民族共同语——普通话 ……………………………… 1
    一、什么是现代汉语 …………………………………………………… 1
    二、现代汉语的历史地位和国际地位 ………………………………… 2
  第二节 现代汉语方言 ………………………………………………… 4
  第三节 现代汉语课程的性质和学习方法 …………………………… 6
    一、现代汉语课程的性质 ……………………………………………… 6
    二、学习现代汉语的基本方法 ………………………………………… 7

第二章 语音 …………………………………………………………… 10
  第一节 语音概说 ……………………………………………………… 10
    一、语音的性质 ………………………………………………………… 10
    二、语音的基本概念 …………………………………………………… 12
    三、元音和辅音 ………………………………………………………… 13
    四、声母、韵母和声调 ………………………………………………… 14
    五、《汉语拼音方案》和国际音标 …………………………………… 15
  第二节 声母 …………………………………………………………… 21
    一、声母的发音 ………………………………………………………… 21
    二、声母辨正 …………………………………………………………… 23
  第三节 韵母 …………………………………………………………… 32
    一、韵母的发音 ………………………………………………………… 32
    二、韵母辨正 …………………………………………………………… 40
  第四节 声调 …………………………………………………………… 44
    一、声调的性质和作用 ………………………………………………… 44
    二、调值和调类 ………………………………………………………… 45
    三、声调辨正 …………………………………………………………… 45
  [附录一] 江苏各方言区部分地方的声调同北京声调对应情况表
    ………………………………………………………………………… 48
  [附录二] 声调对照表 ………………………………………………… 49

第五节 音节
一、普通话音节的结构ꞏꞏꞏ 50
二、声母和韵母的配合关系ꞏꞏꞏ 50
三、声韵配合关系辨正ꞏꞏ 52
四、音节的拼读和拼写ꞏꞏ 53
[附录三] 汉语拼音正词法基本规则ꞏꞏꞏꞏꞏꞏꞏꞏꞏꞏꞏꞏꞏꞏꞏꞏꞏꞏꞏꞏꞏꞏꞏꞏ 56

第六节 音变
一、轻声ꞏꞏꞏ 64
二、变调ꞏꞏꞏ 65
三、语气词"啊"的变化ꞏꞏ 67
四、儿化ꞏꞏꞏ 68

第七节 语音规范化
一、轻声和儿化的规范ꞏꞏ 69
二、异读词的规范ꞏꞏ 70
三、误读字正音ꞏꞏꞏ 71
[附录四] 普通话异读词审音表ꞏꞏꞏꞏꞏꞏꞏꞏꞏꞏꞏꞏꞏꞏꞏꞏꞏꞏꞏꞏꞏꞏꞏꞏꞏꞏꞏꞏꞏꞏꞏꞏ 73

第三章 文字 95

第一节 汉字概说
一、汉字的性质ꞏꞏꞏ 95
二、汉字的特点ꞏꞏꞏ 97

第二节 汉字的形体演变
一、古文字阶段ꞏꞏꞏ 98
二、今文字阶段ꞏꞏꞏ 100

第三节 汉字的造字方法
一、象形ꞏꞏ 103
二、指事ꞏꞏ 104
三、会意ꞏꞏ 105
四、形声ꞏꞏ 105
五、关于假借字ꞏꞏ 106
六、现代汉字的造字方法ꞏꞏꞏꞏꞏꞏꞏꞏꞏꞏꞏꞏꞏꞏꞏꞏꞏꞏꞏꞏꞏꞏꞏꞏꞏꞏꞏꞏꞏꞏꞏꞏꞏꞏꞏꞏꞏꞏꞏ 106

第四节 汉字的结构
一、笔画和笔顺ꞏꞏ 107
二、偏旁和部首ꞏꞏ 109
三、间架结构ꞏꞏ 110
四、汉字的查检方法ꞏꞏꞏ 111

第五节　汉字的规范和改革 …………………………………… 115
　　一、汉字的规范 ………………………………………………… 116
　　二、汉字的改革 ………………………………………………… 117
第六节　汉字的正字法 ………………………………………… 120
　　一、产生错别字的原因 ………………………………………… 121
　　二、正字的方法 ………………………………………………… 123
第七节　汉字知识在小学语文教学中的运用 ………………… 124
　　一、小学识字教学方法分析 …………………………………… 124
　　二、利用汉字特点指导小学生识字 …………………………… 125

第四章　词汇 ………………………………………………… 126
第一节　词汇概说 ……………………………………………… 126
　　一、词和词汇 …………………………………………………… 126
　　二、语素及其分类 ……………………………………………… 127
第二节　词的构造 ……………………………………………… 128
　　一、单音词和多音词 …………………………………………… 128
　　二、单纯词和合成词 …………………………………………… 128
第三节　词义 …………………………………………………… 131
　　一、词义的性质和演变 ………………………………………… 131
　　二、词的本义和基本义 ………………………………………… 134
　　三、同音词和多义词 …………………………………………… 135
第四节　同义词和反义词 ……………………………………… 137
　　一、同义词 ……………………………………………………… 137
　　二、反义词 ……………………………………………………… 140
第五节　词汇的构成和发展 …………………………………… 142
　　一、基本词汇和一般词汇 ……………………………………… 142
　　二、熟语 ………………………………………………………… 144
　　三、词汇的发展变化 …………………………………………… 150

第五章　语法 ………………………………………………… 154
第一节　语法概说 ……………………………………………… 154
　　一、语法及其特点 ……………………………………………… 154
　　二、五级语法单位 ……………………………………………… 155
第二节　词　类（上） ………………………………………… 156
　　一、词类及其划分标准 ………………………………………… 156
　　二、实词 ………………………………………………………… 157
　　三、实词的运用 ………………………………………………… 165

第三节 词类(下) ·················· 167
一、虚词·················· 167
二、虚词的运用·················· 176
三、词的兼类和活用·················· 178

第四节 短语 ·················· 180
一、短语的类别·················· 180
二、短语的扩展与分析·················· 185

第五节 单句 ·················· 189
一、句子的类型·················· 189
二、主谓句·················· 193
三、非主谓句·················· 196
四、几种特殊句式·················· 198
五、句子的省略和移位·················· 206
六、句子的特殊成分·················· 207
七、单句的分析·················· 209

第六节 复句 ·················· 212
一、什么是复句·················· 212
二、复句的种类·················· 216
三、多重复句及其分析·················· 225
四、多重复句的语义关系分析·················· 229
五、紧缩复句·················· 230

第七节 句群 ·················· 233
一、什么是句群·················· 233
二、句群与复句、段落·················· 234
三、句群的类型·················· 236

[附录五] 标点符号用法·················· 241

第六章 修辞 ·················· 248

第一节 修辞概说 ·················· 248
一、修辞的含义·················· 248
二、修辞的特点与原则·················· 249
三、修辞与语音、词汇、语法的关系·················· 250

第二节 声音的调谐 ·················· 251
一、音节匀称·················· 251
二、声韵和谐·················· 252
三、声调协调·················· 253

第三节　词语的锤炼 …… 254
一、一般词语的选用 …… 255
二、同义词语的选用 …… 256
三、反义词语的选用 …… 257

第四节　句式的选择 …… 258
一、长句与短句 …… 259
二、整句与散句 …… 261
三、口语句式与书面语句式 …… 263

第五节　常用辞格 …… 265
一、比喻 …… 265
二、比拟 …… 271
三、借代 …… 273
四、夸张 …… 276
五、对偶 …… 278
六、排比 …… 280
七、反复 …… 282
八、层递 …… 285
九、对比 …… 286
十、设问 …… 288
十一、反问 …… 289
十二、顶真 …… 290
十三、回环 …… 292
十四、拈连 …… 294
十五、仿拟 …… 295
十六、摹绘 …… 297
十七、辞格的综合运用 …… 298

第一章 绪 论

第一节 现代汉民族共同语——普通话

一、什么是现代汉语

(一) 语言的属性

语言,通俗地说,就是人类所说的话的总称。无论是汉语,还是英语,或者其他语种,都是语言。语言是人类社会特有的产物,劳动创造了语言。关于语言,我们可以从不同角度认识它。

首先,从语言的功能来看,语言是人类最重要的交际工具和思维工具。能够运用语言表达思想并进行交际,是人类和其他动物的根本区别之一。

交际工具是指人们能够利用语言传递和交流信息,它是组成人类社会的一个不可缺少的因素。人之所以能生存,就因为彼此能和衷共济,抵御自然的和人为的灾害,不断创造幸福的生存环境;而人们之所以能彼此合作,就因为语言这个交际工具,人们靠它来互通信息。除了语言外,人类还使用一些其他的交流手段,比如手势、旗语、交通信号、电报代码等等,但是这些手段都是在语言的基础上产生的,而且在使用范围上是受到一定的限制的,只能作为语言的辅助手段。所以我们说语言是人类最重要的交际工具。

思维工具是指人们能够利用语言形成和表达思想,它是思想最完善、最有效的载体。思维是人脑的一种机能,是人脑反映客观世界的过程,思维的进行必须有某种载体作为工具。人进行思维,思考问题,都必须依附于某种语言,所以语言学和心理学都认为语言是思维的工具。语言还是人类保存认识成果的工具。人对客观世界的认识,对自我的认识,其成果最终也是通过语言加以保存的。所以我们说语言是人类最重要的思维工具。

其次,从内容结构上来看,语言是人类特有的一套音义结合的符号系统。它包括语音、词汇、语法三个要素。语音是语言符号的声音要素,是它的物质外壳;词汇是语言符号的总汇,是它的建筑材料;语法是语言符号形态的变化规律和组合规律,是它的结构规律。所有语言都是有声语言,所有语言都是用来表情达意的。在没有文字之前，或者说在不借助于文字的时候，一个人要向他人表情达意，就从口中发出一连串的声音；听的人就根据这声音来理解、体会对方的意思和情感。某人有目的地发出的而他人能从中理解、体会其意的声音实际上是一种声音和意义相结合的符号。

语言是人类特有的一种社会现象，是人类最重要的交际工具和思维工具，是以语音为物质外壳，以词汇为建筑材料，以语法为结构规律而构成的符号系统，具有任意性和线条性。

（二）现代汉语的含义

现代汉语指现代汉民族使用的共同语，是以北京语音为标准音，以北方话为基础方言，以典范的现代白话文著作为语法规范的普通话。它是我国汉民族各方言地区和我国各民族之间用来进行交际的语言。

世界上已知的语言大约有5000多种。汉语是汉民族人民所使用的语言，也是世界上使用人口最多的语言，使用人口大约有11亿以上。汉语主要分布在中国境内，但在海外有大量的人将汉语作为母语或外语使用。汉语有悠久的历史，汉语口语形成的最早年代已无从考证，但用以记录汉语的方块汉字，从已经发现的殷商时期的甲骨文算起，至少也有3000多年的历史了。

现代汉语以北京语音为标准音。统一汉语语音，不能以虚拟出来的语音或者用各种方音拼凑起来的语音作为标准音，必须以一个具体地点的方言语音作为标准音。而北京自13世纪以来，即成为全中国的政治、经济、文化中心，以北京语音为标准音，是历史发展的必然结果，早已为人们公认了。

现代汉语以北方话为基础方言。以黄河流域为中心的北方方言区，历来是中国政治、经济和文化的中心。在汉语方言中，北方方言具有很大的优势，它使用的人数最多，范围最广，并且方言内部具有很大的一致性，相互间进行交际没有困难。北方话词汇从13世纪开始就随着官话和白话文学传播开来，已经成为书面语白话文的基础。

现代汉语以典范的现代白话文著作为语法规范。所谓"典范"的著作，就是指具有广泛代表性的著作，如著名作家的、语言脍炙人口的名作名篇，以这些作品中一般用例为语法规范。所谓"现代白话文著作"，即语法规范要以现代的白话文作品为主，因为语言在不断发展，早期的白话文作品中的例子有的已经过时了。

二、现代汉语的历史地位和国际地位

（一）汉语的定位

语言总是属于一定的社会或民族的，一个民族有一个民族的语言。汉民族的语言就是汉语，它是随着汉民族的形成逐渐发展起来的一种语言，并对中华民族的形成、中国文化的传播起过巨大的作用。汉民族的历史是悠久的，汉语的历史也是悠久的,不论古代汉民族的语言,还是现代汉民族的语言,都是汉语。我国是一个多民族的国家,除了汉族外,还有 55 个少数民族,各个民族大多有自己的语言。由于使用汉语的人口占绝大多数,所以汉语成了国内各民族之间共同使用的交际语言。2000 年实行的《国家通用语言文字法》把汉语确立为通用语言。它也是国际上代表中国的语言,是世界上使用人口最多的语言。

汉语是世界上最悠久、最发达的语言之一,在全世界具有非常深远的影响。汉语在东方文化史上处于极其重要的地位,对东亚、东南亚邻邦的语言和文化产生过巨大的影响。汉语和汉字曾随着古代中国高度发达的科学文化一起传播到日本、朝鲜、越南等国家。一直到现在,汉语词汇在这些国家的语言里还占有十分重要的地位,甚至构成了这些语言的基本词汇里非常大的一部分。新中国成立以后,随着中国国际地位的日益提高,汉语在世界上的地位也日渐提高。1973 年,联合国大会把汉语列为联合国的 6 种法定工作语言之一(其他 5 种分别是英语、法语、俄语、西班牙语和阿拉伯语)。改革开放以来,中国与世界各国的政治、经济、文化交流不断扩大,汉语的国际影响也越来越大,受到了各国的广泛重视,世界上要求学习汉语的人也越来越多,并在最近的十年中形成了学习汉语的热潮。

(二)现代汉语的历史来源

现代汉语是近代汉语的继承和发展,是在以北京话为代表的北方方言的基础上逐渐形成和发展起来的。现代汉民族共同语的形成,有一个历史发展过程。从近代汉语的历史发展中,可以清楚地看到宋元以后有两种明显的趋势在北方话的基础上发生:一种表现在书面语方面,就是白话文学的产生和发展;一种表现在口语方面,就是"官话"逐渐渗入各个方言区。

据文献记载,我国早在先秦就产生了"雅言",汉代又有"通语",它们都是当时统一的书面语。但是在古代社会中掌握书面语的仅仅是少数受过教育的人,书面语代代相传,很容易和口语脱节,形成一种脱离口语的书面语,这就是通常所说的"文言"。文言最初也是在口语的基础上形成的,以后却和口语的距离越来越远。这样到了唐宋时代,在人民大众口语的基础上又形成了一种新的书面语,这就是"白话",白话始终是和口语密切联系的。宋元以后用白话写作的文学作品就大量出现了,包括《水浒传》、《儒林外史》、《红楼梦》等文学巨著。它们尽管都带有各地的地方色彩,但所用的基础方言都是北方方言,它们大量传到非北方话的地区,加速了北方方言的推广。很多非北方话地区的人也学会了用白话阅读和写作,这样白话就在一定程度上具有了全民性。白话就是现代汉民族共同语书面形式的来源。

在白话文学流传的同时,以北京话为代表的"官话"也逐步传播开去,不仅成为各级官府的交际工具,而且实际上也成为全民族共同使用的语言。元末明初的《朴通事》和《老乞大》是两种供朝鲜人学习汉语用的会话课本,就是用北京口语写的，被公认为当时汉语口语的代表。清朝时，雍正皇帝还责令在福建、广东等地设立"正音书院"，专门教授官话，并且规定不会官话的人不能做官。这样，以北京话为代表的北方"官话"就成了现代汉民族共同语口头形式的源头。

北京自从公元1153年金朝开始成为一国首都，以后元、明、清三代都定都于此，八百多年来一直是全国政治、经济以及文化的中心。北京话在官话形成的过程中也就逐渐成为最有影响最有威望的方言，为普通话以北京语音为标准音奠定了基础。到了20世纪初，特别是五四运动时期，随着民族民主革命运动的高涨，适应社会需要的白话文终于取代了文言文，成为正式的书面语言。在"白话文运动"彻底动摇文言文统治地位的同时，又掀起了"国语运动"，用"国语"这一名称取代"官话"。这两种运动——白话文运动和国语运动，互相推动、互相影响，使书面语和口语接近起来并有了统一的规范，形成了言文一致的现代汉语普通话，并取得了共同语的地位。

第二节　现代汉语方言

汉语在长期发展的过程中，产生并形成了许多方言。方言是一种语言的地域变体。汉族的先民开始时人数很少，使用的汉语也比较单纯。随着社会的发展，居民逐渐向四周扩展，有的集体向远方迁移，有的和异族人发生接触，汉语逐渐地发生分化，产生了分布在不同地域上的方言。早在《左传》《孟子》里，汉语方言已有齐语、楚语之分，这说明公元前3—4世纪的战国时代，北方汉语和南方汉语已经有相当显著的差异。现代汉语方言分布区域辽阔，差异较大、情况较复杂的地区多集中在长江以南。长江以北广大地区，尤其是华北、东北地区，汉语方言的一致性比南方大得多。总的格局是：北方各方言一致性大、差异性小；南方各方言差异性大、一致性小。闽、粤两大方言和普通话差别最大，吴方言次之，客家、赣、湘等方言和普通话差别要小一些，北方方言作为民族共同语的基础，和普通话的差别自然要小得多。

在中国境内，现代汉语方言目前通常分为七大方言区：

1. 北方方言

北方方言又称北方话、官话方言，以北京话为代表。分布在长江以北地区，镇江以西、九江以东的长江南岸沿江地带，四川、云南、贵州、湖北（东南角除外）等省，湖南西北角、广西西北部。使用人口约占汉族总人数的70%以上。北方方言区可分为8个次方言区：① 东北官话，通行于东北三省、河北东北部、北京地区以及新疆北部；② 冀鲁官话，通行于河北、山东的石家庄、献县、沧州、济南等地；③ 胶辽官话，通行于山东、辽宁的青岛、烟台、大连等地；④ 秦晋官话，通行于山西大部分、陕西北部和内蒙古中部黄河以东地区；⑤ 中原官话，通行于河南省黄河以南地区、山东西部、山西西南部、陕西中部渭河流域以及甘肃、青海两省和宁夏、新疆两区南部;⑥ 兰银官话,通行于兰州及甘肃、宁夏北部、新疆乌鲁木齐以西和以东地区;⑦ 江淮官话,通行于安徽、江苏两省长江以北江淮之间,湖北、江西沿江地带以及江苏长江南岸的南京、镇江、溧水等地;⑧ 西南官话,通行于湖北大部分地区,云南、贵州、四川三省汉语地区以及湖南边缘、广西北部。北方方言是汉民族共同语的基础方言,是通行地域最广、使用人口最多的一种方言。

2. 吴方言

吴方言又称江南话或江浙话,以上海话为代表。分布在上海市、江苏省长江以南镇江以东地区(不包括镇江)、南通的小部分地区、浙江省的大部分地区、江西东北部、安徽南部和福建西北角。使用人口约占汉族总人数的8%左右。吴方言可分为8个次方言区:① 太湖片,包括常州、苏沪嘉、湖州、杭州、临绍、宁波小片;② 台州片(以临海话为代表);③ 瓯江片(以温州话为代表);④ 婺州片(以金华话为代表);⑤ 处衢片(以丽水话为代表);⑥ 宣州片;⑦ 严州片;⑧ 徽州片。

3. 赣方言

赣方言又称江西话,以南昌话为代表。分布在江西省大部分地区(东北沿江地区和南部除外)和湖北东南、福建西北、安徽西南、湖南东部部分地区。使用人口约占汉族总人数的3.2%左右。

4. 湘方言

湘方言又称湖南话,以长沙话为代表。分布在湖南省大部分地区(西北角除外)、广西北部4个县。使用人口约占汉族总人数的3.2%左右。湘方言可以分为新湘语和老湘语两个方言片,老湘语以双峰话为代表,新湘语受西南官话影响大。

5. 客家方言

客家方言又称客话,以广东梅县话为代表。分布在广东、广西、福建、江西、台湾等省的部分地区和湖南、四川的少数地区。使用人口约占汉族总人数的4%。客家人从中原迁徙到南方,虽然居住分散,但客家方言仍自成系统,内部差别不大。

6. 闽方言

闽方言又称福佬话,以福州话为代表。可分为8个次方言区:① 闽东片(以福州话为代表);② 闽南片(以厦门话为代表);③ 闽北片(以建瓯话为代表);④ 闽中片(以永安话为代表);⑤ 莆仙片(以莆田话为代表);⑥ 琼文片;⑦ 雷州片;⑧ 邵将片(福建西北部富屯流域)。闽方言分布在福建大部分地区、广东的东部、海南岛和雷州半岛地区、浙江南部和台湾省。华侨和华裔中有不少人说闽方言。闽方言使用人口约占汉族总人数的5.6%。

7. 粤方言

粤方言又称广东话,以广州话为代表。通行于广东中部、西南部,广西东部、南部,以及香港和澳门特区。华侨、华裔中也有不少说粤方言的。使用人口约占汉族总人数的4.1%。

此外,有的学者提出可以把皖南徽州一带的方言从吴方言中分出来,称为徽语;把山西保留入声调的地区即秦晋官话从北方方言中独立出来,称为晋语。它们和上述七大方言也可以合称为九大方言。

这些方言之间的差异表现在语音、词汇、语法等各个方面。其中语音方面差别最为明显,词汇方面次之,语法结构相对稳定,差别较细微。

语音方面,各方言之间有很大的差别。声母方面,有的保留成套的古浊音,有的浊音很少;有的分舌尖前音和舌尖后音,有的不分。韵母方面,有的有-m、-n、-ng、-b、-d、-g韵尾,有的只有-n、-ng,有的-n和-ng不分。声调方面,各方言的入声情况很不相同,调类也从三个到十个不等,调类相同的,调值也不同。此外,它们声、韵、调的配合关系也不一样。

词汇方面,各方言都有自己的方言词,通行于本方言区内。同一对象在各方言区常常有不同的表述方法。如日常生活中烧饭、炒菜的容器,闽方言叫"鼎",吴方言叫"镬",北方方言叫"锅"。又如普通话说"这本书给他先看吧"这句话,用广州话来说,是"呢本书畀佢睇先嗻!"不懂粤方言的人如果只是听广州人说这句话,很可能会感到不知所云。如果从书面上看,像"本、书、先"这几个词自然很熟悉,但是像"畀、睇、嗻"这几个词恐怕就很难看懂。由此可以看出,方言之间词汇的差别有时是非常明显的。

语法方面,跟语音、词汇方面的差异相比,各方言的语法差异较小。主要表现在量词的使用、某些句子的不同格式以及语气词等虚词的使用上。如北京话说"一个人",客家话说"一只人"。表示比较的句式中,北方方言说"今天比昨天冷",粤方言说"今天冷过昨天"。在上面的例句中,只有"睇先"和普通话"先看"语序不同。

虽然现代汉语的各种方言相互间存在不少差异,但它们共用一套汉字符号系统,有着一批共同的词汇单位,又有大致统一的语法结构和整套关系密切对应的音系,所以汉语的这些方言仍然是从属于民族共同语的语言,是现代汉语的地域变体,而并不是和普通话并列的独立语言。

此外,由于性别、年龄、地位、职业、信仰、文化程度等社会因素的不同,人分属于不同的社会群体。每一群体都有一些区别于其他群体的语言特点,从而形成语言的各种社会变体,也叫做社会方言。现代汉语的社会变体主要有性别变体、年龄变体、行业变体、阶层变体和社会变体。

第三节 现代汉语课程的性质和学习方法

一、现代汉语课程的性质

语言学是研究和分析语言的一门科学,它有许多分支,既有研究世界上各种语言普遍性规律的普通语言学,又有专门研究某种语言客观规律的个别语言学,在科学技术高度发展的现代,还产生了许多新的专门的语言学学科如音系学、语义学等。语言学又与人文科学和自然科学的许多领域密切相关,形成了许多新兴的边缘学科,如社会语言学、文化语言学、神经语言学、统计语言学等。语言学中的某些理论与方法,如结构主义,也为其他学科领域所采用。语言学与各门科学的关系越来越密切,它应该成为关于人类行为研究的一门科学。

现代汉语作为一门学科,是语言学中的一个分支学科。它只研究汉语,应该属于个别语言学;它又只研究现代汉民族的共同语,应该属于个别语言学中的描写语言学。现代汉语作为一门课程,将系统地讲授有关现代汉语的理论知识,提高学生理解、分析和运用现代汉语的能力。它的教学应该面向世界,面向未来,面向现代化,为在现代社会中深入学习和研究汉语、外语及与其相关的人文学科打下基础。因此,我们应该在现代社会的生活和科学发展的背景下,努力用现代语言学的理论和方法来学好现代汉语课程。

二、学习现代汉语的基本方法

在现代社会里学习现代汉语,我们提倡科学的精神和科学的方法。学习现代汉语应该注重理论分析,善于吸收现代汉语研究的新成果。我们不能只满足于提高现代汉语的读写水平,我们还应该努力养成自己动手记录、搜集语言材料并加以研究的能力。因为语言本质上既具有人文性,又具有自然性,所以我们可以从社会科学和自然科学两方面对现代汉语进行多角度的观察与分析,与此同时进一步用自然科学和社会科学的基本思路去分析现代汉语。在此基础上,重点掌握如下方法:

(一)比较法

比较法是一种非常有效的方法,通过比较,可以发现两者之间的差异点和相同点,并从中归纳出若干有意思的规律来。就现代汉语来讲,可以进行以下三个方面的比较:

1. 现代汉语跟外语,特别是跟英语进行比较。例如疑问句的词序,现代汉语跟英语是不同的。现代汉语里问:"你在做什么?"英语里就要变成:What are you doing? 再比如表达相同的意思,两种语言所使用的介词却不同。例如现代汉语说:"向雷锋同志学习。"用的介词是"向",英语就要说成 Let's learn from Comrade Lei Feng. 用的介词是 from(从)。

2. 现代汉语的普通话跟各个方言,特别是跟学校所在地区的方言或学生会说的方言进行比较。例如:普通话、粤方言和吴方言里都有一种由副词"没有"构成的正反问句,但是,它们却有很明显的区别:

	问句	否定回答	肯定回答
普通话	你吃过饭没有？	没有。	吃过了。
粤方言	你有食佐饭？	冇。	有。
吴方言	你有勿有吃过饭？	唔有。	吃过勒。

我们发现：粤方言和吴方言都可以用"有没有 VP"来发问，但是肯定性回答，前者可以用"有"来回答，后者却不行；普通话则连用"有没有"来发问都不允许，用"有"作肯定性回答更不行了。

3. 现代汉语跟古代汉语进行比较。比如古代汉语特指疑问句中的疑问代词宾语以及部分否定句中的代词宾语的位置都要出现在主要动词的前边。例如："吾谁欺？""不吾欺。"而现代汉语里这类词语一般都要放在主要动词的后面。例如："我欺负谁？""不欺负我。"又如古代汉语里的"自欺"、"自救"、"自责"，在现代汉语里就要说成"自己欺骗自己"、"自己救自己"、"自己责备自己"，因为现代汉语的"自己"纯粹是个代词，而古代汉语里的"自"却是代词和副词的兼类。

（二）归纳法

归纳是学习和研究的一种最基本的方法。归纳的出发点是观察，是收集大量的语言事实，并且把其中相同类型的归纳起来，归纳的过程实际上就是一个科学概括的过程。归纳是要特别注意同类语言现象中有区别的地方，即寻找"大同中的小异"，这实际上也就是发现了内部小类的特征，然后可以根据不同的特征再归纳出若干小类，或者根据某个特征把若干类别的语言现象再合并成更大的类，最后提升到理论的高度，给以合理的科学的解释。例如人们观察到，在一般所谓的形容词中，有一些比较特殊的词，它们不能受程度副词"很"的修饰，也不能单独作谓语，但是可以不带"的"直接修饰名词，当后附"的"构成"的"字结构以后，活动能力很强，比如"男、女、正、副、大型、彩色、国营、袖珍、野生"，这样，我们就可以把这一小类词从传统的形容词中区分出来，定名为"区别词"。这类词具有"唯定性"，跟副词的"唯状性"相类似。

（三）演绎法

演绎法首先是以某种理论为依据，提出某种假设，经过语言事实的验证，对先前的假设提出肯定或否定的意见，进而得出科学的结论或者新的理论观点。演绎法跟归纳法是相辅相成的，两者都十分重要，可以交替进行，也可以互为验证。例如："对头、念头、盼头、赚头"（x 头$_1$）跟"吃头、玩头、看头、听头"（x 头$_2$），有人认为这些"x 头"都是名词，我们根据构词法和构形法的理论，假设前者是属于构词法，后者是属于构形法，应该属于两类不同性质的语言现象；然后进一步观察语言事实，发现"x 头$_1$"的数量是有限的，一般语言词典都会收录，x 跟"头$_1$"的组合是不自由的，而且表示的意义也各自不同，但是作为一个名词，它的句法功能跟普通名词是一致的；"x 头$_2$"却不同，只要是动作动词几乎都可以跟"头$_2$"

组合,数量从理论上讲是无限的,所以没有一本词典会收录这类所谓的词,这类格式都表示某种"值不值得"的价值观念,但是在句法结构中所出现的位置则要受到制约。这说明"x 头$_1$"是一般的名词,而"x 头$_2$"则是 x 带上助词"头$_2$"的名词性"头"字结构,并不是名词。这样,开头的假设便得到了有力的证明。

目前现代汉语的学习和研究的发展趋势是更注重系统性、规则性,更注重共时与历时的比较,更注重口语的研究。

第二章 语　　音

第一节　语音概说

一、语音的性质

语言是人类的交际工具，是声音和意义的结合。语音是由人的发音器官发出来的能够代表一定意义的声音。语音学就是研究人类语言声音的科学。它研究语音的成分、结构以及变化的规律，训练人们的发音、听音、辨音、记音等能力。语音本质上是社会现象。但是它的构成还有其生理基础，即语音的发音过程是人类发音器官的一种生理活动。语音还具有一般声音所共有的物理属性。所以，对语音的性质，可以从三个方面来认识。

（一）语音的物理性质

语音是语言的物质外壳，具有声音的共性——物理的属性：音高、音强、音长和音色。

语音产生于物体的颤动，物体颤动，振荡着周围的空气，就形成了一种疏密相间的音波，音波刺激人们的听觉器官，使人听到了声音。

音高是声音的高低，决定于发音体在一定时间内振动的次数。次数越多，声音越高；次数越少，声音越低。语音的高低同声带的长短、厚薄、松紧有密切的关系。女人、小孩的声带比较短、薄、紧，所以声音高；男人、成人的声带比较长、厚、松，所以声音低。同一个人的声音也有高有低，这是因为人们有调节声带松紧的能力。

音强是声音的强弱大小，它决定于发音体振动幅度的大小。振幅大，声音强；振幅小，声音就弱。而振幅的大小，取决于使发音体振动的外力的大小。语音的强弱与呼出的气流量大小有关，呼出的气流量大，声音就强；反之，声音就弱。

音长就是声音的长短，是由发音体颤动持续时间的久暂决定的。颤动持续时间长，声音长；反之，声音就短。语音的长短，是指发某个音的发音动作持续的时间。

音色是声音的特色,是由发音体振动的形式决定的。不同音色的形成主要有三个方面的原因:

1. 发音方法不同,音色不同。如从发音器官的缝隙中挤出来的音与从器官的闭塞中爆发出来的音就不同。

2. 共鸣腔的形状和大小不同,音色不同。人的共鸣腔由于唇、舌、软腭的活动而能灵活自如地改变其形状和大小,从而能发出多种不同音色的音来。

3. 发音体不同,音色不同。每个人发出的音之所以有自己的特色,就是由于个人的声带质地不同。

在实际的语音环境里,音高、音强、音长、音色都不是孤立存在的,而是互相影响的。如,重读的音要加大音量,是"音强"现象,它又要说得稍长一些,则是"音长"现象,而重读的音又往往要说得高一些,而这一切,又势必影响到"音色"的变化。

(二)语音的生理性质

语音是由人的发音器官通过各种活动而发出来的声音,它具有人的生理性质。发音器官可以分为三大部分。

1. 呼吸器官

主要包括肺和气管。肺是发音器官的动力站,气管是气流的通道。发音时肺部呼出气流,经喉头的声门进入口腔或鼻腔,经过某些部位的调节,就形成了各种各样的声音。

2. 喉头和声带

喉头由甲状软骨和环状软骨以及一对杓状软骨组成。声带的前端连在甲状软骨上,后端连在一对杓状软骨上。这一对杓状软骨是活动的,可以分开并拢,跟它们相连的两片声带,像两扇门样,随着杓状软骨的活动而或开或闭。声门指两片声带间的空隙。呼吸或发噪音时,声门敞开,声带不颤动,气流畅通;发乐音时,声门关闭,声带颤动,气流从声门缝隙中挤出。声带是语音器官中产生乐音的唯一的颤动体,由两片富有弹性的肌肉组成。声带藏在喉头里面。

3. 口腔和鼻腔

口腔是主要的共鸣器,也是形成各种语音的主要器官。口腔上部是上腭,包括上唇、上齿、上齿龈、硬腭、软腭和小舌;下部是下腭,包括下唇、下齿、舌头(分舌尖、舌面和舌根)。鼻腔也是一个共鸣器。人类语音中的鼻音,

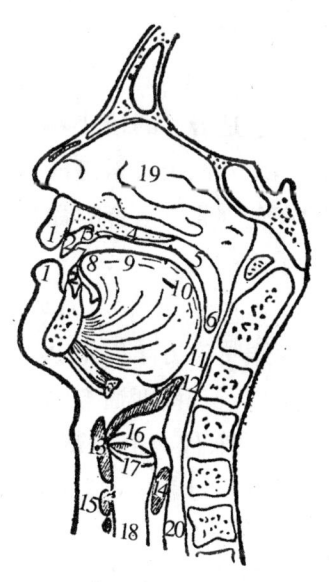

发音器官部位图

1. 上下唇 2. 上下齿 3. 齿龈 4. 硬腭 5. 软腭 6. 小舌
7. 舌尖 8. 舌叶 9. 舌面前部
10. 舌面后部 11. 咽头 12. 会厌 13. 甲状软骨 14. 环状软骨(后板) 15. 环状软骨(前弓)
16. 假声带 17. 声带 18. 气管
19. 鼻腔 20. 食道

都是以鼻腔为共鸣器,再加上口腔的调节形成的。口腔的后面是咽头,它上通鼻腔,前通口腔,下通喉头,发音时有时也起共鸣作用。

(三)语音的社会属性

语言是一种社会现象,语音是语言结构要素之一,所以语音本质上是一种社会现象。语音的本质属性是社会性,这是它区别于其他声音的重要标志。

语音有表义功能,任何语言的词汇和语法结构只有跟作为语言物质外壳的语音相结合,才能成为可感知的东西,才能体现语言的交际功能。语音的表义功能,是社会赋予的。用什么声音表示什么意义,是由使用同一种语言的社会成员约定俗成的。语音具有鲜明的民族特征或地方特征。

语音的社会性还表现在语音的系统性、语音演变的规律性等方面。

二、语音的基本概念

(一)音节

音节是语音的基本结构单位,也是自然感到的最小语音片段。

一般说来,普通话里的一个音节,就用一个汉字表示,如"春暖花开"四个字,就是四个音节。但也有少数例外,如"pénr"一个音节,就写成"盆儿"两个字。

(二)音素

音素是语音的最小单位。如"xiàolì"(效力)是两个音节,其中"xiào"是由x-i-a-o四个音素组成的,"lì"是由l-i两个音素组成的。每个音素具有不同的音色。北京语音的音素共有32个:

a、o、e、i、u、ü、ê、er、-i[ɿ](舌尖前元音)、-i[ʅ](舌尖后元音),

b、p、m、f、d、t、n、l、g、k、h、j、q、x、zh、ch、sh、r、z、c、s、ng。

汉语拼音方案原则上以一个字母代表一个音素,但26个拉丁字母不够用,于是采取了一些变通方法:一是用加符号的办法来代表另一音素,如"ü、ê";二是用"i"来兼代两个舌尖元音,为了区别起见,舌尖元音单独写时,要写成"-i";三是用双字母表示,如"zh、ch、sh、er、ng"。

(三)音位

音位是某种特定语言或方言里能区别意义的最小的语音单位。

在一种语言或方言里,人们发出的音素是很多的。但对声音相近而又不用它来区别意义的几个音素,人们不去计较那细微的差异,它们就可以归并为一个音位;如果一些音素的不同能起到区别意义的作用,那么这些音素就不属一个音位了。

例如普通话的"妈"(ma[mA])、"满"(man[man])、"芒"(mang[mɑŋ])三个词中的韵母a,实际上代表了三个音素[A]、[a]、[ɑ],但是在汉语里,这些音值上的细微差别不会引起词义的改变而使人误解,人们实际总是把它们看作一个单位,也就是属一个音位/a/。标音时就只用 a 来表示。

如果由于音素的不同而产生了词义的差别,那么这些音素就属不同的音位了。如普通话的"爬"(pá)和"麻"(má),韵母和声调都相同,但它们的意义不同,这恰恰是由于声母不同造成的,因而"p、m"就分属/p/、/m/两个音位了。

关于音位的归纳,语音学家各有研究,意见也很不一致。就目前通用的语音教材看,一般把普通话辅音归纳为 22 个音位,即/p/、/pʻ/、/m/、/f/、/t/、/tʻ/、/n/、/l/、/k/、/kʻ/、/x/、/ŋ/、/tɕ/、/tɕʻ/、/ɕ/、/tʂ/、/tʂʻ/、/ʂ/、/ʐ/、/ts/、/tsʻ/、/s/;把元音归纳为 8 个音位,即/a/、/o/、/ə/、/e/、/i/、/u/、/y/、/ɚ/。

另外,普通话的"pū(扑)、pú(仆)、pǔ(谱)、pù(铺)",声母、韵母都相同,只是因为声调不同,意义也不同了。可见,汉语声调的差别也是有区别意义的作用的,所以也可以归纳为/1/(阴平)、/2/(阳平)、/3/(上声)、/4/(去声)四个音位。

由音素成分构成的音位,称为"音质音位",由声调中归纳出来的是声调音位,简称"调位",属于"非音质音位"。

一个音位可能只包含一个音素,也可能包含几个音素,构成同一音位的几个音素,便是这个音位的变异形式,叫做"音位变体"。如普通话用 a 标音的/a/音位的主要音位变体有[a]、[ʌ]、[ɑ]、[ɛ],用 e 标音的/ə/音位的主要音位变体有[ɤ]、[ə]等。音位变体是音位的具体表现形式,音位则是从音位变体中概括归纳出来的。音位与音位变体的关系是类别与成员的关系。

再以声调音位为例。北京语音声调音位有 4 个,包括 9 个调值:

1. 阴平有"高平"(˥55)和"次高平"(˦44)之分:单念或在词句末尾念高平调,如"空、杰出";在高平之前念次高平调,如"突出、压缩"。

2. 阳平有"中升"(˧˥35)和"次中升"(˧˦34)之分:单念或在词句末尾念中升调,如"河、发达";在中升之前念次中升调,如"国籍、习俗"。

3. 上声有"降升"(˨˩˦214)、"低升"(˩˧˦34)和"低降"(˨˩˩211)之分:在单念或词句末尾念降升调,如"走、滑雪";在降升前念低升调,即一般教学中所说的"变得像阳平",如"铁塔、胛骨";在阴平、阳平、去声、轻声之前,念低降调,如"铁砂、铁皮、铁道、铁匠"。

4. 去声有"全降"(˥˩51)和"高降"(˥˧53)之分:单念或在词句末尾,念全降调,如:"不、法律";在全降前念高降调,如"目录、物质"。

《汉语拼音方案》按阴平声、阳平声、上声、去声四个音位规定声调符号为"ˉ ˊ ˇ ˋ",一般拼音、拼注不再按声调音位的变体改变什么符号。这样按声调音位标注,同上述音位/a/的几个音位变体同用一个 a 字母标音,是一样的道理。

三、元音和辅音

按发音情况的不同,音素可分为元音、辅音两大类。

（一）元音

元音发音时气流较弱,在口腔中畅通无阻,声带颤动,声音清晰响亮,发音器官保持均衡的紧张。如普通话的"a、o、e、i、u"等。

元音的发音受到口腔的形状、大小变化的影响。口腔的形状、大小不同,取决于三个条件:一是舌位的高低,二是舌位的前后,三是唇形的圆展。

发音学上有八个标准元音。这八个音用国际音标写出就是:

1. [i]　　2. [e]　　3. [ɛ]　　4. [a]
5. [ɑ]　　6. [ɔ]　　7. [o]　　8. [u]

前四个称"前列元音",后四个称"后列元音"。

下面是元音舌位图,[ ]内为国际音标,旁附是拼音字母。不规则四边形表舌面的活动范围,前宽而后窄,表明舌面前部活动量大,口的开合度也大,舌面后部活动量小,受到口腔限制。

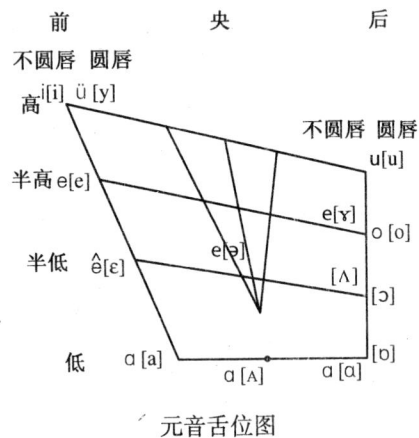

元音舌位图

由图的纵线可见舌位的前、央、后;由横线可见舌位的高、半高、半低、低;写在纵线左边的音标表示属于不圆唇(展唇)元音,右边的表示属于圆唇元音。

（二）辅音

辅音发音时气流较强,在口腔中受到一定的阻碍,大部分发音时声带不颤动,声音不响亮,发音器官中形成阻碍的部分在排除阻碍时特别紧张。如普通话辅音"b、d、n、m、h、f"等。

由于发音方法和发音部位的不同,就形成不同的辅音(详见第二节中"声母的发音"部分)。

四、声母、韵母和声调

按汉语传统的分析法(也是最方便的分析法),总是把一个音节分析成声母、韵母、声调三部分。

（一）声母

声母是指音节开头的辅音。如"shēng"(生),其中的"sh",位置处于音节的开头,性质是辅音,它就是声母。有些音节只有韵母,没有声母,叫"零声母音节"。如:"àn"(案)、"yě"(也)、"ōu"(欧)、"é"(额)。

声母和辅音不是一个概念。

其一,声母和辅音是从不同的角度分析的,前者是分析汉语音节结构时用的术语,后者是分析音素性质时用的术语。

其二,普通话声母是由辅音充当的,但不能反过来说辅音全作声母,普通话22个辅音中,21个可作声母,"ng"则只能作韵尾。("n"除作声母外,也能作韵尾)。

(二)韵母

韵母是音节中声母后面的部分。如"pái"(排),其中"ai"就是韵母。

韵母和元音不能混为一谈。

其一,韵母是从分析汉语音节结构着眼的,而元音是从分析音素性质着眼的。

其二,普通话元音都充当韵母,但不能反过来说韵母就是元音,因为普通话韵母除了单元音、复元音以外,还可以由元音带辅音韵尾构成。如"zhēnzhèng"(真正)中的n、ng都是辅音。

(三)声调

声调是指一个音节念法上高低升降的变化。如"shēnglǐ"(生理)和"shènglì"(胜利),它们的声母韵母都相同,只是声调高低升降情况不同。

五、《汉语拼音方案》和国际音标

(一)《汉语拼音方案》

1. 方案的制订及用途

汉语是我国汉民族的语言,有着悠久的历史,是世界上最发达的语言之一。汉语拼音方案是我国语言工作者在总结过去注音识字和拼音字母运动经验,集中广大群众智慧和参考世界各国拼音文字长处的基础上制订出来的一套汉语拼音符号。新中国成立后,党中央对文字改革工作十分重视。建国后不久就组织力量着手进行汉语拼音方案的研究。1956年,中国文字改革委员会公布了《汉语拼音方案(草案)》,其后又进行了反复修订。1958年2月11日,全国人民大会一届五次会议正式批准了这一方案,并向全国公布。

方案的主要用途:

(1)利用它为汉字注音,避免传统的直音法、反切法乃至注音字母给汉字注音的诸多缺点,提高识字效果。

(2)利用它帮助读准字音,学好普通话。

(3)可作为兄弟民族创造和改革文字的共同基础。

(4)可帮助外国朋友学习汉语,以促进我国和世界各国人民的交流和友好往来。

(5)可用来转写外国人名、地名,可用来编制索引,解决电报、旗语、灯光通讯以及工业产品代号等问题。

2. 方案的内容

《汉语拼音方案》包括字母表、声母表、韵母表、声调符号、隔音符号五部分。

《汉语拼音方案》采用的是国际通用的拉丁字母,共 26 个,每个字母都规定了它的名称,它的排列顺序完全和拉丁字母一样(见后附的《汉语拼音方案·字母表》)。

26 个字母中,a、o、e、i、u,它们的本音就作名称音。其余的,本音不响亮,就在本音的前面或后面配上"ê、ɑ"等,读起来响亮、清晰,以便称说。

现在小学汉语拼音教材,在书写方面主要用哥特体。这种字体是小写楷体,但接近于草体,线条均匀,没有粗细之分,也没有装饰线,还具有可一笔连写的优点,便于儿童和初学者学习。

《声母表》和《韵母表》是根据普通话语音结构的特点制定的。此外,方案还规定了声母、韵母拼成音节的一些规则以及普通话声调符号的标法和隔音符号的用法等。

附:1958 年公布的《汉语拼音方案》。

一 字母表

字母:	A a	B b	C c	D d	E e	F f	G g
名称:	ㄚ	ㄅㄝ	ㄘㄝ	ㄉㄝ	ㄜ	ㄝㄈ	ㄍㄝ
	H h	I i	J j	K k	L l	M m	N n
	ㄏㄚ	ㄧ	ㄐㄧㄝ	ㄎㄝ	ㄝㄌ	ㄝㄇ	ㄋㄝ
	O o	P p	Q q	R r	S s	T t	
	ㄛ	ㄆㄝ	ㄑㄧㄡ	ㄚㄦ	ㄝㄙ	ㄊㄝ	
	U u	V v	W w	X x	Y y	Z z	
	ㄨ	ㄪㄝ	ㄨㄚ	ㄒㄧ	ㄧㄚ	ㄗㄝ	

V 只用来拼写外来语、少数民族语言和方言。

字母的手写体依照拉丁字母的一般书写习惯。

二 声母表

b	p	m	f	d	t	n	l
ㄅ玻	ㄆ坡	ㄇ摸	ㄈ佛	ㄉ得	ㄊ特	ㄋ讷	ㄌ勒
g	k	h		j	q	x	
ㄍ哥	ㄎ科	ㄏ喝		ㄐ基	ㄑ欺	ㄒ希	
zh	ch	sh	r	z	c	s	
ㄓ知	ㄔ蚩	ㄕ诗	ㄖ日	ㄗ资	ㄘ雌	ㄙ思	

在给汉字注音的时候,为了使拼式简短,zh ch sh 可以省作 ẑ ĉ ŝ。

三 韵母表

	i 丨 衣	u ㄨ 乌	ü ㄩ 迂
a ㄚ 啊	ia 丨ㄚ 呀	ua ㄨㄚ 蛙	
o ㄛ 喔		uo ㄨㄛ 窝	
e ㄜ 鹅	ie 丨ㄝ 耶		üe ㄩㄝ 约
ai ㄞ 哀		uai ㄨㄞ 歪	
ei ㄟ 欸		uei ㄨㄟ 威	
ao ㄠ 熬	iao 丨ㄠ 腰		
ou ㄡ 欧	iou 丨ㄡ 忧		
an ㄢ 安	ian 丨ㄢ 烟	uan ㄨㄢ 弯	üan ㄩㄢ 冤
en ㄣ 恩	in 丨ㄣ 因	uen ㄨㄣ 温	ün ㄩㄣ 晕
ang ㄤ 昂	iang 丨ㄤ 央	uang ㄨㄤ 汪	
eng ㄥ 亨的韵母	ing 丨ㄥ 英	ueng ㄨㄥ 翁	
ong ㄨㄥ 轰的韵母	iong ㄩㄥ 雍		

(1) "知、蚩、诗、日、资、雌、思"等七个音节的韵母用 i,即:知、蚩、诗、日、资、雌、思等字拼作 zhi,chi,shi,ri,zi,ci,si。

(2) 韵母儿写成 er,用作韵尾的时候写成 r。例如:"儿童"拼作 ertong,"花儿"拼作 huar。

(3) 韵母ㄝ单用的时候写成 ê。

(4) i 行的韵母,前面没有声母的时候,写成 yi(衣),ya(呀),ye(耶),yao(腰),you(忧),yan(烟),yin(因),yang(央),ying(英),yong(雍)。

u 行的韵母,前面没有声母的时候,写成 wu(乌),wa(蛙),wo(窝),wai(歪),wei(威),wan(弯),wen(温),wang(汪),weng(翁)。

ü 行的韵母,前面没有声母的时候,写成 yu(迂),yue(约),yuan(冤),yun(晕);ü 上两点省略。

ü 行的韵母跟声母 j,q,x 拼的时候,写成 ju(居)、qu(区)、xu(虚),ü 上两点也省略;但是跟声母 n,l 拼的时候,仍然写成 nü(女)、lü(吕)。

(5) iou,uei,uen 前面加声母的时候,写成 iu, ui, un。例如 niu(牛),gui(归),lun(论)。

(6) 在给汉字注音的时候,为了使拼式简短,ng 可以省作 ŋ。

四 声调符号

阴平　　　阳平　　　上声　　　去声
　-　　　　ˊ　　　　ˇ　　　　ˋ

声调符号标在音节的主要母音上。轻声不标。例如：

妈 mā　　麻 má　　马 mǎ　　骂 mà　　吗 ma
(阴平)　 (阳平)　 (上声)　 (去声)　 (轻声)

五 隔音符号

a、o、e 开头的音节连接在其他音节后面的时候，如果音节的界限发生混淆，用隔音符号(')隔开，例如：pi'ao（皮袄）。

3. 汉语拼音字母的书写法

为了和小学语文课本所使用的汉语拼音字母的体式保持一致，小学语文教师在板书汉语拼音字母时最好也写哥特体。

大写字母的样式和笔顺是：

小写字母的笔顺如下：

小写字母的书写位置:

(1) 占中格的,有 13 个字母,它们是:

(2) 占中上格,有 8 个字母,它们是:

(3) 占中下格,有 4 个字母,它们是:

(4) 还有一个 j,除了占中格外,还要占上格和下格:

这里要说明一点,就是无论占上格还是占下格,都不是把上、下格占满。

(二) 国际音标

为了准确地分析语音,需要一套音素的标写符号。通行的文字不适合用来作这种标写符号。方块字固然不宜,即使是拼音文字也不合适,如英语、俄语里都有拼法与语音不一致的地方。因此,需要专门制定一套明确的各国通用的音素标写符号。

记录音素的标写符号叫做音标,其中最通行的是"国际音标"。

国际音标初稿是国际语音学会 1888 年制订的,以后又经过多次增补修改。

国际音标的优点是表里一致,它制订的原则是"一个音素只用一个符号代表,一个符号只代表一个音素",所以,用它记音不可能产生模棱两可的问题。

国际音标在形式上以世界上很多民族通用的拉丁字母的小写印刷体为主,如[a]、[b]、[d]、[f]、[k]、[i]等。拉丁字母不够用,再用其他几种方式补充:第一,大写的字母,小写的尺寸,如:[A]、[E];第二,采用手写体,如[ɑ]表示"后 a";第三,借用其他字母,如希腊字母[β]、[θ];第四,拉丁字母倒写,如[ə]表示"买了书"的"了"字的元音;第五,改变字母的原形,例如[ŋ]、[ɲ]、[ʃ];第六,新造字母,如[ʔ]表示"喉塞音",即南京、苏州、常州、扬州等地"一、六、七、十"这些字的尾音;第七,附加符号,如[ã]表示"鼻化的[a]",[a:]表示"[a]的长音";第八,采用合体字母,如[œ]、[æ]。

国际音标符号比较完备,没有一定的数目,可视情况需要依照所定原则随时增补,它所代表的音和标音方法世界各国基本上是统一的,能比较精确地记录世界上各种语言的语音。它已为世界各国语言学界所公认,通行范围甚广。

标写国际音标时,要在音标外面加上方括号,如[θ]、[ɛ]等,以表示与其他符号的区别。

汉语拼音字母、注音符号和国际音标对照表

拼音字母	注音符号	国际音标	拼音字母	注音符号	国际音标	拼音字母	注音符号	国际音标
b	ㄅ	[p]	z	ㄗ	[ts]	ia	ㄧㄚ	[iA]
p	ㄆ	[pʻ]	c	ㄘ	[tsʻ]	ie	ㄧㄝ	[iɛ]
m	ㄇ	[m]	s	ㄙ	[s]	iao	ㄧㄠ	[iau]
f	ㄈ	[f]	a	ㄚ	[A]	iou	ㄧㄡ	[iou]
v	万	[v]	o	ㄛ	[o]	ian	ㄧㄢ	[iɛn]
d	ㄉ	[t]	e	ㄜ	[ɤ]	in	ㄧㄣ	[in]
t	ㄊ	[tʻ]	ê	ㄝ	[ɛ]	iang	ㄧㄤ	[iaŋ]
n	ㄋ	[n]	i	ㄧ	[i]	ing	ㄧㄥ	[iŋ]
l	ㄌ	[l]	-i(前)		[ɿ]	ua	ㄨㄚ	[uA]
g	ㄍ	[k]	-i(后)		[ʅ]	uo	ㄨㄛ	[uo]
k	ㄎ	[kʻ]	u	ㄨ	[u]	uai	ㄨㄞ	[uai]
h	ㄏ	[x]	ü	ㄩ	[y]	uei	ㄨㄟ	[uei]
j	ㄐ	[tɕ]	er	ㄦ	[ɚ]	uan	ㄨㄢ	[uan]
q	ㄑ	[tɕʻ]	ai	ㄞ	[ai]	uen	ㄨㄣ	[uən]
x	ㄒ	[ɕ]	ei	ㄟ	[ei]	uang	ㄨㄤ	[uaŋ]
zh	ㄓ	[tʂ]	ao	ㄠ	[au]	ueng	ㄨㄥ	[uəŋ]
ch	ㄔ	[tʂʻ]	ou	ㄡ	[ou]	ong	ㄨㄥ	[uŋ]
sh	ㄕ	[ʂ]	an	ㄢ	[an]	üe	ㄩㄝ	[yɛ]
r	ㄖ	[ʐ]	en	ㄣ	[ən]	üan	ㄩㄢ	[yɛn]
			ang	ㄤ	[ɑŋ]	ün	ㄩㄣ	[yn]
			eng	ㄥ	[əŋ]	iong	ㄩㄥ	[yŋ]

第二节 声 母

音节开头的辅音是声母。普通话22个辅音中,除"ng"只作韵尾外,其余都可作声母。

一、声母的发音

普通话声母的发音,是由发音部位和发音方法决定的。发音部位是指阻碍气流的位置;发音方法是指形成和克服阻碍的方式,包括气流阻碍的方式、如何克服阻碍、送出的气流是否显著、声带是否颤动等。

(一)按发音部位,声母可分为七类

1. 双唇音

由上下唇闭合构成阻碍,普通话里双唇音有3个:

  b [p] 奔波 标本 报表 辨别 褒贬
  p [p'] 瓢泼 偏旁 排炮 澎湃 批评
  m [m] 麦苗 弥漫 描摹 盲目 美满

2. 唇齿音

由下唇和上齿轻轻接触构成阻碍,普通话里唇齿音只有1个:

  f [f] 反复 发愤 非凡 芬芳 防范

3. 舌尖中音

由舌尖抵住上齿龈(又叫牙床)构成阻碍,普通话里舌尖中音有4个:

  d [t] 地点 道德 断定 调动 达到
  t [t'] 跳台 团体 吞吐 探讨 妥帖
  n [n] 泥泞 袅娜 恼怒 能耐 南宁
  l [l] 磊落 玲珑 来历 理论 罗列

4. 舌根音

由舌根隆起抵住软腭构成阻碍,普通话里舌根音有3个:

  g [k] 桂冠 故宫 改革 高贵 巩固
  k [k'] 空旷 夸口 宽阔 坎坷 慷慨
  h [x] 浑厚 辉煌 缓和 荷花 航海

另外,"ng"也是舌根音,但在普通话中不作声母,只作韵尾。

  ng [ŋ] 庄重 冰冻 凉爽 英勇 姓名

5. 舌面音

由舌面前部上抬抵住硬腭前部构成阻碍,普通话里舌面音有3个:

  j [tɕ] 交际 简洁 积极 俊杰 结晶
  q [tɕ'] 亲切 崎岖 亲戚 恰巧 确切

　　　　x　[ɕ]　　下旬　学习　虚心　新鲜　相信

6. 舌尖后音（又叫"翘舌音"）

由舌尖翘起对着硬腭构成阻碍，普通话里舌尖后音有4个：

　　　　zh　[tʂ]　　郑重　支柱　转折　追逐　政治
　　　　ch　[tʂʻ]　　出产　踌躇　驰骋　穿插　春潮
　　　　sh　[ʂ]　　舒适　少数　生疏　闪烁　赏识
　　　　r　[ʐ]　　闰日　柔软　仍然　忍让　荏苒

7. 舌尖前音（又叫"平舌音"）

由舌尖对着下齿背构成阻碍，普通话里舌尖前音有3个：

　　　　z　[ts]　　自尊　罪责　藏族　总则　曾祖
　　　　c　[tsʻ]　　猜测　参差　措辞　层次　催促
　　　　s　[s]　　松散　诉讼　思索　琐碎　色素

（二）按发音方法，声母可分为五类

1. 塞音（又叫"爆破音"）

成阻时发音部位闭塞起来，持阻时保持着这种阻碍，气流积蓄在阻碍的部位之后，除阻时将阻碍部位突然开放，使积蓄的气流突然打开，爆发破裂而成声。整个过程为：

　　　　成阻（准备）→ 持阻（蓄气）→ 除阻（成声）。

普通话里塞音有6个，又可以分为两类：一类不送气，即 b、d、g；一类送气，即 p、t、k。这六个塞音发音时声带都不颤动，叫"清音"。

2. 擦音

成阻时，发音部位互相靠拢，形成一条狭缝，持阻时气流从缝隙间挤过，摩擦成声；除阻时，摩擦声音结束。整个过程为：

　　　　成阻（准备）→ 持阻（成声）→ 除阻（声止）。

普通话里擦音有6个，又可分为两类：一类是清音，有 h、f、x、sh、s，一类是浊音，发音时声带颤动，有 r。擦音没有送气与不送气之分。

另外，备用字母"v"也是擦音，发音时声带颤动。

3. 塞擦音

成阻时，先将发音部位闭塞起来，然后稍张开，形成一条狭缝，让气流摩擦通过，形成一种先塞后擦的音，整个过程为：

　　　　成阻（塞音成阻，准备）→ 持阻（由塞音持阻变擦音成阻、持阻而且成声）→ 除阻（擦音除阻、声止）。

普通话里塞擦音有6个，都是清音，它们也有送气与不送气之分。不送气的有 j、zh、z；送气的有 q、ch、c。

4. 鼻音

成阻时，口腔里有关的发音部分闭塞起来，挡住口腔出气的通路，同时软腭

下垂,打开鼻腔通道,让气流从鼻腔出来。整个过程为:

成阻(准备)→持阻(成声)→除阻(声止)。

普通话里鼻音声母有 2 个,即 m、n(辅音 ng 也是鼻音,但不作声母),它们都是浊音。

5. 边音

成阻时,先将舌尖抵住上齿龈,让气流从舌头两边流出。整个过程为:

成阻(准备)→持阻(放声)→除阻(声止)。

普通话里边音只有 1 个,即 l,是浊音。

下面按发音部位及发音方法,将 21 个声母列成一个总表。

普通话声母总表

声母\发音方法 发音部位	塞音 清音 不送气音	塞音 清音 送气音	塞擦音 清音 不送气音	塞擦音 清音 送气音	擦音 清音	擦音 浊音	鼻音 浊音	边音 浊音
双唇音	b [p]	p [pʻ]					m [m]	
唇齿音					f [f]			
舌尖前音			z [ts]	c [tsʻ]	s [s]			
舌尖中音	d [t]	t [tʻ]					n [n]	l [l]
舌尖后音			zh [tʂ]	ch [tʂʻ]	sh [ʂ]	r [ʐ]		
舌面音			j [tɕ]	q [tɕʻ]	x [ɕ]			
舌根音	g [k]	k [kʻ]			h [x]			

二、声母辨正

普通话是以北京语音为标准音的。普通话的声韵系统和各方言的声韵系统不尽相同,说好普通话,首先要纠正方音,那就必须进行方音辨正。在方音辨正时,特别要注意方言与普通话在声母、韵母和声调上的对应关系,有针对性地辨正发音。

这里,结合部分发音情况,简介对几组声母的分辨。

(一) 分清 z、c、s 和 zh、ch、sh

有些地方没有翘舌音 zh、ch、sh,北方方言区有些地方虽然有翘舌音,但所管的字数同普通话不完全一致。这些方言区的人常常把该读 zh、ch、sh 声母的字读成 z、c、s。分清这两组声母的方法,首先是发准 zh、ch、sh,其次是记住普通话里哪些字的声母是 zh、ch、sh,哪些字的声母是 z、c、s。

1. 正音训练

找准发音部位,矫正发音不准的偏误。如发 zh、ch、sh 时:

正:舌身略后缩,舌尖上翘抵硬腭前(凸出处)。

误:舌身未后缩,舌尖上翘不到位,抵上齿龈。

舌身后缩太多,舌尖翘起,发成卷舌音。

2. 对比训练

z—zh	作者	阻止	杂志	自助	滋长
zh—z	渣滓	竹子	振作	正在	种族
c—ch	操持	磁场	餐车	残春	采茶
ch—c	揣测	成材	楚辞	船舱	冲刺
s—sh	宿舍	洒水	赛事	算数	丧失
sh—s	输送	时速	神色	深思	哨所

3. 听辨训练

资源—支援　推迟—推辞　自学—治学

师长—司长　诗人—私人　主力—阻力

木材—木柴　造就—照旧　粗布—初步

商业—桑叶　春装—村庄　山脚—三角

4. 平、翘舌辨记方法举例

(1) 利用形声字偏旁类推。

汉字大部分是形声字,因此表示读音的声旁可以帮助我们掌握声母的读音。如:"采"的声母是"c",以它为声旁的字"踩、彩、睬"等声母也是"c"。这样只要记住一个字的声母,就能同时记住一组同声字的声母。但这个规律也有例外,有的字声旁是翘舌音却读作平舌音,如"作、昨、暂、钻、赃"等;也有声旁为平舌音却读作翘舌音,如"债、豺、崇、肘、铡"等。

z、c、s 代表字类推表

z

匝——zā 咂;zá 砸。

赞——zàn 瓒;zǎn 攒(积~)。

澡——zǎo 藻;zào 燥,噪,躁。

曾——zēng 曾(~孙),增,憎;zèng 赠,甑/sēng 僧。

兹——zī 兹(念~在~),滋,孳/cí 慈,磁。

姿——zī 咨,资;zì 恣/cī 粢(~饭);cì 次。

淄——zī 缁,辎。

子——zǐ 仔(~细),籽,耔;zī 孜;zì 字。

宗——zōng 棕,综,踪,鬃;zòng 粽/cóng 淙[例外字:chóng 崇]。

奏——zòu 揍/còu 凑,辏。

族──zú 镞/cù 簇。

祖──zǔ 诅,阻,俎/cū 粗;cú 徂。

卒──zuì 醉/cuì 粹,悴,瘁,翠,萃;cù 猝;suì 碎。

尊──zūn 遵,樽;zǔn 撙。

坐──zuò 座,唑/cuò 挫,锉。

c

才──cái 材,财〔例外字:chái 豺〕。

采──cǎi 彩,睬,踩;cài 菜。

仓──cāng 苍,沧,伧(～俗),舱〔例外字:chuāng 疮;chuàng 创(～造)〕。

曹──cáo 漕,槽,嘈/zāo 糟,遭。

测──cè 厕,恻,侧(～目)/zé 则。

此──cǐ 泚;cī 疵;cí 雌/zī 龇(～牙咧嘴),髭,觜/zǐ 啙(～议)。

撺──cuān 蹿;cuàn 窜。

崔──cuī 摧,催;cuǐ 璀。

寸──cùn 吋;cūn 村;cǔn 忖。

错──cuò 措;cù 醋。

s

斯──sī 嘶,澌,撕,厮。

思──sī 鍶;sāi 腮,鳃。

四──sì 泗,驷。

嗣──sì 伺(～机),饲;sī 司/cí 词,祠。

松──sōng 菘,淞;sòng 讼。

搜──sōu 嗖,溲,馊,艘;sǒu 叟;sǎo 嫂〔例外字:shòu 瘦〕。

遂──suì 遂(～心),隧,燧,邃。

zh、ch、sh 代表字类推表

zh

乍──zhà 榨、诈、炸、蚱〔例外字:zuó 昨;zuò 作〕。

占──zhān 占(～卜),沾,毡,粘(～连);zhàn 站,战;zhēn 砧。

章──zhāng 璋,樟,獐,彰,漳,蟑;zhàng 障,幛,嶂,瘴。

长──zhǎng 长(～进),涨(上～);zhāng 张;zhàng 帐,胀,账/chāng 伥;chàng 怅。

丈──zhàng 仗,杖。

召──zhào 召(～唤),诏,照;zhāo 招,昭;zhǎo 沼/sháo 韶;shào 绍,邵。

折──zhé 折(曲～),哲,蜇;zhè 浙/shì 誓,逝。

贞──zhēn 侦,祯,帧,浈。

真──zhēn 禛;zhěn 缜;zhèn 镇/chēn 嗔;shèn 慎。

正——zhèng 正(～当),政,证,怔(～～);zhēng 征(长～),症(～结);zhěng 整。

争——zhēng 挣(～扎),峥,狰,铮(～铮),筝;zhèng 诤。

支——zhī 肢,枝,吱。

知——zhī 蜘;zhì 智/chī 痴。

直——zhí 植,殖(～民),值;zhì 置。

执——zhí 絷;zhì 挚,贽,鸷。

止——zhǐ 趾,址,祉,芷。

只——zhǐ 咫,枳;zhī 织;zhí 职;zhì 帜。

旨——zhǐ 指,酯;zhī 脂。

至——zhì 致,桎,窒,蛭;zhí 侄。

中——zhōng 中(～国),忠,钟,衷,盅;zhǒng 肿,种(～类);zhòng 仲/chōng 冲,忡。

周——zhōu 赒,啁(～啾)/chóu 稠,惆,绸。

猪——zhū 诸;zhǔ 渚,煮;zhù 著(～名),箸;zhě 者/shě 暑,署。

朱——zhū 珠,诛,株,侏。

主——zhǔ 拄;zhù 柱,驻,住,注,蛀。

爪——zhuǎ 爪(～子);zhuā 抓。

专——zhuān 砖;zhuǎn 转(～换);zhuàn 传(～记)。

ch

叉——chā 叉(刀～);chà 汊,杈(树～),衩(开～);chāi 钗。

产——chǎn 铲。

昌——chāng 猖,娼,鲳,菖;chàng 唱,倡(～议)。

朝——cháo 朝(～代),嘲(～笑),潮。

辰——chén 晨,宸;chún 唇/zhèn 振,赈,震/shèn 蜃。

成——chéng 诚,城,盛(～饭)。

呈——chéng 程,醒;chěng 逞。

池——chí 弛,驰。

斥——chì 斥;chāi 拆(～洗)。

厨——chú 橱,蹰。

垂——chuí 棰,捶,锤,陲/shuì 睡。

sh

善——shàn 膳,缮,鳝。

尚——shàng 尚;shǎng 赏;shang 裳(衣～)。

少——shǎo 少(多～);shā 纱,沙,痧,鲨/chāo 抄,钞;chǎo 吵,炒。

舍——shě 舍(～弃);shá 啥。

申——shēn 绅,呻,伸;shén 神;shěn 审。
生——shēng 牲,笙,甥;shèng 胜(～利)。
师——shī 狮;shāi 筛[例外字:sī 蛳]。
市——shì 柿。
式——shì 试,轼,弑。
侍——shì 恃;shī 诗;shí 时(時),鲥[例外字:sì 寺]。
受——shòu 授,绶。
叔——shū 淑,菽。

（2）记少不记多。

a、e、ou、en、eng、ong 等韵母,平舌音的字很少,翘舌音的字较多。如"ca"只有"擦、礤、嚓、拆"四个字,而"cha"则有"查、差、插、茶、叉、搽"等 30 多个字;"zen"只有"怎、潛"两个字,而"zhen"却有"真、镇、阵、针、振"等 40 多个字;"sen"只代表一个汉字"森",而"shen"却有"深、神、身、申、审、慎"等 30 多个字。根据"记少不记多"的原则,就可以起到事半功倍的效果。

（3）利用普通话的声韵配合规律类推。

例如 ua、uai、uang 这三个韵母,决不和 z、c、s 相拼,因此,下面的这些字,就可放心地读翘舌音:

  ua 爪 抓 刷 耍
  uai 揣 踹 帅 率 甩 衰 拽
  uang 双 庄 撞 创 桩 妆 状 床 闯 霜 爽 窗

又如"松、耸、送、宋、诵"等字的声母只能是舌尖前音 s,而不是 sh。

（二）分清舌尖中音 l 与舌尖后音 r

吴方言区一般没有 r,江淮方言区有些地方也没有 r,这些地方把普通话 r 声母的字读成[l]或零声母等,所以这些地方的人应该首先注意念准 r。在此基础上读准带 r 声母的音节。

1. 发音方法

发 r 时舌尖翘起接近前硬腭,声带振动,摩擦成声。

2. 对比训练

  r—l 乳汁—卤汁 孔融—恐龙
     收入—收录 热土—乐土
  l—r 力气—热气 尼龙—呢绒
     隆隆—融融 懒病—染病

3. 听辨训练

  燃料 利润 扰乱 冷暖 日历
  容量 猎人 熔炉 认领 热泪

4. 熟记训练

普通话语音中,以 r 为声母的字并不多,是容易记忆的。常见的有:

rán	然,蚺,髯,燃;rǎn 冉,苒,染。
rāng	嚷(～～);ráng 瓤;rǎng 壤,攘,嚷(吵～);ràng 让。
ráo	饶,娆,桡;rǎo 扰;rào 绕。
rě	惹;rè 热。
rén	人,壬,仁;rěn 忍,荏,稔;rèn 刃,认,任(～命),韧,饪,妊。
rēng	扔;réng 仍。
rì	日。
róng	戎,茸,荣,绒,容,嵘,蓉,溶,榕,熔,融;rǒng 冗。
róu	柔,揉,糅,蹂;ròu 肉。
rú	如,茹,儒,嚅,濡,孺,襦,蠕;rǔ 汝,乳,辱;rù 入,褥。
ruǎn	软,阮。
ruí	蕤;ruǐ 蕊;ruì 芮,瑞,睿。
rùn	闰,润。
ruò	若,偌,弱。

(三) 分清 n 和 l

普通话里鼻音 n 和边音 l 分得很清楚,分属两个音位,但在有些方言里,n、l 是不分的,有的一律读 n,有的一律读 l,有的不用 n、l 区别不同的意义,可以任意读。如南京话里,n、l 就属一个音位。

这些方言区的人必须正确掌握 n、l 的发音,并在此基础上读准带声母 n、l 的字。

1. 发音方法

发 n 时捏鼻子,觉得气流在鼻腔受堵,发不出音来;发 l 时捏鼻子而音能照常发出来,鼻腔不受堵。

2. 正音训练

在 n 声母字的前面加一个用 n 作韵尾的音节,两字连读,因发音部位相同,方法相近,易于发准 n 声母。如:kùn—na 困哪。

在 l 声母字的前面加上一个 ge、ke 的音节,借 g,k 发音时的舌根高抬,相对限制了软腭的下降,使它不便于发鼻音而发边音 l,训练时要注意两个音节的密接。

如:gé lǜ 格律 kě lián 可怜

3. 听辨训练

老路—恼怒   男女—褴褛
留念—留恋   旅伴—女伴

4. n、l 辨正方法举例

(1) 记少不记多。《现代汉语常用字表》中共有 367 个 n、l 声母字,其中读 n 声母的字只有 85 个,剩下的就可以判定为 l 声母的字。

(2) 根据形声字声旁的声母类推出整个字的声母,如"宁"的声旁是 n,以

"宁"做声旁的字"泞"、"狞"、"拧"、"柠"等也是 n 声母字。

n 和 l 代表字类推表

n

那——nà 那（～个）；nǎ 哪（～里）；nuó 挪，娜（婀～）。

呐——nà 呐（～喊），纳，钠，衲；nè 讷；nèi 内。

乃——nǎi 奶，艿，氖。

南——nán 南（～方），楠，喃；nǎn 腩。

尼——ní 泥（～土），呢（～子），怩；nǐ 旎；nī 妮；nì 昵。

聂——niè 镊，嗫，蹑。

宁——níng 宁（～静），拧（～手巾），咛，柠，狞；nìng 泞。

农——nóng 浓，脓，侬，哝。

奴——nú 孥，驽；nǔ 努，弩；nù 怒。

来——lái 莱，徕（招～）；lài 睐，赉。

赖——lài 濑，籁，癞；lǎn 懒。

览——lǎn 揽，缆，榄。

劳——láo 崂，痨，唠（～叨）；lāo 捞；lào 涝。

老——lǎo 姥（～～），佬。

雷——léi 擂（～鼓），镭；lěi 蕾。

累——léi 累（～赘），缧；luó 螺，骡。

里——lǐ 理，鲤，俚，娌；lí 狸。

厉——lì 砺，励，蛎。

立——lì 笠，粒，苙。

利——lì 莉，俐，痢；lí 犁，梨。

栗——lì 溧，傈。

良——liáng 粮；liàng 踉（～跄）；láng 狼，琅，锒，粮；làng 浪。

列——liè 烈，裂，洌。

林——lín 淋，琳，霖。

令——líng 令（～狐），伶，零，苓，玲，铃，翎，羚，龄，瓴；lǐng 岭，领。

留——liú 榴，馏（蒸～），瘤，遛（逗～）；liū 溜（～冰），熘，蹓（～跶）。

卢——lú 鸬，胪，鲈，泸，垆，颅。

路——lù 璐，潞，露，鹭。

鹿——lù 漉，辘，麓，簏。

录——lù 禄，逯，碌，绿（～林）；lǜ 绿（～色），氯。

仑——lún 沦，伦，轮，纶（垂～）；lùn 论（议～）。

罗——luó 逻，锣，萝，箩。

(四) 分清 f 和 h

普通话里唇齿音 f 和舌根音 h 分得很清楚,而有些地方却有相混的情况,有的有 f 无 h,有的有 h 无 f,有的 f、h 随便读。如"开发"和"开花"、"公费"和"工会"不分。

这些方言区的人除了要正确掌握 f、h 的发音外,还要花力气关注普通话里哪些是 f 声母字,哪些是 h 声母字。这里介绍一些利用形声字偏旁类推的代表字,帮助辨别记认。

f 和 h 代表字类推表

发——fā 发(～现);fèi 废。
乏——fá 乏;fàn 泛。
伐——fá 筏,阀。
番——fān 番(～号),翻,藩。
凡——fán 矾,钒。
反——fǎn 返;fàn 饭,贩。
方——fāng 芳,坊(牌～);fáng 防,妨,肪,房;fǎng 仿,纺,舫;fàng 放。
非——fēi 菲(芳～),啡,绯,扉,蜚(～语),霏,fěi 匪,诽,悱,斐,翡;fèi 痱。
分——fēn 分(～支),芬,吩,纷,氛;fén 汾;fěn 粉;fèn 份,忿。
风——fēng 枫,疯;fěng 讽。
蜂——fēng 峰,烽,锋,峰;féng 缝(～补),逢;fèng 缝(～隙)。
夫——fū 夫(～妇),肤,麸;fú 芙,扶。
孚——fú 俘,浮,蜉;fū 孵。
弗——fú 拂,佛(仿～),氟;fèi 沸,费,狒。
伏——fú 茯,袱。
福——fú 幅,辐,蝠;fù 副,富。
甫——fǔ 辅,脯(桃～);fū 敷;fù 傅,缚。
父——fù 父(～亲);fǔ 斧,釜。
付——fù 附,驸,咐;fú 符;fǔ 府,俯,拊,腑,腐。
复——fù 腹,蝮,馥,覆。

h

禾——hé 和(～风)。
红——hóng 红(～茶),虹,鸿。
洪——hóng 蕻(雪里～);hōng 哄(～堂大笑),烘;hǒng 哄(～骗);hòng 哄(起～)。
乎——hū 呼。
忽——hū 惚,嗡。

胡——hú 猢,湖,葫,瑚,蝴,糊。
狐——hú 弧。
虎——hǔ 虎(老～),唬,琥。
户——hù 护,沪,戽。
化——huà 华(姓),桦;huā 花,哗(～啦);huò 货。
奂——huàn 涣,唤,焕,换,痪。
荒——huāng 慌;huǎng 谎。
皇——huáng 凰,湟;惶,徨,蝗,鳇,隍,篁。
黄——huáng 潢,磺,璜,癀,簧。
晃——huǎng 晃(～眼),幌。
灰——huī 恢,诙。
挥——huī 辉;hūn 荤;hún 浑。
回——huí 茴,蛔,徊(低～);huái 徊(徘～)。
诲——huì 晦;huǐ 悔。
会——huì 会(～议),绘,烩,桧(秦～)。
惠——huì 蕙,蟪。
昏——hūn 婚,阍。
混——hún 混(～水摸鱼),馄。
火——huǒ 伙。
活——huó 活;huà 话。
或——huò 惑。

（五）不要把零声母字读成鼻音韵母

零声母字有四类,其中三类分别拿高元音 i、u、ü 起头的,如:yán(言)、wán(完)、yuán(园);还有一类不拿高元音起头,如:ān(安)、ēn(恩)、ōu(欧)。

北京语音的零声母字在有些方言里有拿[m]、[n]、[ȵ]、[ŋ]、[v]起头的。

合口呼的读[m]的,如:无锡话"闻、袜、物、忘";齐齿呼的读[ȵ]的,如:南通话"严、研、砚",吴方言"宜、疑、迎"等。还有不少人将零声母读[ŋ]声,如:开口呼的"矮、碍、爱、昂、傲、偶、肮、恩、额";齐齿呼的"眼、颜、咬、芽、硬";合口呼的"外、我"等。也有读[v]声的,如"温、文、威、污、吴、武"等。

（六）尖音改念为团音

尖音,指 z、c、s 和齐齿呼、撮口呼拼出的音。普通话语音没有尖音,吴方言区语音中一般有尖音,北方方言区的赣榆也有尖音。

凡有尖音的地方,都要把尖音改念团音,即改用 j、q、x 和齐齿呼、撮口呼相拼。

辨正举例:

下列各词带点的字,有的方言里念尖音,我们要把方音中的 z、c、s 相应地改成 j、q、x。

国际	guó jì	饮酒	yǐn jiǔ	将要	jiāng yào
缺点	quē diǎn	心愿	xīn yuàn	切实	qiè shí
西方	xī fāng	需要	xū yào	欢笑	huān xiào
洗涤	xǐ dí	信任	xìn rèn	千古	qiān gǔ
清晨	qīng chén	刚强	gāng qiáng	接洽	jiē qià
希望	xī wàng	基础	jī chǔ	结局	jié jú
救援	jiù yuán	汹涌	xiōng yǒng	确切	què qiè
车技	chē jì	歌曲	gē qǔ	消极	xiāo jí
短信	duǎn xìn	奇怪	qí guài	学习	xué xí

第三节 韵 母

韵母是一个音节中声母后面的部分。如"bào"(报),b 是声母,ao 就是这个音节的韵母。

普通话的韵母主要由元音构成,也有一部分由元音加鼻辅音构成。

一、韵母的发音

在"语音概说"部分介绍元音时,曾提到发音学上八个标准元音,并标出了一幅元音图。这个图对我们学习韵母很有作用,掌握它,就能帮助我们掌握韵母发音的要领,因为无论单韵母、复韵母还是鼻韵母,都是以它为基础而变化的。

普通话的韵母共 39 个,根据它们的结构特点,可分为三大类:单韵母、复韵母、鼻韵母。

(一)单韵母

单韵母是由一个元音组成的,共 10 个。其发音特点是气流从肺部呼出后,在口腔中畅通无阻,声带颤动。由于发音时舌位高低前后的不同,唇形圆与展不同,发出的音也就不同。

发音时舌位和唇形自始至终保持不变。

a[A](央、低、不圆唇) 发音时,口腔大开,舌面下降到最低,嘴唇形状不圆,舌面中部(偏后)微微隆起,关闭鼻腔通道,声带颤动。如:

 发达 打靶 大妈
 喇叭 哪怕 刹那

o[o](后、半高、圆唇) 发音时,口腔微开,舌头略向后缩,舌根隆起,嘴唇自然拢圆,软腭上升,关闭鼻腔通道,声带颤动。如:

薄膜　　　磨墨　　　默默
伯伯　　　磨破　　　婆婆

e[ɤ]（后、半高、不圆唇）　发音时，口腔半闭，舌头后缩，舌位比 o 略高，只是嘴唇形状是扁的（嘴唇向两边展开），声带颤动。如：

隔热　　　特色　　　客车
合格　　　色泽　　　割舍

ê[ɛ]（前、半低、不圆唇）　发音时，口半开，嘴唇不圆（嘴唇向两边稍展开），舌面的前部隆起，软腭上升，关闭鼻腔通道，声带颤动。在普通话中，只有一个"欸"字念 ê。它的主要用途是与 i、ü 组成复韵母 ie、üe。如：

撒　瞥　憋　瘪
缺　雀　靴　月

i[i]（前、高、不圆唇）　发音时，口腔开度很小，嘴唇不圆（嘴角向两边展开呈扁平状），舌面前部向硬腭隆起，气流通路狭窄但不发生摩擦，软腭上升，关闭鼻腔通道，声带颤动。如：

地理　　　集体　　　积极
机器　　　利益　　　习题

u[u]（后、高、圆唇）　发音时，口腔开度很小，嘴唇拢圆，成一小孔，舌头向后缩，舌面后部向软腭隆起，气流通路狭窄但不发生摩擦，声带颤动。如：

瀑布　　　服务　　　故都
出路　　　图书　　　朴素

ü[y]（前、高、圆唇）　发音时，口腔开度小，舌头前伸，舌面上升，舌面前部接近硬腭，气流通路狭窄但不发生摩擦，嘴唇要撮成圆形，软腭上升，关闭鼻腔通道，声带颤动。如：

序曲　　旅居　　雨具
区域　　须臾　　女婿

上面讲的 7 个韵母，发音时，舌位的活动都在舌面，所以叫"舌面韵母"。

还有 3 个特殊韵母。一类是由舌尖的活动起作用的"舌尖韵母"，有 2 个：-i（包括[ɿ]和[ʅ]）；一类是带有卷舌动作的，称"卷舌韵母"，即 er。

-i[ɿ]（舌尖前、高、不圆唇）　发音时，舌尖前伸靠近上门齿背，很像[z]（浊音的 s），但是弱化了，气流通路狭窄但不起摩擦，软腭上升，关闭鼻腔通道，声带颤动。若把"资"拉长念，其后半截就是这个音。它只出现在 z、c、s 三个声母后面。如：

子嗣　　　恣肆　　　自私
此次　　　孜孜　　　字词

-i[ʅ]（舌尖后、高、不圆唇）　发音时，舌尖翘起靠近硬腭前部，很像[r]的音，但是弱化了，气流通路狭窄但不起摩擦，软腭上升，关闭鼻腔通道，声带颤

动。若把"日"拉长念,其后半截即为这个音。它只出现在 zh、ch、sh、r 四个声母后面。如:

  事实 指示 知识
  实质 史诗 支持

  汉语拼音方案用同一个字母"i"兼代舌尖韵母"-i[ɿ]"、"-i[ʅ]"和舌面韵母"i[i]"三个韵母,不会出现混乱,因为舌尖前韵母"-i[ɿ]"只出现在 z、c、s 的后面,舌尖后韵母"-i[ʅ]"只出现在 zh、ch、sh、r 后面,而北京语音里,舌面元音 i[i] 与这 7 个声母没有拼合关系。单写时舌尖韵母应作"-i",以示区别。

  er[ɚ](卷舌、央、中、不圆唇) "r"为表示卷舌动作的形容性符号。发音时,口腔在半开半闭之间,舌头处自然状态位置,舌面中部稍稍隆起,舌尖灵活地、轻轻地卷起发出 er。要注意的是:er 只能自成音节,不跟声母相拼。自成音节时写作"er";和别的韵母结合成儿化韵时,只写作"r"。如:

  而(ér) 尔(ěr) 二(èr)
  事儿(shìr) 画儿(huàr)

北京语音元音发音要领表

类别 舌位高低 唇形开闭	舌面元音					舌尖元音		卷舌元音
	前		央	后		前	后	央
	展	圆		展	圆			
高(闭)	i [i]	ü [y]			u [u]	-i [ɿ]	-i [ʅ]	
半高(半闭)				e [ɤ]	o [o]			
中			e [ə]					er [ɚ]
半低(半开)	ê [ɛ]							
低(开)	a [a]		a [A]	a [ɑ]				

(二)复韵母

  复韵母由两个或三个元音构成,共 13 个。

  复韵母的发音与单韵母不同。发单韵母时,舌位和唇形始终如一,延长声音,音值不变。而复韵母的发音过程中,舌位、唇形都有变动,起头的音和收尾的音不同。复韵母的发音不是两个(或三个)元音的简单相加,而是由一个元音向另一个元音滑音。发音过程存在一个元音舌位向另一个元音舌位滑动的动程,舌位、唇形以至整个口腔都是逐渐变动的,元音之间的界限模糊。几个元音成为一个整体,但其中总有一个读得比较响亮、清晰,这就是主要元音,也就是"韵腹"。

  根据主要元音所处的位置,可分为前响复韵母、后响复韵母、中响复韵母。

1. 前响复韵母共 4 个：ai、ei、ao、ou。

它们由两个元音复合而成。共同的发音特点是前一个元音清晰响亮，后一个元音短促模糊，音值不太固定，只表示舌位滑动的方向。前响复韵母的起点元音 a、o、e 是韵腹，发音清晰响亮；止点元音 i、o、u 是韵尾，发音轻短模糊。

ai [ai]　先发 a，比一般单念的 a[A]舌位偏前，叫"前 a"[a]，要读得长而响亮，舌位向 i 滑动，但不到 i 的高度；末尾的 i 只表示舌位移动的方向，音短而模糊，如：

　　　开采　　爱戴　　彩排
　　　买卖　　海带　　晒台

ei [ei]　先发 e，这里的 e 是比较靠前的，是国际音标中前半高的[e]，然后向尾音 i 的方向滑动，i 要念得轻而短，实际舌位只到[I]处，动程很窄。如：

　　　蓓蕾　　肥美　　黑煤
　　　配备　　娓娓　　北美

ao [au]　先发 a，比一般单念的 a[A]舌位偏后，叫"后 a"[ɑ]，要念得长而响亮，尾音 o 比单念的 o 嘴唇要收拢，舌位稍高，实际在 o、u 之间即[ʊ]的位置，动程宽。如：

　　　报道　　号召　　草帽
　　　吵闹　　早稻　　跑道

ou [ou]　先发 o，不能发成完全圆唇的[o]，舌位后移、上升，唇形逐渐收敛、拢圆，向 u 滑动，到接近 u 时（实际到[ʊ]）而止，动程最窄。o 响而长，u 轻而短。如：

　　　欧洲　　抖擞　　绸缪
　　　收购　　口头　　漏斗

2. 后响复韵母共 5 个：ia、ie、ua、uo、üe。

ia [iA]　发音时，先抬高舌位，唇形扁，发出短而轻的 i，舌位降低，到"央 a"[A]为止，动程宽，i 紧而短，a 响而长。如：

　　　加价　　恰恰　　家鸭
　　　加压　　假牙　　下架

ie [iɛ]　发音时，发出短而轻的 i，舌位渐降，到 ê 止，动程窄，i 紧而短，ê 响而长。如：

　　　结业　　趔趄　　节烈
　　　贴切　　切切　　歇业

ua [uA]　发音时，由 u 开始，舌位渐降，唇形展开，滑向"央 a"[A]为止，动程宽，u 紧而短，a 发音时清晰响亮。如：

　　　花袜　　桂花　　娃娃
　　　挂画　　耍滑　　瓜花

uo [uo]　发音时，由 u 开始，舌位渐降到 o 止，动程很窄。u 紧而短，o 清晰响亮。如：

　　错落　　阔绰　　骆驼
　　硕果　　活络　　火锅

üe[yɛ]　发音时，先发高元音 ü，舌位渐降，到 ê 止，动程较窄。ü 紧而短，ê 清晰响亮。如：

　　雀跃　　决绝　　雪月
　　约略　　虐待　　雪靴

ie、üe 后一个元音都是 ê。ê 在 i、ü 后，省去"ˆ"，不至误认为"e"，因为北京语音里，i、ü 与 e 没有复合关系。

3. 中响复韵母共 4 个：iao、iou、uai、uei。

iao[iau]　由元音 i、a、o 复合而成。发音时，ao 前增加一段由 i 开始的发音动程。舌位活动先降后升，由前到后，呈大曲折形状，幅度大，i 紧而短。如：

　　萧条　　巧妙　　小鸟
　　缥缈　　苗条　　叫嚣

iou [iou]　由元音 i、o、u 复合而成。发音时，ou 前增加一段由 i 开始的发音动程。舌位活动先降后升，由前到后，呈小曲折形状，幅度不大，i 紧而短。如：

　　悠久　　优秀　　久留
　　绣球　　牛油　　舅舅

uai [uai]　由元音 u、a、i 复合而成。发音时，ai 前再增加一段由 u 开始的发音动程。舌位活动先降后升，由后到前，呈大曲折形状，幅度大，u 紧而短。如：

　　外快　　摔坏　　怀揣
　　外踝　　乖乖　　表率

uei[uei]　由元音 u、e、i 复合而成。ei 前再增加一段由 u 开始的发音动程。舌位活动先降后升，由后到前，呈小曲折形状，幅度不大，u 紧而短。如：

　　追随　　水位　　归队
　　汇兑　　摧毁　　魁伟

中响复韵母在自成音节时，韵头 i、u 改写成 y、w。如 you(油)、wei(伟)。uei 前面加声母的时候省写成 ui，iou 前面加声母的时候省写成 iu。如：gui(归)、liu(留)等。

(三) 鼻韵母

鼻韵母是由元音带鼻辅音 n 或 ng 构成，发音由舌位移动变化形成。普通话里共有 16 个鼻韵母，其中带"-n"的和带"-ng"的各 8 个。带 n 的称前鼻音韵母，带 ng 的称后鼻音韵母。n 是舌面前鼻音，作声母和作韵尾时略有不同。

1. 前鼻音韵母共 8 个：an、en、in、ün、ian、uan、uen、üan。

an [an]　是由元音 a 加鼻韵母 n 复合而成。发音时，先发"前 a"[a]，要念得响亮，接着舌面上升，舌尖抵向上齿龈，发鼻音 n，n 要念得轻而短，只念本音，即舌尖抵住硬腭前部。如：

  安然 漫谈 灿烂
  橄榄 展览 谈判

en[ən] 是由元音 e 加鼻韵母 n 复合而成。发音时，先发"央 e"[ə]，接着舌头前伸，舌尖抵向上齿龈，发鼻音 n。e 要念得响亮，n 要轻而短，只念本音。如：

  门诊 认真 深沉
  振奋 根本 审慎

in[in] 是由元音 i 加鼻韵母 n 复合而成。发音时，先发 i，然后舌面上升，舌尖抵向上齿龈，发 n。i 要念得响亮，n 只念本音。如：

  民心 信心 殷勤
  亲近 拼音 林荫

ün[yn] 是由元音 ü 加鼻韵母 n 复合而成。发音时，舌面接近硬腭，唇形撮起，先发 ü，然后舌尖抵向上齿龈，发 n，n 只念本音。如：

  人群 均匀 逡巡
  白云 纷纭 军训

ian[iɛn] 是由元音 i、a 加鼻韵母 n 复合而成。i 是韵头，a 是韵腹，n 是韵尾。发音时，本来是 an 前再增加一段由 i 开始的发音动程，但 a 因受前后音的影响，发音有一点变化，要把"前 a"的位置提高，变成[ɛ]。先由前高元音 i 直降到[ɛ]后，接着舌面升高，使舌尖抵住硬腭，发鼻音 n。如：

  连绵 天堑 检验
  翩跹 闲言 眼帘

uan[uan] 是由元音 u、a 加鼻韵母 n 复合而成。u 是韵头，a 是韵腹，n 是韵尾。发音时，先发 u，很短，舌位降低，然后连发 an。如：

  专断 贯穿 传唤
  转弯 婉转 专款

uen[uən] 是由元音 u、e 加鼻韵母 n 复合而成。u 是韵头，e 是韵腹，n 是韵尾。发音时，先发 u，很短，然后舌位降低，连发 en。uen 前面加声母的时候写成 un。如：

  滚轮 春笋 温顺
  昆仑 馄饨 伦敦

üan[yɛn] 是由元音 ü、a 加鼻韵母 n 复合而成。ü 是韵头，a 是韵腹，n 是韵尾。发音时，先发 ü，很短，本来是 an 前增加一段由 ü 开始的发音动程，但普通话语音的实际发音有变化。因为 ü 是高元音，所以发 a 时只降到[ɛ]（实际舌位要向后移一点）。如：

  源泉 全权 渊源
  圆圈 玄远 轩辕

2. 后鼻音韵母共 8 个：ang、eng、ong、ing、iang、iong、uang、ueng。

ang[aŋ]　发音时，先发"后 a"[ɑ]，接着舌头逐渐后缩，舌根抵住软腭，气流从鼻腔通过，发鼻音 ng。a 要念得响，ng 轻而短，只念本音，舌根贴着软腭，只闭不开。如：

　　沧桑　　商场　　苍茫
　　蟑螂　　行长　　烫伤

eng[əŋ]　发音时，先发"央 e"[ə]，接着舌根向软腭移动，抵住软腭，气流从鼻腔通过，发鼻音 ng。e 要念得响亮，ng 轻而短，只念本音，舌根贴着软腭，只闭不开。如：

　　省城　　冷风　　升腾
　　丰盛　　征程　　更生

ong[uŋ]　发音时，先发 o，舌位比单念 o 时稍高，唇形比单念时稍圆，接着舌头后缩，舌根抵住软腭，气流从鼻腔通过，发鼻音 ng。o 要念得响，ng 轻而短，只念本音，舌根贴着软腭，只闭不开。这个韵母不能单独成音节，它前面一定要有声母。如：

　　红松　　工农　　总共
　　隆重　　从容　　冲动

ing[iŋ]　发音时，先发 i，然后舌头后缩，舌根抵住软腭，气流从鼻腔通过，发鼻音 ng。如：

　　精英　　命令　　冰凌
　　评定　　精灵　　警铃

iang[iaŋ]　发音时，先发 i，很短，然后连发 ang，使二者结合成一个整体。如：

　　洋姜　　响亮　　两江
　　想象　　踉跄　　像样

iong[yŋ]　发音时，先发 ü，很短，然后发 ng，使二者结合成一个整体。如：

　　汹涌　　穹隆　　熊熊
　　茕茕　　雄辩　　迥然

uang[uaŋ]　发音时，先发 u，很短，然后连发 ang，使二者结合成一个整体。如：

　　状况　　装卸　　装潢
　　狂妄　　庄园　　闪光

这个复合动程虽然也如 ian、üan 的直线往返，但因是后列元音和后鼻辅音的关系，往返动程不远，所以不产生变化。

ueng[uəŋ]　发音时，先发 u，很短，然后连发 eng，使二者结合成一个整体。这个韵母只能自成音节，不跟声母相拼。如：

蓊郁　　蕹菜　　瀼江
　　瓮城　　鹟鸟　　嗡嗡

　　ueng 与 ong，在过去的注音字母只用一个"ㄨㄥ"，从汉语语音历史和现代的一些方音看来，二者本来是一个韵母。北京语音略有不同。《方案》分作 ueng、ong 是符合实际的语音情况的，ong 是在和声母相拼时发生变化，ueng 是它的零声母音节。

　　除了按上述结构特点分类外，韵母还可按口型分为"四呼"，即开口呼、齐齿呼、合口呼、撮口呼。

　　(1) 开口呼：没有韵头，而韵腹又不是[i]、[u]、[y]的韵母，如 a、ou、en 等。
　　(2) 齐齿呼：韵头或韵腹是[i]的韵母，如 i、iao、in 等。
　　(3) 合口呼：韵头或韵腹是[u]的韵母，如 u、uan、uang 等。
　　(4) 撮口呼：韵头或韵腹是[y]的韵母，如 ü、üe、ün 等。

　　从以上韵母看，一个韵母至少有一个音素，至多有三个音素。

　　韵母起首的 i、u、ü 也叫"介音"；韵母里的主要元音，也就是开口度较宽、发音比较响亮的元音叫"韵腹"，普通话的 10 个元音都可充当韵腹；韵腹后面的音素叫"韵尾"，普通话的韵尾由元音 i、u、o 和鼻辅音 n、ng 充当。

　　一个韵母，可以是韵头、韵腹、韵尾俱全；也可以是只有韵头和韵腹或只有韵腹和韵尾；还可以是只有韵腹。

普通话韵母总表

按结构＼按口形分	开口呼	齐齿呼	合口呼	撮口呼
单韵母	-i [ɿ][ʅ]	i [i]	u [u]	ü [y]
	a [A]			
	o [o]			
	e [ɤ]			
	ê [ɛ]			
	er [ɚ]			
复韵母	ai [ai]		uai [uai]	
	ei [ei]		uei [uei]	
		ia [iA]	ua [uA]	
			uo [uo]	
		ie [iɛ]		üe [yɛ]
	ao [au]	iao [iau]		
	ou [ou]	iou [iou]		
鼻韵母	an [an]	ian [iɛn]	uan [uan]	üan [yɛn]
	en [ən]	in [in]	uen [uən]	ün [yn]
	ang [aŋ]	iang [iaŋ]	uang [uaŋ]	
	eng [əŋ]	ing [iŋ]	ueng [uəŋ]	
			ong [uŋ]	iong [yŋ]

二、韵母辨正

(一) 单韵母和复韵母发音上的区别

普通话13个复韵母的发音不是两个或三个元音的简单相加,而是都有唇形、舌位逐渐移动变化的动程,即发音时由前一个元音向后一个元音逐渐滑动的动程。在这个过程中,气流不中断,同时各个成分的响度、强弱、长短也不同,其中只有一个主要元音、即韵腹要念得重、长、响,韵头和韵尾则念得轻、短、弱。

单韵母的发音状态和复韵母不同,它在发音时舌位始终固定,口形也始终不变,气流连续平稳。

对比辨读:

pai pa	gei ge	dou du	chui chu
派—怕	给—鸽	都—读	吹—出
huo hu	mie mi	huai hua	shuo chu
火—虎	灭—密	坏—花	说—出

怀想——回想　　求救——求教　　稗子——被子
牛油——久留　　卖力——魅力　　荟萃——汇兑
牢房——楼房　　摆手——把手　　捎信——收信

(二) 前鼻音韵母n和后鼻音韵母ng的对比关系

普通话有两个鼻音韵尾:n和ng,它们所构成的7对鼻韵母"前""后"区分得很清楚。如:

　　an—ang　　　　en—eng　　　　in—ing
　　ian—iang　　　uan—uang　　　uen—ueng
　　ün—iong

金银——经营　　弹琴——谈情
人民——人名　　木船——木床
金鱼——鲸鱼　　人参——人生
反问——访问　　开饭——开放
平凡——平房　　丹心——当心
陈旧——成就　　深水——生水
清真——清蒸　　申明——声明

首先要掌握鼻音韵尾n、ng发音部位的不同:

-n是舌尖中鼻音,发音时用舌尖顶住上齿龈形成阻碍,让气流完全从鼻腔流出,收音时舌尖要抵住上齿龈,如an、en、in、uan等。

-ng是舌面后鼻音,发音部位与g、k、h相同。发音时用舌面后部顶住软腭,让气流完全从鼻腔流出,收音时舌根隆起,抵住软腭。如ang、eng、ing、uang等。此外,可以利用一些方法记住普通话里哪些字属n韵尾,哪些字属ng韵尾。

1. 可以利用形声字偏旁类推(见下表)

en、eng 代表字类推表

en

本——běn 苯；bèn 笨。

门——mén 扪；mēn 闷(～热)；mèn 焖；men 们/wén 闻；wèn 问。

分——fēn 芬,吩,纷；fén 汾；fěn 粉；fèn 份,忿/pén 盆。

艮——gèn 茛(～卦)；gēn 根,跟/kěn 垦,恳；hén 痕；hěn 很,狠；hèn 恨[例外字：yín 垠,银,龈]。

诊——zhěn 疹；zhēn 珍/chèn 趁。

真——zhēn 禛；zhěn 缜；zhèn 镇/chēn 嗔；shèn 慎。

贞——zhēn 侦,祯,帧。

辰——chén 晨,宸/zhèn 振,震,赈[例外字：chún 唇]。

申——shēn 伸,呻,绅,砷；shén 神；shěn 审。

甚——shèn 葚(桑～)/zhēn 斟。

壬——rén 任(姓),荏；rèn 饪,妊,衽/nèn 恁。

刃——rèn 仞,纫,韧,轫；rěn 忍。

eng

风——fēng 枫,疯；fěng 讽。

蜂——fēng 峰,烽,锋；féng 逢,缝(～补)/péng 蓬,篷。

朋——péng 棚,鹏/bēng 崩,绷。

蒙——méng 濛,檬,朦。

孟——mèng 孟；měng 猛,蜢,勐。

登——dēng 蹬(～腿)；dèng 瞪,凳,澄(～清)。

庚——gēng 赓。

更——gēng 更(～动)；gěng 埂,梗,鲠[例外字：yìng 硬]。

争——zhēng 挣(～扎),峥,狰,睁,筝；zhèng 净,铮(～亮)[例外字：jìng 净,静]。

正——zhēng 正(～月),征；zhèng 证,怔,政,症；zhěng 整/chéng 惩。

呈——chéng 程,酲；chěng 逞。

成——chéng 诚,城,盛(～饭)/shèng 盛(茂～)。

生——shēng 牲,笙,甥；shèng 胜(～利)[例外字：xìng 性,姓]。

扔——rēng 扔；réng 仍。

曾——zēng 曾(姓),增,憎；zèng 赠,甑/sēng 僧；céng 曾(～经)；cèng 蹭。

in、ing 代表字类推表

in

宾——bīn 傧,滨,缤,槟；bìn 摈,殡,鬓/pín 嫔。

民——mín 珉,岷;mǐn 抿,泯[例外字:mián 眠]。

林——lín 淋,琳,霖。

磷——lín 嶙,鳞,麟,嶙。

斤——jīn 斤;jìn 近,靳/qín 芹;xīn 欣,新。

今——jīn 矜,衿;jìn 妗/qīn 衾;qín 芩,琴;yín 吟。

金——jīn 金;jǐn 锦/qīn 钦。

禁——jīn 禁(~受),襟;jìn 禁(~止),噤。

尽——jìn 烬,荩,浕。

阴——yīn 荫。

因——yīn 姻,洇,茵,氤。

ing

丙——bǐng 炳,柄;bìng 病。

并——bìng 并;bǐng 屏(~气),饼/píng 瓶,屏(~风)[例外字:pīn 拼,姘]。

平——píng 评,坪,苹,萍。

名——míng 茗,铭;mǐng 酩。

冥——míng 瞑,螟,溟,暝。

丁——dīng 仃,叮,盯,钉,疔,酊;dǐng 顶;dìng 订/tīng 厅,汀[例外字:dēng 灯]。

亭——tíng 停,婷。

廷——tíng 庭,蜓,霆;tǐng 挺,铤,艇。

宁——níng 宁(~静),咛,狞,柠,拧(~手巾);nìng 泞。

令——lìng 令(命~),呤;líng 伶,苓,玲,瓴,铃,聆,翎,羚,龄;lǐng 岭,领[例外字:lěng 冷;lín 邻]。

景——jǐng 憬/yǐng 影。

敬——jìng 敬;jǐng 警,儆/qíng 擎。

竟——jìng 镜,境。

青——qīng 清,蜻;qíng 情,晴;qǐng 请/jīng 睛,精,菁;jìng 靖。

星——xīng 腥,猩,惺;xǐng 醒。

幸——xìng 悻。

英——yīng 瑛。

婴——yīng 嘤,鹦,樱,缨,罂。

an、ang 代表字类推表

an

半——bàn 伴,绊,拌/pàn 判,泮,畔,叛。

曼——màn 谩,蔓,漫,慢。

番——fān 番(~号),幡,藩,翻,蕃/pān 潘。

南——nán 楠,喃;nǎn 腩。
阑——lán 斓,澜,谰。
甘——gān 泔,柑,疳。
占——zhān 占(～卜),沾,毡,粘;zhàn 占(～用),战,站。
单——chán 单(～于),禅,婵,蝉;chǎn 阐。
善——shàn 缮,膳,鳝,鄯。

ang

旁——páng 螃,磅(～礴)/bǎng 榜,膀;bàng 傍,谤。
亡——wáng 亡/máng 芒,忙,茫。
荒——huāng 慌;huǎng 谎。
章——zhāng 獐,彰,漳,璋,樟,蟑;zhàng 障,瘴,幛。
长——zhǎng 长(～大),涨(上～);zhàng 胀,帐,账/chàng 怅。

2. 可以利用声韵配合规律帮助记忆

(1) 普通话声母 d、t、n、l,除了"扽(dèn)"、"嫩(nèn)",都不与韵母 en 相拼。因此,下列各字的韵母必读 eng:灯、登、等、邓、凳、瞪、镫、澄;疼、藤、腾、能;棱、冷、楞。

z、c、s 和 en、eng 组成音节的,只有"怎、岑、森、参(cēn)"等少数几个字韵母是 en,其余都是 eng 韵。

声母 g 跟 en 相拼的字很少,常见的只有"跟、根、艮、亘"等四个,因此,见了"庚、赓、羹、耕、更、耿、颈(脖颈儿)"等,可以放心地读 eng 韵。

(2) 声母 d、t、n 不与 in 相拼("您 nín"字例外),下列各字的韵母无疑都读 ing:丁、叮、盯、钉、顶、鼎、定、锭、订;听、汀、厅、亭、停、庭、蜓、挺;宁、拧、狞、凝、泞、咛。

(3) 普通话里 b、p、m、f 与韵母 ong 无拼合关系,那么,遇到"绷、崩、蹦、朋、蓬、怦、澎;蒙、猛、梦、孟;风、丰、峰"等,就大胆地读 eng 韵。

(三) 防止丢失介音 u

普通话 uei、uen 韵母和 d、t、l、zh、ch、sh、z、c、s 三组声母相拼的音节,不少方言区的人读成开口呼,丢了介音 u。下列字普通话里都有介音 u:

ui:dui 堆、碓、对、队
　　tui 推、颓、腿、退、褪、蜕
　　zhui 椎、骓、追、惴、缀、赘
　　chui 吹、炊、垂、锤
　　shui 谁、水、睡、税
　　zui 嘴、最、醉
　　cui 崔、璀、脆、翠、粹、悴
　　sui 虽、随、髓、穗、碎、岁、遂

un:dun 敦、墩、吨、蹲、冘、盹、顿、囤、盾
　　tun 吞、屯、豚、臀

```
lun    抡、轮、论、囵
zhun   谆、准
chun   淳、春、鹑、唇、蠢
shun   吮、顺、舜
zun    尊、遵、撙
cun    村、皴、存、寸
sun    孙、损、笋、榫
```

普通话里,凡声母 d、t 的,除"得 děi"字外,其余都和 uei 相拼而不和 ei 相拼。声母是 zh、ch、sh、r、z、c、s 的,除了"这 zhèi"、"贼 zéi"外,都和 uei 相拼而不和 ei 相拼。声母是 z、c、s 的,除"怎(zěn)、岑(cén)、森(sēn)"以及"参差"的"参(cēn)"几个字,其余都和 uen 相拼。

(四)念准前响、中响复韵母

有不少方言里没有前响复韵母 ai、ei、ao、ou,在这些方言里,多数将它们念成单韵母。同样,uai、uei、iao、iou 中响复韵母中的 ai、ei、ao、ou 也被相应改变。例如:

```
开 kāi      念成[kʻʌ]、[kʻɛ]
飞 fēi      念成[fɛ]、[fi]
高 gāo      念成[kɤ]、[kɔ]
后 hòu      念成[xɛ]
笑 xiào     念成[ɕiɤ]、[ɕiɔ]
槐 huái     念成[xuʌ]、[xuɛ]
```

诸如此类,一定要注意辨正。

(五)分清 i 和 ü

吴方言区不少地方 i、ü 不分,往往把 ü 行的韵母读成 i 行的韵母。如:"全面"读成"前面","白云"读成"白银"。

要记住:i、ü 不同,前者唇不圆,后者唇是圆的。多练多记,才能读好。

第四节 声 调

一、声调的性质和作用

声调是指一个音节的高低升降。在汉语里,一个音节相当于一个汉字的读音,所以声调又叫"字调"。

声调的变化主要决定于音高(跟音长也有密切关系),而音高的变化又是由发音时声带的松紧决定的。发音时,声带越紧,声音就越高;声带越松,声音就越低。在发音过程中,声带是可以随时调整的。有时可一直绷紧,有时可先放松后绷紧,或先绷紧后放松,有时还可以松紧相间。这样造成的种种不同的音高变化,就形成了不同的音调。

声调是汉语语音的重要组成部分,具有区别意义的作用。如:"书架(shūjià)和暑假(shǔjià),山西(shānxī)和陕西(shǎnxī),竹竿(zhúgān)和猪肝(zhūgān)",各组词的声母、韵母全部相同,区别就在声调的不同。

二、调值和调类

调值是指声调的实际读法,即声调高低升降曲直长短的形式。

为了便于理解和读准普通话不同声调的调值,一般采用"五度标记法"。这是用五度竖标来记相对音高的一种方法,即用一根竖线分作四格五度,从下到上标出1、2、3、4、5,分别表示音的低、半低、中、半高、高,然后再在左边用横线、斜线或曲线表示声调的变化形式。见图:

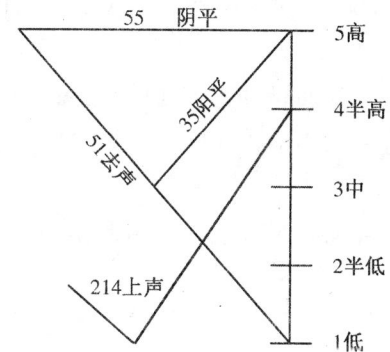

调类,是指声调的种类,就是调值相同的字归纳在一起所建立的类型。一般说,有几种基本调值就可归纳为几个调类。调值是声调的"实",调类是声调的"名"。

普通话四类声调分别用"ˉ ˊ ˇ ˋ"为符号,称为"调号"。调号正反映了普通话调值"一平、二升、三曲、四降"的特点,在国际音标或拼音字母音节后头,可以用这四个符号表示声调的调值。

前面已经讲过,韵母中韵腹是开口度大、发音最响亮的元音,调号必须标在韵腹上,如:

shān(山) hé(河) jǐn(锦) xiù(绣),qiān(千) chuí(锤) bǎi(百) liàn(炼)。

iu、ui、un 是 iou、uei、uen 的省写形式,iu 的 u,ui 的 i,实际是 ou、ei 两个前响二合元音的代表,前响的主要元音略去了,于是 u,i 取得了"代表"的资格。un 的主要元音"e"省去,音节中除 u 再无第二个元音,u 成了"当然代表"。

为了避免调号位置标错,可运用下列口诀帮助记忆:

a、o、e、i、u、ü,标调时候按顺序,i、u 并列标在后,i 上标调把点去。

三、声调辨正

声调是汉语音节的三要素之一,它有区别意义的作用。学习声调,首先要念准四声,在此基础上,要找出自己方音声调同北京语音声调的对应关系。

从调类看,普通话是四个调类,方言有的只有三个调类,有的多至十个调类(参看"声调对照表")。

从调值看,有时普通话与方言调类相同,但调值常常不同,例如:普通话阴平调值是55,但是南京话阴平调值是31,徐州话阴平调值是313,南通话阴平调值是21,苏州话阴平调值是44。有时普通话与方言调值相同,却常常不属于同一调类。例如:同是调值类55的,扬州方言属去声调类,南通方言属上声调类。

方言和普通话之间,声调虽有很大差别,但它们都是从古代声调演变而来的。它们之间存在着内在联系,是有规律可循的。因此,各方言区的人学习普通话声调,只要弄清自己方言的调类、调值与普通话调类、调值的关系,就可以进行类推。

学习普通话的声调,还要注意古入声字的改读。古入声是带塞音韵尾的一种声调,普通话没有入声,而有些方言区却有入声,而且带有塞音韵尾,声调短促。有的地区还有阴入、阳入之分。

古代的入声字,在现代普通话中已分别归入阴、阳、上、去四个声调。根据粗略的统计,归去声的约占52%,归阳平的约占34%,归阴平的约占10%,归上声的约占4%。

下面是常用的入声字,现按照普通话的声调排列,并注明读音。

入声字表

阴平	八	ba	逼	bi	吃	chi	出	chu
	发	fa	喝	he	黑	hei	忽	hu
	击	ji	激	ji	积	ji	绩	ji
	七	qi	屈	qu	缺	que	塞	sai
	杀	sha	失	shi	湿	shi	叔	shu
	刷	shua	说	shuo	贴	tie	突	tu
	托	tuo	屋	wu	吸	qi	息	xi
	惜	xi	瞎	xia	歇	xie	削	xiao
	压	ya	鸭	ya	一	yi	约	yue
	摘	zhai	桌	zhuo	捉	zhuo		
阳平	拔	ba	白	bai	鼻	bi	别	bie
	伯	bo	答	da	达	da	得	de
	德	de	敌	di	毒	du	读	du
	独	du	夺	duo	罚	fa	福	fu
	服	fu	阁	ge	革	ge	格	ge
	隔	ge	国	guo	合	he	活	huo
	急	ji	及	ji	极	ji	即	ji

	集	ji	籍	ji	结	jie	洁	jie
	节	jie	局	ju	决	jue	绝	jue
	拾	shi	俗	su	舌	she	十	shi
	识	shi	石	shi	食	shi	实	shi
	杂	za	习	xi	协	xie	学	xue
	贼	zei	则	ze	泽	ze	责	ze
	折	zhe	足	zu	族	zu	昨	zuo
	竹	zhu	直	zhi	值	zhi	植	zhi
上声	百	bai	北	bei	谷	gu	尺	chi
	法	fa	给	gei	笔	bi	骨	gu
	甲	jia	角	jiao	脚	jiao	渴	ke
	属	shu	塔	ta	铁	tie	血	xie
	雪	xue						
去声	必	bi	毕	bi	不	bu	策	ce
	测	ce	彻	che	畜	chu	触	chu
	促	cu	的	di	恶	e	发	fa
	复	fu	各	ge	划	hua	豁	huo
	或	huo	获	huo	剧	ju	克	ke
	客	ke	刻	ke	阔	kuo	括	kuo
	扩	kuo	辣	la	腊	la	乐	le
	力	li	历	li	立	li	粒	li
	列	lie	烈	lie	劣	lie	六	liu
	陆	lu	落	luo	律	lü	绿	lü
	率	lü	略	lüe	麦	mai	密	mi
	秘	mi	灭	mie	末	mo	莫	mo
	墨	mo	木	mu	牧	mu	目	mu
	纳	na	虐	nüe	迫	po	恰	qia
	切	qie	却	que	确	que	热	re
	日	ri	肉	rou	入	ru	弱	ruo
	若	ruo	色	se	速	su	宿	su
	式	shi	室	shi	适	shi	术	shu
	束	shu	踏	ta	特	te	袜	wa
	握	wo	物	wu	吓	xia	续	xu
	畜	xu	药	yao	叶	ye	业	ye
	忆	yi	亿	yi	易	yi	益	yi
	玉	yu	欲	yu	月	yue	跃	yue
	越	yue	阅	yue	作	zuo	质	zhi
	秩	zhi	筑	zhu	祝	zhu		

[附录一]

江苏各方言区部分地方的声调同北京声调对应情况表

方言区		平声		上声	去声		入声		声调数
		天	平	古　　老	近	放	急　各	六　杂	
	普通话（北京）	阴平 55	阳平 35	上去 214	去声 51		入声分别归入阴阳上去		4
北方话区	徐州	阴平 313	阳平 55	上声 35	去声 51		同上		4
	邳县	阴平 313	阳平 55	上声 24	去声 51		同上		4
	丰县	阴平 213	阳平 55	上声 35	去声 52		同上		4
	沛县	阴平 212	阳平 55	上声 35	去声 52		同上		4
	睢宁	阴平 313	阳平 55	上声 24	去声 52		同上		4
	新沂	阴平 213	阳平 54	上声 24	去声 52		同上		4
	宿迁	阴平 213	阳平 55	上声 24	去声 51		同上		4
	赣榆	阴平 213	阳平 55	上声 24	去声 42		同上		4
江淮西北区	连云港	阴平 313	阳平 35	上声 42	去声 55		入声 13		5
	灌云	阴平 213	阳平 24	上声 31	去声 55		入声 4		5
	淮阴	阴平 42	阳平 24	上声 212	去声 55		入声 4		5
	涟水	阴平 31	阳平 35	上声 213	去声 55		入声 4		5
	射阳	阴平 52	阳平 213	上声 21	去声 45		入声 4		5
	泗洪	阴平 213	阳平 55	上声 24	去声 51		入声 4		5
	盐城	阴平 31	阳平 213	上声 53	去声 35		入声 5		5
	高邮	阴平 44	阳平 213	上声 21	去声 53		入声 4		5
	仪征	阴平 31	阳平 24	上声 324	去声 53		入声 5		5
	扬州	阴平 31	阳平 34	上声 42	去声 55		入声 4		5
	江浦	阴平 31	阳平 24	上声 212	去声 44		入声 5		5
	南京	阴平 31	阳平 13	上声 212	去声 44		入声 5		5
	句容	阴平 31	阳平 24	上声 213	去声 55		入声 5		5
江淮东南区	东台	阴平 31	阳平 35	上声 212	去声 44		阴入 4	阳入 5	6
	泰州	阴平 21	阳平 45	上声 213	去声 33		阴入 3	阳入 4	6
	海安	阴平 31	阳平 35	上声 213	去声 33		阴入 3	阳入 4	6
	泰兴	阴平 21	阳平 45	上声 213	去声 42		阴入 3	阳入 4	6
	如皋	阴平 21	阳平 35	上声 213	去声 33		阴入 3	阳入 4	6
	兴化	阴平 33	阳平 34	上声 213	阴去 53	阴入 5	阳入 2	阳入 5	7
	如东	阴平 32	阳平 35	上声 213	阴去 33	阴入 5	阴入 3	阳入 4	7
	南通市	阴平 21	阳平 35	上声 55	阴去 42	阴入 5	阴入 3	阳入 4	7
	南通县	阴平 31	阳平 35	上声 24	阴去 53	阴入 5	阴入 4	阳入 5	7
	大丰县	阴平 21	阳平 35	上声 213	去声 45		阴入 4	阳入 5	6

续 表

方言区		平声		上声		去声		入声		声调数
		天	平	古	老	近	放	急	各 六 杂	
吴方言区	海门	阴平 53	阳平 14	阴上 23	阳上 31	阴去 34	阳去 213	阴入 5	阳入 2	8
	吴江	阴平 44	阳平 13	阴上 51	阳上 31	阴去 412	阳去 212	阴入 5	阳入 2	8
	宜兴	阴平 55	阳平 13	阴上 52	阳上 45	阴去 424	阳去 431	阴入 5	阳入 2	8
	常熟	阴平 53	阳平 33	阴上 423	阳上 31	阴去 324	阳去 213	阴入 5	阳入 2	8
	无锡	阴平 55	阳平 14	阴上 324	阳上 33	阴去 35	阳去 213	阴入 5	阳入 2	8
	常州	阴平 55	阳平 213	上声 45		阴去 423	阳去 24	阴入 5	阳入 2	7
	江阴	阴平 42	阳平 13	上声 35		阴去 413	阳去 312	阴入 5	阳入 2	7
	苏州	阴平 44	阳平 13	上声归阳去 52		阴去 412	阳去 31	阴入 5	阳入 2	7
	太仓	阴平 55	阳平 32	上声 52		阴去 423	阳去 213	阴入 5	阳入 2	7
	昆山	阴平 44	阳平 24	上声 53		阴去 313	阳去 313	阴入 5	阳入 23	7

[附录二]

声调对照表

调值\调类\地名\例字	阴平	阳平	阴上	阴去	阳上	阳去	阴入	阳入
	诗	时	使	试	是	事	识 摄	十 舌
博白	44	23	33	32	45	21	54 11	4 32
广州	53 或 55	21 22	35	33	23	22	5 33	2 或 22
绍兴	41	13	55	44	24	31	5	32
厦门	55	24	51	11	33		32	4
福州	44	52	31	314	132		23	4
梅县	24	11	52	53			32	5
长沙	33	13	42	55	11		24	
上海	51	13	434	同阳平 13			5	24
南京	32	14	22	43			45	
扬州	21	35	53	55			3	
西安	31	24	42	55			同阴平 31	同阳平 24
重庆	55	21	42	214			同阳平 21	
北京	55	35	214	51			同阴阳上去	
天津	11	55	24	42			同阴阳上去	
滦县	11			213			55	

注：此表采自罗常培、王均《普通话语音学纲要》129 页。

第五节　音　节

一、普通话音节的结构

普通话语音的音节,是由音素按照一定的方式组合而成。音节是最自然的语音单位。一般由声母、韵母、声调三部分构成,是语素的语音形式;汉字是音节的书面形式,也是语素的书面形式。要进一步认识音节结构的全貌,还得从声母、韵头、韵腹、韵尾、声调这五个部分来分析。

普通话结构表

结构成分 例字	1 声母	2 韵头	3 韵腹 韵母	4 韵尾	5 声调
熊	x	i	o	ng	ˊ
委		u	e	i	ˇ
逃	t		a	o	ˊ
环	h	u	a	n	ˊ
欧			o	u	—
夜		i	ê		ˋ
厦	sh		a		ˋ
鹅			e		ˊ
昂			a	ng	ˊ

从上表可以看出音节结构形式的基本情况:

每一个音节必有一个韵腹;每一个音节必有一定的声调;每个音节至少有一个音素,至多有四个音素;作声母的都是辅音;作韵头的只有 i、u、ü;作韵尾的有 i、u(包括 ao、iao 中的 o)、n、ng。

二、声母和韵母的配合关系

(一) 普通话声韵拼合规律

普通话语音的基本形式是声韵母结合(只有极少数音节没有声母,即零声母音节),但并不是每个声母和每个韵母都能相拼,它们的配合是有一定规律的,主要表现在声母发音部位和韵母的四呼关系上,这种规律可用下面的《普通话声韵配合关系表》说明。

表里头的"+"字表示某一横行的声母和某一竖行的韵母有拼合关系,"—"字则表示不发生拼合关系。表里的"u",表示这一类的声母只跟"u"拼合,不跟合口呼的其他韵母发生关系。

普通话声韵配合关系表

声母＼韵母	开口呼	齐齿呼	合口呼	撮口呼
b、p、m	＋	＋	u	－
f	＋	－	u	－
d、t	＋	＋	＋	－
n、l	＋	＋	＋	＋
g、k、h、zh、ch、sh、r、z、c、s	＋	－	＋	－
j、q、x	－	＋	－	＋
零声母	＋	＋	＋	＋

从上表中,我们可看出普通话声韵配合关系的一些基本规律:

1. 开口呼和合口呼的韵母,除了不跟舌面音 j、q、x 相拼外,能跟其他所有声母相拼。

2. 舌尖音 n、l 能拼四呼的韵母。能跟撮口呼的韵母相拼的,还有舌面音 j、q、x。

3. 齐齿呼的韵母不拼唇齿音、舌根音、舌尖前音、舌尖后音声母。

应注意的是:表中所示能配合的也不是这类声母同这类韵母都能配合。还必须进一步学习和熟练掌握《普通话声韵拼合总表》。

(二)拼音要领和方法

拼音是按照普通话音节的构成规律,把声母、韵母急速连读拼合加上声调而成为一个音节。

拼音的要领,简单地说,就是声母要读得轻而短,韵母要读得响而长,声韵之间连成一气。有人把这个要领概括为:"前音轻短后音重,两音相连猛一碰。"所谓"前音轻短",就是要把声母读成纯粹的辅音,即读本音;所谓"后音重",就是要把韵母读得响而长(介音也要读得轻而短);所谓"两音相连猛一碰",就是说拼音的过程是连续的过程,声韵之间要一气呵成,不能间断。

目前采用的拼音方法各地有所不同。但不管用哪种方法,在确定音节的声调时,宜用"韵母定调法",即先确定韵母的声调,然后用声母跟带调的韵母相拼,拼出的音节就带调了。如拼"lǎo",先读好 ǎo,再用 l 和 ǎo 相拼,即成 lǎo。

常用的拼音方法有:

1. 声韵两拼法

把韵母当作一个整体,先读声母,再读带调的韵母,快速连成一个音节。声母要读本音,韵母要读得响而长,一气呵成。如:

sh－ān—shān　　m－íng—míng　　sh－uǐ—shuǐ　　x－iù—xiù

2. 三拼连读法

适用于有介音的音节。采用这种方法,就是一口气用声母连介音再连带调的韵母,由慢连到快连,最后成一个音节。其拼音要领是:"声轻介快韵母响,三音连读很顺当。"三拼连读的关键在"连",即中间不能间断,同时,要防止丢掉介音。如:

j-i-ā—jiā　　　　g-u-ǎng—guǎng
x-u-ān—xuān　　ch-u-án—chuán

声母和"ian"相拼,采用三拼连读,别忘了"i"后的"an"要读成"[en]"的音。如:

q-i-án—qián　　x-i-àn—xiàn

在小学拼音教学中,多教一个鼻韵母"ian",它与声母相拼时,采用两拼法,似乎更便当些。

3. 支架法

拼音时先支好架,即找好声母的发音部位,然后用带调的韵母冲开"架子",即成为音节。如拼读"měi",先紧闭双唇,摆好发"m"的架势,然后用带调的韵母"ěi"冲开架子,即成音节"měi"。用这种方法拼音,比较准确。

目前不少小学在拼音教学中提出"直呼音节"的要求,即要求看到音节就马上能准确地读出它。这对小学生掌握声韵调及拼音要领的熟练程度要求相当高,而实践证明小学生能很好地适应并达到这一要求。

三、声韵配合关系辨正

(一) 不要把 bo、po、mo、fo 读成 be、pe、me、fe

普通话双唇音 b、p、m 和唇齿音 f,只能与 o 拼,不与 e 拼。

辨正训练:

bo	拨弄	播送	波涛
	剥落	渤海	博览
	厚薄	柏林	帛画
po	湖泊	偏颇	鄱阳
	体魄	泼墨	婆娑
	叵测	坡度	破除
mo	漠视	摹刻	摸黑
	陌生	茉莉	没收
	墨鱼	摩托	磨炼
fo	佛教		

(二) 不要将 beng、peng、meng、feng 读成 bong、pong、mong、fong

普通话的 b、p、m、f 不跟 ong 相拼,可是吴方言、粤方言和北方方言的扬州话、盐城话、汉口话,以及赣方言南昌话却可以相拼。

辨正训练：

beng	迸裂	崩塌	蚌埠
	绷带	蹦跶	水泵
peng	朋友	篷车	捧腹
	澎湃	膨胀	蓬松
meng	懵懂	梦乡	蒙骗
	盟友	萌芽	朦胧
feng	蜂拥	封面	锋利
	枫树	讽喻	丰硕

（三）不要把 fei 读成 fi

普通话的 f 不拼 i，北方方言徐州话、洛阳话，吴方言上海话、苏州话、平阳话等，f 可以拼 i。

辨正训练：

飞翔　　非常　　蜚语
扉页　　诽谤　　芳菲

（四）不能把 ji、qi、xi 读成 gi、ki、hi

普通话的 g、k、h 声母是不跟 i、ü 或 i、ü 起头的韵母相拼的。客家方言、粤方言、闽方言中 g、k、h 声母是可以跟 i、ü 或 i、ü 起头的韵母相拼。

辨正训练：

g—j	觉悟	经济	剧本
	检验	杰作	杜鹃
k—q	歌曲	请求	劝告
	缺点	巧合	桥梁
h—x	拂晓	歇息	功勋
	许多	朽木	显著

四、音节的拼读和拼写

《汉语拼音方案》对音节的拼写有具体规定，大致有如下几个方面：

（一）y、w 的用法

方案规定，i、u、ü 行的韵母，前面没有声母的时候写成 y 或 w。y、w 作为一个音节开头的标志，所以也叫"音头"、"头母"或"准声母"。有了音头，可以避免音节混淆。如"shānyáng"（山羊），就不会有歧义了。

使用 y、w 必须掌握以下几点规则：

1. 凡 i、u 开头的音节，若 i、u 后面有元音字母，那么 i 改为 y，u 改为 w。如"yóuyǒng"（游泳）、"wèiwèn"（慰问）。

2. 凡 i、u 开头的音节，i、u 后面没有别的元音的，那么 i 前加 y，u 前加 w。如"yìwù"(义务)、"yīnyǐng"(阴影)。

3. 凡 ü 开头的音节，开头一律加上 y，并去掉 ü 上两点。如"yùyuán"(豫园)、"yùnyù"(孕育)。

下面的口诀可帮助记忆："i、u 之后有元音，改换 y、w 不费心；i、u 之后无元音，添加 y、w 莫沉吟；如有 ü 母迎头见，加 y 省点记分明。"

y、w 的使用规则一定要掌握。但小学生学习时，可能困难较大，所以小学拼音教材一般把 y、w 当作声母来教，并且还把 yi、yin、ying、ye、yu、yue、yun、yuan、wu 作为整体认读的音节来教，整体认读的音节是单独成立的音节，它们的内部结构不是拼合关系，所以认读时不需拼音。

（二）隔音符号

a、o、e 开头的音节连在其他音节后面的时候，如果音节界限发生混淆，就得用隔音符号"'"隔开。隔音符号用在 a、o、e 的左上角，以避免与逗号混淆。如"fān'àn"(翻案)，如果不用隔音符号，写成"fānàn"，就可能拼读成"发难"；再如"míng'é"(名额)，不用隔音符号，就可能使人拼成"民革"。

（三）iou、uei、uen 的省写

iou、uei、uen 前面有声母相拼时，写成省略式 iu、ui、un，如"qiū"(秋)、"huī"(辉)、"chūn"(春)。它们自成音节时，分别写成 you、wei、wen。记住口诀："iou、uei、uen 变得妙；自成音节换上帽；若是前面拼声母，中间都要去掉腰。"

小学拼音教材为了教学方便，直接教 iu、ui、un 这三个韵母，不再出现 iou、uei、uen 的形式。

（四）ü 上两点的省写

ü 不仅在音头 y 后省写两点，在 j、q、x 后也一律省去两点。y 后 ü 上两点省掉，不会使人误解为 u，因为如果是 u，就必须用音头 w。北京语音 j、q、x 与合口呼没有拼合关系，所以它们后面的 ü 省去两点，也不会使人误解。有口诀可以帮助记忆："j、q、x 真稀奇，它们都是小淘气，从不和 u 在一起，见了鱼眼就挖去。"

（五）词儿连写

汉字是单音节的，我们给汉字注音，是给每个汉字分别标上一个音节。但普通话的词有单音的，也有多音的，因此，在拼写句子时，要按词儿连写。如：

jiàoyù yào yǐ rén wéi běn
教育　要　以　人　为　本

zì'ài zìzūn zìqiáng
自爱　自尊　自强

（六）大写字母的使用

1. 姓、名、地名、国名、书名、机关、团体、党派等专有名词开头第一个字母要大写，如：

```
Zhōngguó   Yáo Míng   Shēnzhèn
  中国       姚  明      深圳
```

如果专有名词是短语,要按词儿连写,每个词的第一个字母要大写。如:
```
Gùgōng   Bówùguǎn
 故宫     博物馆
```

2. 文章每句开头的第一个字母及诗歌每行的第一个字母要大写。如:
```
Cóng  jìsuànjī  chǔlǐ  xìnxī  de  jiǎodù  lái  kàn
 从    计算机   处理   信息   的   角度   来   看……

Jiānjiā cāngcāng
 蒹葭    苍苍

Báilù wéi shuāng
白露   为   霜

Suǒwèi yīrén
所谓   伊人

Zài shuǐ yìfāng
在    水   一方
```

3. 时令、节日、历史事件等第一个字母一般大写。如:
```
Xiàzhì  Chūnjié
 夏至    春节

Xiānggǎng huíguī dàlù
 香港      回归   大陆
```

4. 商标、商店的名字,一般每个字母都大写,如:

SUGUOCHAOSHI(苏果超市)

HAIERKONGTIAO(海尔空调)

(七)移行

一个词在一行末尾没写完时,可把这个词拆开,把未写完的写在下一行,这叫"移行"。移行时要移整个音节,并且在没写完的词后面加上连接号(一个短横"-"),表示下一行开头的音节跟它相连。如:
```
Rénlèi zuì bǎoguì de cái-
人类   最   宝贵   的   财

fù shì xīwàng
富  是   希望
```

1988年7月1日,国家教委、国家语委发出《关于公布〈汉语拼音正词法基本规则〉的联合通知》,现将有关内容附后:

[附录三]

汉语拼音正词法基本规则

说 明

一、汉语拼音正词法就是用《汉语拼音方案》拼写现代汉语的规则。它的内容包括分词连写法、成语拼写法、外来词语拼写法、人名地名拼写法、标调法、移行规则等。为了适应特殊的需要,同时提出一些可供技术处理的变通方式。

二、这个基本规则,是在 1982 年开始草拟、并于 1984 年 10 月经原中国文字改革委员会批准发表的《汉语拼音正词法基本规则(试用稿)》的基础上,经过多次修订而成的。在制订和修订过程中,参考了过去各方面个人和集体草拟的正词法规则,汉语拼音方案公布以来出版的各种拼音读物,各种以汉语拼音分词连写的实践经验。同时,还广泛听取了各方面人士的意见,邀请教育界、出版界、信息界和语文界的专家、学者进行了讨论,并与有关单位协作,进行了 10 万多词的拼写实验。

三、这个基本规则的制订原则是:

1. 以词为拼写单位,并适当考虑语音、语义等因素,同时考虑词形长短适度;

2. 基本采取按语法词类分节叙述;

3. 规则条目尽可能详简适中,便于掌握应用。

同音词的处理,由于涉及更多的问题,尚需作进一步的深入研究,这个基本规则暂时没有列入。

四、目前这个基本规则只能把一些最基本的拼写统一起来。对于各种拼写细则,还要另外拟订一些专用规则(如人名、地名、社会单位、书刊名称、大写字母等),并编写出版分类的和音序排列的拼音词汇,以便应用。

五、汉语拼音正词法需要经过长期实践,不断改进,才能做到约定俗成。这个基本规则,将根据使用情况、新的实践经验的研究成果,在今后适当的时候再作必要的修订。

六、汉语拼音正词法委员会由陈定民、杜松寿、杜祥明、郭锡良、姜树森、李磊魁、刘涌泉、毛成栋、倪海曙、孙德宣、王均、王宗柏、叶籁士、曾世英、张寿康、张志公、赵慕昂、周有光、朱德熙组成。叶籁士为主任委员,周有光、王均为副主任委员。参加起草和修订工作的还有尹斌庸、李乐毅、金惠淑、曹澄方、凌远征、徐文熠等。

0. 总原则

0.1 拼写普通话基本上以词为书写单位。

rén(人)   pǎo(跑)   hǎo(好)

hé(和)   hěn(很)

fúróng(芙蓉)　　　　　qiǎokèlì(巧克力)
péngyou(朋友)　　　　yuèdú(阅读)
dìzhèn(地震)　　　　　niánqīng(年轻)
zhòngshì(重视)　　　　wǎnhuì(晚会)
qiānmíng(签名)　　　　shìwēi(示威)
niǔzhuǎn(扭转)　　　　chuánzhī(船只)
dànshì(但是)　　　　　fēicháng(非常)
diànshìjī(电视机)　　　túshūguǎn(图书馆)

0.2 表示一个整体概念的双音节和三音节结构,连写。

gāngtiě(钢铁)　　　　　wèndá(问答)
hǎifēng(海风)　　　　　hóngqí(红旗)
dàhuì(大会)　　　　　　quánguó(全国)
zhòngtián(种田)　　　　kāihuì(开会)
dǎpò(打破)　　　　　　zǒulái(走来)
húshuō(胡说)　　　　　dǎnxiǎo(胆小)
qiūhǎitáng(秋海棠)　　 àiniǎozhōu(爱鸟周)
duìbuqǐ(对不起)　　　　chīdexiāo(吃得消)

0.3 四音节以上表示一个整体概念的名称,按词(或语节)分开写,不能按词(或语节)划分的,全部连写。

wúfèng gāngguǎn(无缝钢管)
huánjìng　bǎohù guīhuà(环境保护规划)
jīngtǐguǎn gōnglǜ fàngdàqì(晶体管功率放大器)
Zhōnghuá Rénmín Gònghéguó(中华人民共和国)
Zhōngguó Shèhuì Kēxuéyuàn(中国社会科学院)
yánjiūshēngyuàn(研究生院)
hóngshízìhuì(红十字会)
yúxīngcǎosù(鱼腥草素)
gǔshēngwùxuéjiā(古生物学家)

0.4 单音节词重叠,连写;双音节词重叠,分写。

rénrén(人人)　　　　　　　niánnián(年年)
kànkan(看看)　　　　　　　shuōshuo(说说)
dàdà(大大)　　　　　　　　hónghóng de(红红的)
gègè(个个)　　　　　　　　tiáotiáo(条条)
yánjiū yánjiū(研究研究)　　chángshì chángshì(尝试尝试)
xuěbái xuěbái(雪白雪白)　　tōnghóng tōnghóng(通红通红)

重叠并列即 AABB 式结构,当中加短横。

láilai-wǎngwǎng(来来往往)　　shuōshuo-xiàoxiào(说说笑笑)
qīngqīng-chǔchǔ(清清楚楚)　　wānwān-qūqū(弯弯曲曲)
jiājiā-hùhù(家家户户)　　qiānqiān-wànwàn(千千万万)

0.5 为了便于阅读和理解,在某些场合可以用短横。

huán-bǎo(环保——环境保护)　　gōng-guān(公关——公共关系)
bā-jiǔ tiān(八九天)　　shíqī-bā suì(十七八岁)
rén-jī duìhuà(人机对话)　　zhōng-xiǎoxué(中小学)
lù-hǎi-kōngjūn(陆海空军)　　biànzhèng-wéiwùzhǔyì(辩证唯物主义)

1. 名词

1.1 名词与单音节前加成分(副、总、非、反、超、老、阿、可、无等)和单音节后加成分(子、儿、头、性、者、员、家、手、化、们等),连写。

fùbùzhǎng(副部长)　　zǒnggōngchéngshī(总工程师)
fēijīnshǔ(非金属)　　fǎndàndào dǎodàn(反弹道导弹)
chāoshēngbō(超声波)　　fēiyèwù rényuán(非业务人员)
zhuōzi(桌子)　　mùtou(木头)
chéngwùyuán(乘务员)　　yìshùjiā(艺术家)
kēxuéxìng(科学性)　　xiàndàihuà(现代化)
háizimen(孩子们)　　tuōlājīshǒu(拖拉机手)

1.2 名词和后面的方位词,分写。

shān shàng(山上)　　shù xià(树下)
mén wài(门外)　　mén wàimian(门外面)
hé li(河里)　　hé lǐmian(河里面)
huǒchē shàngmian(火车上面)　　xuéxiào pángbiān(学校旁边)
Yǒngdìng Hé shàng(永定河上)　　Huáng Hé yǐnán(黄河以南)

但是,已经成词的,连写。例如:"海外"不等于"海的外面"。

tiānshang(天上)　　dìxia(地下)
kōngzhōng(空中)　　hǎiwài(海外)

1.3 汉语人名按姓和名分写,姓和名的开头字母大写。笔名、别名等,按姓名写法处理。

Lǐ Huá(李华)　　Wáng Jiànguó(王建国)
Dōngfāng Shuò(东方朔)　　Zhūgě Kǒngmíng(诸葛孔明)
Lǔ Xùn(鲁迅)　　Méi Lánfāng(梅兰芳)
Zhāng Sān(张三)　　Wáng Mázi(王麻子)

姓名和职务、称呼等分开写;职务、称呼等开头小写。

Wáng bùzhǎng(王部长)　　Tián zhǔrèn(田主任)
Lǐ xiānsheng(李先生)　　Zhào tóngzhì(赵同志)

"老"、"小"、"大"、"阿"等称呼开头大写。

Xiǎo Liú(小刘)　　　　Lǎo Qián(老钱)

Dà Lǐ(大李)　　　　　Ā Sān(阿三)

Wú Lǎo(吴老)

已经专名化的称呼,连写,开头大写。

Kǒngzǐ(孔子)　　　　Bāogōng(包公)

Xīshī(西施)　　　　　Mèngchángjūn(孟尝君)

1.4 汉语地名按照中国地名委员会文件(84)中地字第17号《中国地名汉语拼音字母拼写规则(汉语地名部分)》的规定拼写。

汉语地名中的专名和通名分写,每一分写部分的第一个字母大写。

Běijīng Shì(北京市)　　Héběi Shěng(河北省)

Yālù Jiāng(鸭绿江)　　Tài Shān(泰山)

Dòngtíng Hú(洞庭湖)　　Táiwān Hǎixiá(台湾海峡)

专名和通名的附加成分,单音节的与其相关部分连写。

Xīliáo Hé(西辽河)

Jǐngshān Hòujiē(景山后街)

Cháoyángménnèi Nánxiǎojiē(朝阳门内南小街)

自然村镇名称和其他不需区分专名和通名的地名,各音节连写。

Wángcūn(王村)　　　　Jiǔxiānqiáo(酒仙桥)

Zhōukǒudiàn(周口店)　　Sāntányìnyuè(三潭印月)

1.5 非汉语人名、地名本着"名从主人"的原则,按照罗马字母(拉丁字母)原文书写;非罗马字母文字的人名、地名,按照该文字的罗马字母转写法拼写。为了便于阅读,可以在原文后面注上汉字或汉字的拼音,在一定的场合也可以先用或仅用汉字的拼音。

Ulanhu(乌兰夫)　　　　Akutagawa Ryunosuke(芥川龙之介)

Ngapoi　Ngawang Jigme(阿沛·阿旺晋美)

Marx(马克思)　　　　　Seypidin(赛福鼎)

Newton(牛顿)　　　　　Darwin(达尔文)

Ürümqi(乌鲁木齐)　　　Einstein(爱因斯坦)

Lhasa(拉萨)　　　　　　Hohhot(呼和浩特)

Paris(巴黎)　　　　　　London(伦敦)

Tokyo(东京)　　　　　　Washington(华盛顿)

汉语化的音译名词,按汉字译音拼写。

Fēizhōu(非洲)　　　　　Nánměi(南美)

Déguó(德国)　　　　　　Dōngnányà(东南亚)

2. 动词

2.1 动词和"着"、"了"、"过"连写。

kànzhe(看着)　　　　　　　　jìnxíngzhe(进行着)
kànle(看了)　　　　　　　　　jìnxíngle(进行了)
kànguo(看过)　　　　　　　　jìnxíngguo(进行过)

句末的"了",分写。

Huǒchē dào le(火车到了。)

2.2 动词和宾语,分写。

kàn xìn(看信)　　　　　　　　chī yú(吃鱼)
kāi wánxiào(开玩笑)　　　　　jiāoliú jīngyàn(交流经验)

动宾式合成词中间插入其他成分的,分写。

jūle yī gè gōng(鞠了一个躬)　　lǐguò sān cì fà(理过三次发)

2.3 动词(或形容词)和补语,两者都是单音节的,连写;其余的情况,分写。

gǎohuài(搞坏)　　　　　　　　dǎsǐ(打死)
shútòu(熟透)　　　　　　　　　jiànchéng(建成[楼房])
huàwéi(化为[蒸气])　　　　　　dàngzuò(当做[笑话])
zǒu jinlai(走进来)　　　　　　　zhěnglǐ hǎo(整理好)
jiànshè chéng(建设成[公园])　　gǎixiě wéi(改写为[剧本])

3. 形容词

3.1 单音节形容词和重叠的前加成分或后加成分,连写。

mēngmēngliàng(蒙蒙亮)　　　liàngtāngtāng(亮堂堂)

3.2 形容词和后面的"些"、"一些"、"点儿"、"一点儿",分写。

dà xiē(大些)　　　　　　　　　dà yīxiē(大一些)
kuài diǎnr(快点儿)　　　　　　kuài yīdiǎnr(快一点儿)

4. 代词

4.1 表示复数的"们"和前面的代词,连写。

wǒmen(我们)　　　　　　　　tāmen(他们)

4.2 指示代词"这""那",疑问代词"哪"和名词或量词,分写。

zhè rén(这人)　　　　　　　　nà cì huìyì(那次会议)
zhè zhī chuán(这只船)　　　　nǎ zhāng bàozhǐ(哪张报纸)

"这"、"那"、"哪"和"些"、"么"、"样"、"般"、"里"、"边"、"会儿"、"个",连写。

zhèxiē(这些)　　　　　　　　zhème(这么)
nàyàng(那样)　　　　　　　　zhèbān(这般)
nàli(那里)　　　　　　　　　nǎli(哪里)
zhèbiān(这边)　　　　　　　zhèhuìr(这会儿)
zhège(这个)　　　　　　　　zhèmeyàng(这么样)

4.3 "各"、"每"、"某"、"本"、"该"、"我"、"你"等和后面的名词或量词,分写。

gè guó(各国)　　　　　　　gè gè(各个)
gè rén(各人)　　　　　　　gè xuékē(各学科)
měi nián(每年)　　　　　　měi cì(每次)
mǒu rén(某人)　　　　　　mǒu gōngchǎng(某工厂)
běn shì(本市)　　　　　　běn bùmén(本部门)
gāi kān(该刊)　　　　　　gāi gōngsī(该公司)
wǒ xiào(我校)　　　　　　nǐ dānwèi(你单位)

5. 数词和量词

5.1 十一到九十九之间的整数,连写。

shíyī(十一)　　　　　　　shíwǔ(十五)
sānshísān(三十三)　　　　jiǔshíjiǔ(九十九)

5.2 "百"、"千"、"万"、"亿"与前面的个位数,连写;"万"、"亿"与前面的十位以上的数,分写。

jiǔyì líng qīwàn èrqiān sānbǎi wǔshíliù(九亿零七万二千三百五十六)
liùshísān yì qīqiān èrbǎi liùshíbā wàn sìqiān líng jiǔshíwǔ(六十三亿七千二百六十八万四千零九十五)

5.3 表示序数的"第"与后面的数词中间,加短横。

dì-yī(第一)　　　　　　　dì-shísān(第十三)
dì-èrshíbā(第二十八)　　　dì-sānbǎi wǔshíliù(第三百五十六)

5.4 数词和量词,分写。

liǎng gè rén(两个人)　　　yī dà wǎn fàn(一大碗饭)
liǎng jiān bàn wūzi(两间半屋子)　wǔshísān réncì(五十三人次)

表示约数的"多"、"来"、"几"和数词、量词分写。

yībǎi duō gè(一百多个)　　shí lái wàn rén(十来万人)
jǐ jiā rén(几家人)　　　　jǐ tiān gōngfu(几天工夫)

"十几"、"几十"连写。

shíjǐ gè rén(十几个人)　　jǐshí gēn gāngguǎn(几十根钢管)

6. 虚词

虚词与其他语词分写。

6.1 副词

hěn hǎo(很好)　　　　　　dōu lái(都来)
gèng měi(更美)　　　　　　zuì dà(最大)
bù lái(不来)
yīng bù yīnggāi(应不应该)　gānggāng zǒu(刚刚走)
fēicháng kuài(非常快)　　shífēn gǎndòng(十分感动)

6.2 介词

zài qiánmiàn(在前面) xiàng dōngbiān qù(向东边去)
wèi rénmín fúwù(为人民服务) cóng zuótiān qǐ(从昨天起)
shēng yú 1940 nián(生于 1940 年) guānyú zhège wèntí(关于这个问题)

6.3 连词

gōngrén hé nóngmín(工人和农民)
bùdàn kuài érqiě hǎo(不但快而且好)
guāngróng ér jiānjù(光荣而艰巨)
Nǐ lái háishi bù lái?(你来还是不来?)

6.4 结构助词"的"、"地"、"得"、"之"

dàdì de nǚ'ér(大地的女儿)
Zhè shì wǒ de shū.(这是我的书。)
Wǒmen guòzhe xìngfú de shēnghuó.(我们过着幸福的生活。)
Shāngdiàn li bǎimǎnle chī de,chuān de,yòng de.(商店里摆满了吃的、穿的、用的。)
mài qīngcài luóbo de(卖青菜萝卜的)
Tā zài dàjiē shàng mànman de zǒu.(他在大街上慢慢地走。)
Tǎnbái de gàosu nǐ ba.(坦白地告诉你吧。)
Tā yī bù yī gè jiǎoyìnr de gōngzuòzhe.(他一步一个脚印儿地工作着。)
dǎsǎo de gānjìng(打扫得干净)
xiě de bù hǎo(写得不好)
hóng de hěn(红得很)
lěng de fādǒu(冷得发抖)
shàonián zhī jiā(少年之家)
zuì fādá de guójiā zhī yī(最发达的国家之一)

注:"的"、"地"、"得"在技术处理上,根据需要可以分别写作"d"、"di"、"de"。

6.5 语气助词

Nǐ zhīdao ma?(你知道吗?)
Zěnme hái bù lái a?(怎么还不来啊?)
Kuài qù ba!(快去吧!)
Tā shì bù huì lái de.(他是不会来的。)

6.6 叹词

A! Zhēn měi!(啊!真美!)
Ng,nǐ shuō shénme?(嗯,你说什么?)
Hm,zǒuzhe qiáo ba!(哼,走着瞧吧!)

6.7 拟声词

pā!（啪!）　　　　　　　　　huāhuā（哗哗）

jījī-zhāzhā（叽叽喳喳）

"hōnglōng"yī shēng（"轰隆"一声）

Dà gōngjī wō—wō—tí.（大公鸡喔喔啼。）

"Dū—"qìdí xiǎng le.（"嘟——"汽笛响了。）

7. 成语

7.1 四言成语可以分为两个双音节来念的，中间加短横。

céngchū-bùqióng（层出不穷）　　fēngpíng-làngjìng（风平浪静）

àizēng-fēnmíng（爱憎分明）　　　shuǐdào-qúchéng（水到渠成）

yángyáng-dàguān（洋洋大观）　　píngfēn-qiūsè（平分秋色）

guāngmíng-lěiluò（光明磊落）　　diānsān-dǎosì（颠三倒四）

7.2 不能按两段来念的四言成语、熟语等，全部连写。

búyìlèhū（不亦乐乎）　　　　　　zǒng'éryánzhī（总而言之）

àimònéngzhù（爱莫能助）　　　　yīyīdàishuǐ（一衣带水）

húlihútu（糊里糊涂）　　　　　　hēibuliūqiū（黑不溜秋）

diào'erlángdāng（吊儿郎当）

8. 大写

8.1 句子开头的字母和诗歌每行开头的字母大写。（举例略）

8.2 专有名词的第一个字母大写。

Běijīng（北京）　　　　　　　Chángchéng（长城）

Qīngmíng（清明）

由几个词组成的专有名词，每个词的第一个字母大写。

Guójì Shūdiàn（国际书店）

Hépíng Bīnguǎn（和平宾馆）

Guāngmíng Rìbào（光明日报）

8.3 专有名词和普通名词连写在一起的，第一个字母要大写。

Zhōngguórén（中国人）　　　　Míngshǐ（明史）

Guǎngdōnghuà（广东话）

已经转化为普通名词的，第一个字母小写。

guǎnggān（广柑）　　　　　　zhōngshānfú（中山服）

chuānxiōng（川芎）　　　　　　zàngqīngguǒ（藏青果）

9. 移行

9.1 移行要按音节分开，在没有写完的地方加上短横。

……………………guāng-

míng（光明）

不能移作"gu-āngmíng"。

10. 标调

10.1 声调一律标原调,不标变调。

yī jià(一架)   yī tiān(一天)   yī tóu(一头)
yī wǎn(一碗)   qīwàn(七万)   qī běn(七本)
bā gè(八个)   qīshàng-bāxià(七上八下)
bù qù(不去)   bù duì(不对)   bùzhìyú(不至于)

但是在语音教学时可以根据需要按变调标写。

附:除了《汉语拼音方案》规定的符号标调法以外,在技术处理上,也可根据需要采用数字或字母作为临时变通标调法。

第六节 音 变

说话的时候,一串音节连续发音,音节与音节、音素与音素、声调与声调互相影响,声音会发生一定的变化。这种语音变化的现象叫"音变"。

普通话常见的语音音变现象有:轻声、变调、语气词"啊"的变化、儿化等。

一、轻 声

普通话每个音节都有一定的声调,可是,有些音节在词语或者句子里常常失去原有的声调,读成一种较轻较短的语调,这种又轻又短的语调叫做"轻声"。轻声实质上也是一种变调。轻声不标调号,例如:"wǒmen"(我们)。

普通话里的轻声有区别词义的作用。如:

lāshǒu(拉手)　握手,动词。
lāshou(拉手)　家具上用来开门的物件,名词。

dàyì(大意)　指主要内容。
dàyi(大意)　指不小心。

bǎishè(摆设)　动词,物品安放。
bǎishe(摆设)　名词,摆设的东西。

gànshì(干事)　指做事。
gànshi(干事)　指一种职务。

lìhài(利害)　利益和损害,名词。
lìhai(利害)　剧烈、凶猛,形容词。

zìrán（自然） 自然界等,名词。

zìran（自然） 不勉强,不局促,不呆板,形容词。

在普通话里,哪些音节念轻声,是有一定规律的。

1. 重叠式的名词,后一个音节读轻声。

例如:爸爸　爷爷　哥哥　娃娃

2. 重叠式的动词,后一个音节读轻声。

例如:看看　试试　玩玩　说说

如果中间有"一","一"也念轻声。例如:看一看　试一试　玩一玩　说一说

3. 肯定、否定相重叠的动词或形容词,后边两个音节念轻声。

例如:去不去　说不说　走不走

4. 趋向动词念轻声。

例如:走上来　送出去　接过来　倒下去

5. 助词念轻声。

结构助词:伟大的祖国　激动地说　唱得好

时态助词:说着　来了　读过

语气助词:好吗　走哇　行啦　去吧　是啊

6. 方位词念轻声。

例如:屋里　桌上　外边　空中　地下

7. 名词的后缀念轻声。

例如:木头　桌子　女儿　同志们

8. 一部分双音节词,第二个音节习惯上念轻声。

例如:事情　态度　道理　朋友　萝卜　葡萄
　　　耳朵　骆驼　石榴　包袱　阔气　太阳

这些双音词,大多是口头上常用的词,只是按习惯念成轻声,没有什么规律。

二、变　调

在语流里,由于音节和音节相连时相互发生影响,基本调值发生变化,这种现象叫"变调"。变调主要有下面几种情况:

（一）上声的变调

这是为了适应说话省力的自然需要而产生的。

两个上声相连,前一个变得像阳平。如:

　　领导　法语　考古　理解

三个上声相连,前两个上声变得像阳平。如:

　　选举法　演讲稿

几个上声相连时，可按词或语气，两个一节、三个一节地划分，再按上面情况变调。如：

　　永远友好　马厂长鼓舞我

（二）"一、七、八、不"的变调

这四个字本来都是入声字。普通话语音没有入声，都分别归入其他的声调里。这四个字很特别，单念时"一、七、八"都念阴平，"不"念去声。用在语句中，就得按后面一个音节的声调而定。

1. "一"的四种声调

单念、用在词句末尾、后面跟着别的数词时，都念阴平。如：

　　　　一　五一　一五一十

在去声前念阳平。如：

　　　　一概　一贯　一致　一半儿　海天一线

在阴平、阳平、上声前念去声。如：

　　　　一边倒　一头牛　一朵玫瑰

夹在重叠的动词中间念轻声。如：

　　　　试一试　谈一谈　尝一尝

2. "七、八"的两种声调

单念、在词句末尾、表序数时，或在非去声前，都念原调阴平。如：

　　　　七　八　二十七　十八　八成新　七斤棉花

在去声前念阳平。如：

　　　　七月　八块　七岁　八件

现在有简化变调的趋势。"七、八"一般不变调，而"一、不"使用频率特别大，仍保持变调。

3. "不"的三种变调

单念、在语句末尾，或在非去声前，都念原调去声。如：

　　　　不　我偏不　不说　不行　不好

在去声前念阳平。如：

　　　　不当　不便　不去

夹在词语中间念轻声。如：

　　　　说不清　了不起　去不去　放不开

用拼音字母拼写时，要不要标出变化后的调号？如果是一般拼音读物，"一、七、八、不"仍标原调，变化由读者自己掌握；如果是专为指导学习普通话的拼音读物，则可标出变调，便于学习。

至于上声的变调，因为仍是原调范围内的变化，所以，拼写时不改调号，只是拼读时按变调规律读出来就行。

（三）重叠式形容词的变调

重叠式形容词有三种形式：一是 AA 式，一是 ABB，一是 AABB 式。

AA 式如："厚厚的、高高的、胖胖的、贱贱的、甜甜的"等，描写当时情况，一般不变调。只是当附有"儿尾"，叠字第二个变成"儿化韵"时，这第二个字就变成阴平。如："悄悄儿的、慢慢儿走、圆圆儿的、远远儿的"等。

ABB 式除叠字本身为阴平调不再变调外，其余各调的都可把后两个字变为阴平。如："热乎乎、热腾腾、沉甸甸、香喷喷"等。

AABB 式第二个字变轻声，第三、四两个字变阴平（如本身为阴平调即不再变）。如："踏踏实实、热热闹闹、干干净净、明明白白"等。

以上各种重叠式形容词，如果念得缓慢些，念清楚它的原调，显得读字清楚，不变调也可以。

三、语气词"啊"的变化

叹词的"啊"，因为说话时不受什么语音的影响，所以仍念 a 音，如："啊，你来啦！"

但是作为语气词的"啊"，用在句末，由于受前一个音节末尾的音素的影响，会发生音变。其变化规律如下：

（一）因"连音同化"而"增音"

把前一个音节末尾的音素作为声母或头母加在 a 前，有六种情况：

1. 前面音节末尾为 i、ü 时，读 ya。如：

    江南真美啊（ya）！

2. 前面音节末尾为 u（包括 ao）时，读 wa。如：

    说得多好啊（wa）！

3. 前面音节末尾为 n 时，读 na。如：

    好漂亮的牛仔裙啊（na）！

4. 前面音节末尾为 ng，读 nga。如：

    大声唱啊（nga）！

5. 前面音节末尾为-i[ʅ]（舌尖后元音）、er（或儿化韵）时，读 ra。如：

    这孩子多懂事啊（ra）！

    歌声多悦耳啊（ra）！

6. 前面音节末尾为-i[ɿ]（舌尖前元音）时，读 za。如：

    快来练字啊（za）！

（二）因"连音异化"而"增音"

前面音节末尾如果是 a、o、e、ê，那么，在"啊"（a）前加上 i，变成 ya。如：

    用心画啊（ya）！

    快上山坡啊（ya）！

    呵，这么大的雪啊（ya）！

由于前面音节的主要元音 a 和"啊"连续发出,而又要区分为两个音节,中间又不许停顿,发音很困难,所以产生了异化的要求,发完 a 后,插入高元音 i,使舌面上升后再降落发 a,就把两个 a 分开了。o、e、ê 虽不如连发 a 困难,但舌位距离也和 a 接近,于是习惯上也采取了增音"i"的形式。

四、儿 化

卷舌韵母 er 总是单独成音节的。如"儿、耳、二"等。但普通话里带"儿"尾的词里的"儿"就不能自成音节,即不能念成 er,而要和前面的韵母结合起来,附加在前面韵母末尾的音上(用"r"来表示)。例如:

"花儿",不读 huāer,读作 huār,"歌儿",不读 gēer,读作 gēr。这种因儿尾引起的语音变化,叫"儿化",儿化后的韵母叫"儿化韵"。

(一)儿化的作用

儿化在普通话里是一个很有特色的语音现象,跟词汇、语法有密切的关系,可以使汉语在表达上更加严密精确,起着修辞或表示语法功能的积极作用。

1. 表示喜爱、委婉的语感

(1)喜欢的心情。如:

　　小鸟儿　花瓣儿　彩画儿　碟片儿
　　小孩儿　草帽儿　大婶儿　麦苗儿

(2)温和的态度。如:

　　您慢慢儿找,不急!
　　说说贴心的话儿。

2. 形容细小轻微的性质和形状

　　小车儿　小羊儿　小脸蛋儿　小手儿
　　门缝儿　红头绳儿　树枝儿

在名词前加形容词"小"的,大多可加儿尾

3. 确定名词词性

盆(动词)	盆儿(名词)
盖(动词)	盖儿(名词)
活(动词)	活儿(名词)
尖(形容词)	尖儿(名词)

4. 区别意义

头(指脑袋)	头儿(指领头的人)
信(指信件)	信儿(指消息)
意思(指意义)	意思儿(指趣味)
白面(指面粉)	白面儿(指毒品)

(二)"儿化韵"的发音变化规律

变得多或变得少,完全看这个韵母是不是便于卷舌。卷舌很顺利的,原韵母就不变,只加一个"r";能卷舌,但不太方便,就稍变,迁就卷舌动作;不能卷舌的,大变,甚至去掉韵尾,增加音素,使其便于卷舌动作。

普通话韵母除了"e、er"外,都可以儿化。读音变化规律如下表:

原韵或尾音	儿化	实际读音	
韵母或尾音是 a、o、e、u	不变,加 r	号码儿(hàomǎr) 粉末儿(fěnmòr) 草帽儿(cǎomàor) 唱歌儿(chànggēr) 小猴儿(xiǎohóur)	花儿(huār) 书桌儿(shūzhuōr) 麦苗儿(màimiáor) 眼珠儿(yǎnzhūr) 打球儿(dǎqiúr)
尾音是 i、n	丢 i 或 n,加 r	盖儿(gàr) 刀背儿(dāobèr) 心眼儿(xīnyǎr) 花园儿(huāyuár)	一块儿(yíkuàr) 味儿(wèr) 弯儿(wār) 窍门儿(qiàomér)
尾音是 ng	丢 ng,加 r,元音鼻化	电影儿(diàn yĩr)	帮忙儿(bāngmãr)
韵母是 i、ü	不变,加 er	玩意儿(wányìer)	毛驴儿(máolüer)
韵母是 -i	丢 -i,加 er	词儿(cér)	事儿(shèr)
韵母是 ui、in、un、ün	丢 i 或 n,加 er	麦穗儿(màisùer) 飞轮儿(fēilúer)	干劲儿(gànjìer) 白云儿(báiyúer)

注:字母上的"~"表示鼻化。

用拼音字母作一般拼写时,"儿化韵"的音节,只须在音节末尾加一个"r",韵母的变化不必在拼音上表示。

第七节 语音规范化

以北京语音为标准音,这是我们学习普通话语音的规范。但是,由于诸多原因,北京语音内部也存在着一些分歧现象。例如,轻声和儿化是北京语音的特点。对意义的表达有一定作用,但是否都要吸收到普通话里来?如何取舍?再如,北京话里存在着一词两读现象。方言区的人遇到这种情况时,究竟该以什么为标准?这些都该有个共识,也就是说,必须实现语音的规范化。

一、轻声和儿化的规范

轻声和儿化是北京话里突出的语音现象,使用很普遍,分析起来,大致有如下情况。

(一) 有区别意义的作用。如：
    大方　dàfāng(名)　专家、内行。
           dàfang(形)　不拘束；不吝啬；不俗气。

    大意　dàyì(名)　主要的、基本的意思。
           dàiyi(形)　疏忽粗心。

    词　　cí　言语中最小的独立运用的单位。
    词儿　cír　言语，话。

    火星　　huǒxīng　太阳系中接近太阳的第四颗行星。
    火星儿　huǒxīngr　微弱的小火光。

(二) 没有区别意义的作用。如：
    棉花　只读 miánhua
    委曲　只读 wěiqu
"村儿"cūnr、"梗儿"gěngr、"打鸣儿"dǎmíngr，不说"村"、"梗"、"打鸣"。

(三) 两可，没有一定的读法。如：
    沙发(fā)—沙发(fa)　干粮(liáng)—干粮(liang)　喜鹊(què)—喜鹊(que)
    冒烟—冒烟儿　　帮忙—帮忙儿

对这些情况，我们认为应分别对待。一般说，凡能区别意义的，一定要掌握；对一些虽没有区别意义的作用，但已被普遍采用形成习惯的，也应掌握；而对另一些没有区别意义的作用或没有一定读法的，则可不列入规范化范围。

二、异读词的规范

异读词，是指同一个词有几个不同读音。例如"创造"，可读成 chuàngzào，也可读成 chuǎngzào。如果同一个汉字在不同的词内读音不同，或是不同的读音代表着不同的意义，这就不算一词两读。如：
    生长 shēngzhǎng　　　　长度 chángdù
    娱乐 yúlè　　　　　　　　乐曲 yuèqǔ
    协调 xiétiáo　　　　　　调查 diàochá

北京话里的异读词，从语音角度分析，大致有下列四种情况：

(一) 声母不同
    机械 xiè/jiè　　　　　波浪 bō/pō
    秘密 mì/bì　　　　　　谬论 miù/niù
    步骤 zhòu/zòu　　　　玩弄 nòng/lòng
    江堤 dī/tí　　　　　　包庇 bì/pì

（二）韵母不同

收获 huò/hù　　　　娇嫩 nèn/nùn
拂晓 fú/fó　　　　　混淆 xiáo/yáo
跃进 yuè/yào　　　　琴弦 xián/xuán
飘浮 fù/fóu　　　　　明白 bái/bei

（三）声调不同

复习 fù/fú　　　　　侵略 qīn/qǐn
卑鄙 bǐ/bì　　　　　号召 zhào/zhāo
比较 jiào/jiǎo　　　教室 shì/shǐ
亚军 yà/yǎ　　　　　质量 zhì/zhǐ

（四）声韵调中有两项或三项不同

太好 tài/tuī　　　　五更 gēng/jīng
僻静 pì/bèi　　　　傍晚 bàng/páng
关卡 kǎ/qiǎ　　　　红色 sè/shǎi
奇数 jī/qí　　　　　暴露 bào/pù

对北京话里这一类异读词，普通话审音委员会曾进行审音并多次修订。我们要以《普通话异读词审音表》（见附录）为标准，来规范读音。

三、误读字正音

正确掌握普通话语音，除前面所述语音规范化的问题外，还要注意掌握一些容易错认误读的字的读音。

（一）多音多义字

普通话里常用字中有三四百个多音多义字，这些字字形相同，读音和意义、用法却不相同。

1. 由于意义、用法不同而读多音的。

量 liàng（名）　质量、宽宏大量
　　liáng（动）　丈量、量体裁衣
号 hào（名）　称号、号码
　　háo（动）　号叫、哀号
难 nán（形）　难办、难得
　　nàn（名）　灾难、苦难
为 wéi（动）　作为、人为
　　wèi（介）　为人民服务

2. 由于读书音和口语音不同而读多音的。

血 xuè（读书音）　血压、血债、残阳如血
　　xiě（口语音）　血淋淋、流了血、血的洗礼

薄 bó（读书音）　薄弱、稀薄、日薄西山
　　báo（口语音）　脸皮薄、纸太薄了
嚼 jué（读书音）　咀嚼、过屠门而大嚼
　　jiáo（口语音）　嚼舌、味同嚼蜡

3. 由于普通用法和人名、地名不同而读多音的。

单 dān 单一、单纯、简单
　　chán 单于（古代匈奴的君主）
　　shàn 姓单
翟 zhái 姓翟
　　dí 墨翟（墨子）
番 fān 番茄、三番五次
　　pān 番禺县（广东）
蚌 bàng 河蚌、鹬蚌相争
　　bèng 蚌埠市（安徽）

（二）少数形声字因误读半边或错误地类推而读错

由于语音的演变，不少形声字的读音发生了变化，而有些人却误读半边或错误地类推。如：

莠 yǒu	误读为 xiù	獭 tǎ	误读为 lài
绽 zhàn	误读为 dìng	憧 chōng	误读为 tóng
惴 zhuì	误读为 chuǎn	宠 chǒng	误读为 lóng
蹒 pán	误读为 mán	诣 yì	误读为 zhǐ

（三）由于字形相近而读错

肓 huāng	误读为"盲"máng
碛 qì	误读为"茸"róng
愎 bì	误读为"复"fù
隅 yú	误读为"偶"ǒu
菅 jiān	误读为"管"guǎn
扺 zhǐ	误读为"抵"dǐ
汩 gǔ	误读为"汨"mì
悖 bèi	误读为"脖"bó

汉字不是表音文字，字形与读音的联系很不紧密，因此，我们对字的读音要持认真态度。勤查字典，注意辨析音、义和用法。

[附录四]

普通话异读词审音表

(1985年12月修订)

说　明

一、本表所审,主要是普通话有异读的词和有异读的作为"语素"的字。不列出多音多义字的全部读音和全部义项,与字典、词典形式不同。例如:"和"字有多种义项和读音,而本表仅列出原有异读的八条词语,分列于 hè 和 huo 两种读音之下(有多种读音,较常见的在前。下同);其余无异读的音、义均不涉及。

二、在字后注明"统读"的,表示此字不论用于任何词语中只读一音(轻声变读不受此限),本表不再举出词例。例如:"阀"字注明"fá(统读)",原表"军阀"、"学阀"、"财阀"条和原表所无的"阀门"等词均不再举。

三、在字后不注"统读"的,表示此字有几种读音,本表只审订其中有异读的词语的读音。例如"艾"字本有 ài 和 yì 两音,本表只举"自怨自艾"一词,注明此处读 yì 音;至于 ài 音及其义项并无异读,不再赘列。

四、有些字有文白二读,本表以"文"和"语"作注。前者一般用于书面语言,用于复音词和文言成语中;后者多用于口语中的单音词及少数日常生活事物的复音词中。这种情况在必要时各举词语为例。例如:"杉"字下注"(一)shān(文):紫～、红～、水～;(二)shā(语):～篙、～木"。

五、有些字除附举词例之外,酌加简单说明,以便读者分辨。说明或按具体字义,或按"动作义"、"名物义"等区分,例如:"畜"字下注"(一)chù(名物义):～力、家～、牲～、幼～;(二)xù(动作义):～产、～牧、～养"。

六、有些字的几种读音中某音用处较窄,另音用处甚宽,则注"除××(较少的词)念乙音外,其他都念甲音",以避免列举词条繁而未尽、挂一漏万的缺点。例如:"结"字下注"除'～了个果子'、'开花～果'、'～巴'、'～实'念 jiē 之外,其他都念 jié"。

七、由于轻声问题比较复杂,除《初稿》涉及的部分轻声词之外,本表一般不予审订,并删去部分原审的轻声词,例如"麻刀(dao)"、"容易(yi)"等。

八、本表酌增少量有异读的字或词,作了审订。

九、除因第二、六、七各条说明中所举原因而删略的词条之外,本表又删汰了部分词条。主要原因是:1. 现已无异读(如"队伍"、"理会");2. 罕用词语(如"俵分"、"仔密");3. 方言土音(如"归里包堆〔zuī〕"、"告送〔song〕");4. 不常用的文言词语(如"刍荛"、"甗甀");5. 音变现象(如"胡里八涂〔tū〕"、"毛毛腾腾〔tēngtēng〕");6. 重复累赘(如原表"色"字的有关词语分列达23条之多)。删汰条目不再编入。

十、人名、地名的异读审订,除原表已涉及的少量词条外,留待以后再审。

A

阿(一) ā
　～訇　～罗汉　～木林
　～姨
(二) ē
　～谀　～附　～胶
　～弥陀佛
挨(一) āi
　～个　～近
(二) ái
　～打　～说
癌 ái(统读)
霭 ǎi(统读)
蔼 ǎi(统读)
隘 ài(统读)
谙 ān(统读)
埯 ǎn(统读)
昂 áng(统读)
凹 āo(统读)
拗(一) ào
　～口
(二) niù
　执～　脾气很～
坳 ào(统读)

B

拔 bá(统读)
把 bà
　印～子
白 bái(统读)
膀 bǎng
　翅～
蚌(一) bàng
　蛤～

(二) bèng
　～埠
傍 bàng(统读)
磅 bàng
　过～
鲍 bāo(统读)
胞 bāo(统读)
薄(一) báo(语)
　常单用，如"纸很～"。
(二) bó(文)
　多用于复音词。
　～弱　稀～　淡～　尖嘴～舌
　单～　厚～
堡(一) bǎo
　碉～　～垒
(二) bǔ
　～子　吴～　瓦窑～　柴沟～
(三) pù
　十里～
暴(一) bào
　～露
(二) pù
　一～(曝)十寒
爆 bào(统读)
焙 bèi(统读)
惫 bèi(统读)
背 bèi(统读)
　～脊　～静
鄙 bǐ(统读)
俾 bǐ(统读)
笔 bǐ(统读)
比 bǐ(统读)
臂(一) bì
　手～　～膀
(二) bei
　胳～

庇 bì(统读)
髀 bì(统读)
避 bì(统读)
辟 bì
　复～
裨 bì
　～补　～益
婢 bì(统读)
痹 bì(统读)
壁 bì(统读)
蝙 biān(统读)
遍 biàn(统读)
骠(一) biāo
　黄～马
　(二) piào
　～骑　～勇
傧 bīn(统读)
缤 bīn(统读)
濒 bīn(统读)
殡 bìn(统读)
屏(一) bǐng
　～除　～弃　～气　～息
　(二) píng
　～藩　～风
柄 bǐng(统读)
波 bō(统读)
播 bō(统读)
菠 bō(统读)
剥(一) bō(文)
　～削
　(二) bāo(语)
泊(一) bó
　淡～　飘～　停～
　(二) pō
　湖～　血～

帛 bó(统读)
勃 bó(统读)
钹 bó(统读)
伯(一) bó
　～～(bo)　老～
　(二) bǎi
　大～子(丈夫的哥哥)
箔 bó(统读)
簸(一) bǒ
　颠～
　(二) bò
　～箕
膊 bo
　胳～
卜 bo
　萝～
醭 bú(统读)
哺 bǔ(统读)
捕 bǔ(统读)
鹁 bǔ(统读)
埠 bù(统读)

C

残 cán(统读)
惭 cán(统读)
灿 càn(统读)
藏(一) cáng
　矿～
　(二) zàng
　宝～
糙 cāo(统读)
嘈 cáo(统读)
螬 cáo(统读)
厕 cè(统读)
岑 cén(统读)
差(一) chā(文)

不~累黍　不~什么　偏~　色~
~别　视~　误~　电势~　一念
之~　~池　~错　言~语错　一
~二错　阴错阳~　~等　~额
~价　~强人意　~数　~异

(二) chà(语)

~不多　~不离　~点儿

(三) cī

参~

猹 chá(统读)

搽 chá(统读)

阐 chǎn(统读)

羼 chàn(统读)

颤(一) chàn

~动　发~

(二) zhàn

~栗(战栗)　打~(打战)

鞯 chàn(统读)

伥 chāng(统读)

场(一) chǎng

~合　~所　冷~　捧~

(二) cháng

外~　圩~　~院　一~雨

(三) chang

排~

钞 chāo(统读)

巢 cháo(统读)

嘲 cháo

~讽　~骂　~笑

耖 chào(统读)

车(一) chē

安步当~　杯水~薪
闭门造~　螳臂挡~

(二) jū

(象棋棋子名称)

晨 chén(统读)

称 chèn

~心　~意　~职　对~　相~

撑 chēng(统读)

乘(动作义,念 chéng)

包~制　~便　~风破浪　~客
~势　~兴

橙 chéng(统读)

惩 chéng(统读)

澄(一) chéng(文)

~清(如"~清混乱"、"~清问题")

(二) dèng(语)

单用,如"把水~清了"。

痴 chī(统读)

吃 chī(统读)

弛 chí(统读)

褫 chǐ(统读)

尺 chǐ

~寸　~头

豉 chǐ(统读)

侈 chǐ(统读)

炽 chì(统读)

舂 chōng(统读)

冲 chòng

~床　~模

臭(一) chòu

遗~万年

(二) xiù

乳~　铜~

储 chǔ(统读)

处 chǔ(动作义)

~罚　~分　~决
~理　~女　~置

畜(一) chù(名物义)

~力　家~　牲~　幼~

(二) xù(动作义)

~产　~牧　~养

触 chù(统读)
搐 chù(统读)
绌 chù(统读)
黜 chù(统读)
闯 chuǎng(统读)
创(一) chuàng
　　草～　～举　首～
　　～造　～作
　（二）chuāng
　　～伤　重～
绰(一) chuò
　　～～有余
　（二）chuo
　　宽～
疵 cī(统读)
雌 cí(统读)
赐 cì(统读)
伺 cì
　　～候
枞(一) cōng
　　～树
　（二）zōng
　　～阳［地名］
从 cóng(统读)
丛 cóng(统读)
攒 cuán
　　万头～动　万箭～心
脆 cuì(统读)
撮(一) cuō
　　～儿　一～儿盐　一～儿匪帮
　（二）zuǒ
　　一～儿毛
措 cuò(统读)

D

搭 dā(统读)

答(一) dá
　　报～　～复
　（二）dā
　　～理　～应
打 dá
　　苏～　一～（十二个）
大(一) dà
　　～夫(古官名)　～王(如"爆破～王"、"钢铁～王")
　（二）dài
　　～夫(医生)　～黄　～王(如"山～王")　～城［地名］
呆 dāi(统读)
傣 dǎi(统读)
逮(一) dài(文)
　　～捕
　（二）dǎi(语)
　　单用，如"～蚊子"、"～特务"。
当(一) dāng
　　～地　～间儿　～年(指过去)
　　～日(指过去)　～天(指过去)
　　～时(指过去)　螳臂～车
　（二）dàng
　　一个～俩　安步～车
　　适～　～年(同一年)
　　～日(同一时候)　～天(同一天)
档 dàng(统读)
蹈 dǎo(统读)
导 dǎo(统读)
倒(一) dǎo
　　颠～　颠～是非　颠～黑白　颠～三～四　倾箱～箧　排山～海
　　～板　～嚼　～仓　～嗓　～戈
　　潦～
　（二）dào
　　～粪(把粪弄碎)

悼 dào(统读)
纛 dào(统读)
凳 dèng(统读)
羝 dī(统读)
氐 dī[古民族名]
堤 dī(统读)
提 dī
　～防
的 dí
　～当　～确
抵 dǐ(统读)
蒂 dì(统读)
缔 dì(统读)
谛 dì(统读)
点 dian
　打～(收拾、贿赂)
跌 diē(统读)
蝶 dié(统读)
订 dìng(统读)
都(一) dōu
　～来了
　(二) dū
　～市　首～　大～(大多)
堆 duī(统读)
吨 dūn(统读)
盾 dùn(统读)
多 duō(统读)
咄 duō(统读)
掇(一) duō("拾取、采取"义)
　(二) duo
　撺～　掇～
裰 duō(统读)
踱 duó(统读)
度 duó
　忖～　～德量力

E

婀 ē(统读)

F

伐 fá(统读)
阀 fá(统读)
砝 fǎ(统读)
法 fǎ(统读)
发 fà
　理～　脱～　结～
帆 fān(统读)
藩 fān(统读)
梵 fàn(统读)
坊(一) fāng
　牌～　～巷
　(二) fáng
　粉～　磨～　碾～　染～　油～
　谷～
妨 fáng(统读)
防 fáng(统读)
肪 fáng(统读)
沸 fèi(统读)
汾 fén(统读)
讽 fěng(统读)
肤 fū(统读)
敷 fū(统读)
俘 fú(统读)
浮 fú(统读)
服 fú
　～毒　～药
拂 fú(统读)
辐 fú(统读)
幅 fú(统读)
甫 fǔ(统读)
复 fù(统读)
缚 fù(统读)

G

噶 gá(统读)

冈 gāng(统读)

刚 gāng(统读)

岗 gǎng
  ~楼 ~哨 ~子 门~ 站~
  山~子

港 gǎng(统读)

葛 (一) gé
  ~藤 ~布 瓜~
  (二) gě [姓](包括单、复姓)

隔 gé(统读)

革 gé
  ~命 ~新 改~

合 gě(一升的十分之一)

给 (一) gěi(语) 单用。
  (二) jǐ(文)
  补~ 供~ 供~制 ~予 配~ 自~自足

亘 gèn(统读)

更 gēng
  五~ ~生

颈 gěng
  脖~子

供 (一) gōng
  ~给 提~ ~销
  (二) gòng
  口~ 翻~ 上~

佝 gōu(统读)

枸 gǒu
  ~杞

勾 gòu
  ~当

估(除"~衣"读 gù 外,都读 gū)

骨(除"~碌"、"~朵"读 gū 外,都读 gǔ)

谷 gǔ
  ~雨

锢 gù(统读)

冠 (一) guān(名物义)
  ~心病
  (二) guàn(动作义)
  沐猴而~ ~军

犷 guǎng(统读)

庋 guǐ(统读)

桧 (一) guì [树名]
  (二) huì [人名]秦~

刽 guì(统读)

聒 guō(统读)

蝈 guō(统读)

过(除姓氏读 guō 外,都读 guò)

H

虾 há
  ~蟆

哈 (一) hǎ
  ~达
  (二) hà
  ~什蚂

汗 hán
  可~

巷 hàng
  ~道

号 háo
  寒~虫

和 (一) hè
  唱~ 附~ 曲高~寡
  (二) huo
  搀~ 搅~ 暖~ 热~ 软~

貉(一) hé(文)
　　一丘之～
　　(二) háo(语)
　　～绒　～子
壑 hè(统读)
褐 hè(统读)
喝 hè
　　～采　～道　～令　～止　呼幺
　　～六
鹤 hè(统读)
黑 hēi(统读)
亨 hēng(统读)
横(一) héng
　　～肉　～行霸道
　　(二) hèng
　　蛮～　～财
訇 hōng(统读)
虹(一) hóng(文)
　　～彩　～吸
　　(二) jiàng(语)单说。
讧 hòng(统读)
囫 hú(统读)
瑚 hú(统读)
蝴 hú(统读)
桦 huà(统读)
徊 huái(统读)
踝 huái(统读)
浣 huàn(统读)
黄 huáng(统读)
荒 huang
　　饥～(指经济困难)
诲 huì(统读)
贿 huì(统读)
会 huì
　　一～儿　多～儿　～厌
　　(生理名词)
混 hùn

　　～合　～乱　～凝土
　　～淆　～血儿　～杂
蠖 huò(统读)
霍 huò(统读)
豁 huò
　　～亮
获 huò(统读)

J

羁 jī(统读)
击 jī(统读)
奇 jī
　　～数
芨 jī(统读)
缉(一) jī
　　通～　侦～
　　(二) qī
　　～鞋口
几 jī
　　茶～　条～
圾 jī(统读)
戢 jí(统读)
疾 jí(统读)
汲 jí(统读)
棘 jí(统读)
藉 jí
　　狼～(籍)
嫉 jí(统读)
脊 jǐ(统读)
纪(一) jǐ[姓]
　　(二) jì
　　～念　～律　纲～　～元
偈 jì
　　～语
绩 jì(统读)
迹 jì(统读)

寂 jì(统读)
箕 jī
　簸~
辑 jí
　逻~
茄 jiā
　雪~
夹 jiā
　~带 ~袄 ~道儿 ~攻 ~棍
　~生 ~杂 ~竹桃 ~注
浃 jiā(统读)
甲 jiǎ(统读)
歼 jiān(统读)
鞯 jiān(统读)
间(一) jiān
　~不容发 中~
　(二) jiàn
　中~儿 ~道 ~谍 ~断 ~
　或 ~接 ~距 ~隙 ~续
　~阻 ~作 挑拨离~
趼 jiǎn(统读)
俭 jiǎn(统读)
缰 jiāng(统读)
膙 jiǎng(统读)
嚼(一) jiáo(语)
　味同~蜡
　咬文~字
　(二) jué（文）
　咀~ 过屠门而大~
　(三) jiào
　倒~(倒嚼)
侥 jiǎo
　~幸
角(一) jiǎo
　八~(大茴香) ~落 独~戏
　~膜 ~度 ~儿(犄~) ~楼

　勾心斗~ 号~ 口~(嘴~)
　鹿~菜 头~
　(二) jué
　~斗 ~儿(脚色) 口~(吵嘴)
　主~儿 配~儿 ~力 捧
　~儿
脚(一) jiǎo
　根~
　(二) jué
　~儿(也作"角儿",脚色)
剿(一) jiǎo
　围~
　(二) chāo
　~说 ~袭
校 jiào
　~勘 ~样 ~正
较 jiào(统读)
酵 jiào(统读)
嗟 jiē(统读)
疖 jiē(统读)
结(除"~了个果子"、"开花~果"、
　"~巴"、"~实"念 jiē 之外,其他都
　念 jié)
睫 jié(统读)
芥(一) jiè
　~菜(一般的芥菜) ~末
　(二) gài
　~菜(也作"盖菜") ~蓝菜
矜 jīn
　~持 自~ ~怜
仅 jǐn
　~~ 绝无~有
谨 jǐn(统读)
觐 jìn(统读)
浸 jìn(统读)
斤 jīn

千~（起重的工具）

茎 jīng(统读)

粳 jīng(统读)

鲸 jīng(统读)

境 jìng(统读)

痉 jìng(统读)

劲 jìng

　　刚~

窘 jiǒng(统读)

究 jiū(统读)

纠 jiū(统读)

鞠 jū(统读)

鞫 jū(统读)

掬 jū(统读)

苴 jū(统读)

咀 jǔ

　　~嚼

矩（一）jǔ

　　~形

　　（二）ju

　　规~

俱 jù(统读)

龟 jūn

　　~裂（也作"皲裂"）

菌（一）jūn

　　细~　病~　杆~　霉~

　　（二）jùn

　　香~　~子

俊 jùn(统读)

K

卡（一）kǎ

　　~宾枪　~车　~介苗

　　~片　~通

　　（二）qiǎ

　　~子　关~

揩 kāi(统读)

慨 kǎi(统读)

忾 kài(统读)

勘 kān(统读)

看 kān

　　~管　~护　~守

慷 kāng(统读)

拷 kǎo(统读)

坷 kē

　　~拉（垃）

疴 kē(统读)

壳（一）ké(语)

　　~儿　贝~儿　脑~　驳~枪

　　（二）qiào(文)

　　地~　甲~　躯~

可（一）kě

　　~~儿的

　　（二）kè

　　~汗

恪 kè(统读)

刻 kè(统读)

克 kè

　　~扣

空（一）kōng

　　~心砖　~城计

　　（二）kòng

　　~心吃药

眍 kōu(统读)

矻 kū(统读)

酷 kù(统读)

框 kuàng(统读)

矿 kuàng(统读)

傀 kuǐ(统读)

溃（一）kuì

　　~烂

　　（二）huì

～脓
篑 kuì(统读)
括 kuò(统读)

L

垃 lā(统读)
邋 lā(统读)
罱 lǎn(统读)
缆 lǎn(统读)
蓝 lan
　苤～
琅 láng(统读)
捞 lāo(统读)
劳 láo(统读)
醪 láo(统读)
烙(一) lào
　～印　～铁　～饼
　(二) luò
　炮～(古酷刑)
勒(一) lè(文)
　～逼　～令　～派　～索　悬崖～马
　(二) lēi(语)多单用。
擂(除"～台"、"打～"读 lèi 外,都读 léi)
礌 léi(统读)
羸 léi(统读)
蕾 lěi(统读)
累(一) lèi
　(辛劳义,如"受～"[受劳～])
　(二) léi
　(如"～赘")
　(三) lěi
　(牵连义,如"带～"、"～及"、"连～"、"赔～"、"牵～"、"受～"[受牵～])

蠡(一) lí
　管窥～测
　(二) lǐ
　～县　范～
喱 lí(统读)
连 lián(统读)
敛 liǎn(统读)
恋 liàn(统读)
量(一) liàng
　～入为出　忖～
　(二) liang
　打～　掂～
踉 liàng
　～跄
潦 liáo
　～草　～倒
劣 liè(统读)
挒 liè(统读)
趔 liè(统读)
拎 līn(统读)
遴 lín(统读)
淋(一) lín
　～浴　～漓　～巴
　(二) lìn
　～硝　～盐　～病
蛉 líng(统读)
榴 liú(统读)
馏(一) liú(文)如"干～"、"蒸～"。
　(二) liù(语)如"～馒头"。
镏 liú
　～金
碌 liù
　～碡
笼(一) lóng(名物义)
　～子　牢～
　(二) lǒng(动作义)

~络　~括　~统　~罩

偻(一) lóu

　佝~

　(二) lǚ

　伛~

瞜 lou

　眍~

孷 lǚ(统读)

捋 lǚ(统读)

露(一) lù(文)

　赤身~体　~天　~骨

　~头角　藏头~尾　抛头~面

　~头(矿)

　(二) lòu(语)

　~富，~苗　~光　~相

　~马脚　~头

橹 lǔ(统读)

捋(一) lǚ

　~胡子

　(二) luō

　~袖子

绿(一) lǜ(语)

　(二) lù(文)

　~林　鸭~江

孪 luán(统读)

挛 luán(统读)

掠 lüè(统读)

囵 lún(统读)

络 luò

　~腮胡子

落(一) luò(文)

　~膘　~花生　~魄

　涨~　~槽　着~

　(二) lào(语)

　~架　~色　~炕　~枕　~儿

　~子(一种曲艺)

(三) là(语)遗落义。

丢三~四　~在后面

M

脉(除"~~"念 mòmò 外，一律念 mài)

漫 màn(统读)

蔓(一) màn(文)

　~延　不~不枝

　(二) wàn(语)

　瓜~　压~

牤 māng(统读)

氓 máng

　流~

芒 máng(统读)

铆 mǎo(统读)

瑁 mào(统读)

虻 méng(统读)

盟 méng(统读)

祢 mí(统读)

眯(一) mí

　~了眼(灰尘等入目，也作"迷")

　(二) mī

　~了一会儿(小睡)

　~缝着眼(微微合目)

靡(一) mí

　~费

　(二) mǐ

　风~　委~　披~

秘(除"~鲁"读 bì 外，都读 mì)

泌(一) mì(语)

　分~

　(二) bì(文)

　~阳[地名]

娩 miǎn(统读)

缈 miǎo(统读)

皿 mǐn(统读)
闽 mǐn(统读)
茗 míng(统读)
酩 mǐng(统读)
谬 miù(统读)
摸 mō(统读)
模(一) mó
　～范　～式　～型　～糊·～特
　儿　～棱两可
　(二) mú
　～子　～具　～样
膜 mó(统读)
摩 mó
　按～　抚～
嬷 mó(统读)
墨 mò(统读)
耱 mò(统读)
沫 mò
缪 móu
　绸～

N

难(一) nán
　困～(或变轻声)　～兄～弟(难得
　的兄弟,现多用作贬义)
　(二) nàn
　排～解纷　发～　刁～　责～
　～兄～弟(共患难或同受苦难的
　人)
蝻 nǎn(统读)
蛲 náo(统读)
讷 nè(统读)
馁 něi(统读)
嫩 nèn(统读)
恁 nèn(统读)
妮 nī(统读)

拈 niān(统读)
鲇 nián(统读)
酿 niàng(统读)
尿(一) niào
　糖～症
　(二) suī(只用于口语名词)
　尿(niào)～　～脬
嗫 niè(统读)
宁(一) níng
　安～
　(二) nìng
　～可　无～　[姓]
忸 niǔ(统读)
脓 nóng(统读)
弄(一) nòng
　玩～
　(二) lòng
　～堂
暖 nuǎn(统读)
衄 nǜ(统读)
疟(一) nüè(文)
　～疾
　(二) yào(语)
　发～子
娜(一) nuó
　婀～　袅～
　(二) nà
　[人名]

O

殴 ōu(统读)
呕 ǒu(统读)

P

杷 pá(统读)
琶 pá(统读)

牌 pái(统读)
排 pǎi
　～子车
迫 pǎi
　～击炮
湃 pài(统读)
爿 pán(统读)
胖 pán
　心广体～（～为安舒貌）
蹒 pán(统读)
畔 pàn(统读)
乓 pāng(统读)
滂 pāng(统读)
脬 pāo(统读)
胚 pēi(统读)
喷（一）pēn
　～嚏
（二）pèn
　～香
（三）pen
　嚏～
澎 péng(统读)
坯 pī(统读)
披 pī(统读)
匹 pǐ(统读)
僻 pì(统读)
譬 pì(统读)
片（一）piàn
　～子 唱～ 画～ 相～ 影～
　～儿会
（二）piān（口语一部分词）
　～子 ～儿 唱～儿 画～儿
　相～儿 影～儿
剽 piāo(统读)
缥 piāo
　～缈（飘渺）

撇 piē
　～弃
聘 pìn(统读)
乒 pīng(统读)
颇 pō(统读)
剖 pōu(统读)
仆（一）pū
　前～后继
（二）pú
　～从
扑 pū(统读)
朴（一）pǔ
　俭～ ～素 ～质
（二）pō
　～刀
（三）pò
　～硝 厚～
蹼 pǔ(统读)
瀑 pù
　～布
曝（一）pù
　一～十寒
（二）bào
　～光（摄影术语）

Q

栖 qī
　两～
戚 qī(统读)
漆 qī(统读)
期 qī(统读)
蹊 qī
　～跷
蛴 qí(统读)
畦 qí(统读)
萁 qí(统读)

骑 qí(统读)

企 qǐ(统读)

绮 qǐ(统读)

杞 qǐ(统读)

槭 qì(统读)

洽 qià(统读)

签 qiān(统读)

潜 qián(统读)

荨(一) qián(文)

　～麻

　(二) xún(语)

　～麻疹

嵌 qiàn(统读)

欠 qian

　打哈～

戕 qiāng(统读)

锖 qiāng

　～水

强(一) qiáng

　～渡　～取豪夺　～制　博闻

　～识

　(二) qiǎng

　　勉～　牵～　～词夺理　～迫

　　～颜为笑

　(三) jiàng

　　倔～

襁 qiǎng(统读)

跄 qiàng(统读)

悄(一) qiāo

　～～儿的

　(二) qiǎo

　　～默声儿的

橇 qiāo(统读)

翘(一) qiáo(语)

　～尾巴

　(二) qiáo(文)

～首　～楚　连～

怯 qiè(统读)

挈 qiè(统读)

跙 qie

　趔～

侵 qīn(统读)

衾 qīn(统读)

嚓 qín(统读)

倾 qīng(统读)

亲 qìng

　～家

穹 qióng(统读)

黢 qū(统读)

曲(麯) qū

　大～　红～　神～

渠 qú(统读)

瞿 qú(统读)

蠼 qú(统读)

苣 qǔ

　～荬菜

龋 qǔ(统读)

趣 qù(统读)

雀 què

　～斑　～盲症

R

髯 rán(统读)

攘 rǎng(统读)

桡 ráo(统读)

绕 rào(统读)

任 rén[姓,地名]

妊 rèn(统读)

扔 rēng(统读)

容 róng(统读)

糅 róu(统读)

茹 rú(统读)

孺 rú(统读)
蠕 rú(统读)
辱 rǔ(统读)
挼 ruó(统读)

S

靸 sǎ(统读)
噻 sāi(统读)
散(一) sǎn
　　懒～　零零～～　～漫
　(二) san
　　零～
丧 sang
　　哭～着脸
扫(一) sǎo
　　～兴
　(二) sào
　　～帚
埽 sào(统读)
色(一) sè(文)
　(二) shǎi(语)
塞(一) sè(文)动作义。
　(二) sāi(语)
　　名物义,如"活～"、"瓶～";
　　动作义,如"把洞～住"。
森 sēn(统读)
煞(一) shā
　　～尾　收～
　(二) shà
　　～白
啥 shá(统读)
厦(一) shà(语)
　(二) xià(文)
　　～门　噶～
杉(一) shān(文)
　　紫～　红～　水～

　(二) shā(语)
　　～篙　～木
衫 shān(统读)
姗 shān(统读)
苫(一) shàn(动作义,如"～布")
　(二) shān(名物义,如"草～子")
墒 shāng(统读)
猞 shē(统读)
舍 shè
　　宿～
慑 shè(统读)
摄 shè(统读)
射 shè(统读)
谁 shéi,又音 shuí
娠 shēn(统读)
什(甚) shén
　　～么
蜃 shèn(统读)
葚(一) shèn(文)
　　桑～
　(二) rèn(语)
　　桑～儿
胜 shèng(统读)
识 shí
　　常～　～货　～字
似 shì
　　～的
室 shì(统读)
螫(一) shì(文)
　(二) zhē(语)
匙 shi
　　钥～
殊 shū(统读)
蔬 shū(统读)
疏 shū(统读)
叔 shū(统读)

淑 shū(统读)
菽 shū(统读)
熟(一) shú(文)
　(二) shóu(语)
署 shǔ(统读)
曙 shǔ(统读)
漱 shù(统读)
戍 shù(统读)
蟀 shuài(统读)
孀 shuāng(统读)
说 shuì
　游～
数 shuò
　～见不鲜
硕 shuò(统读)
朔 shuò(统读)
艘 sōu(统读)
嗾 sǒu(统读)
速 sù(统读)
塑 sù(统读)
虽 suī(统读)
绥 suí(统读)
髓 suǐ(统读)
遂(一) suì
　不～　毛～自荐
　(二) suí
　半身不～
隧 suì(统读)
隼 sǔn(统读)
莎 suō
　～草
缩(一) suō
　收～
　(二) sù
　～砂密(一种植物)
唆 suō(统读)

索 suǒ(统读)

T

趿 tā(统读)
鳎 tǎ(统读)
獭 tǎ(统读)
沓(一) tà
　重～
　(二) ta
　疲～
　(三) dá
　一～纸
苔(一) tái(文)
　(二) tāi(语)
探 tàn(统读)
涛 tāo(统读)
悌 tì(统读)
佻 tiāo(统读)
调 tiáo
　～皮
帖(一) tiē
　妥～　伏伏～～　俯首～耳
　(二) tiě
　请～　字～儿
　(三) tiè
　字～　碑～
听 tīng(统读)
庭 tíng(统读)
骰 tóu(统读)
凸 tū(统读)
突 tū(统读)
颓 tuí(统读)
蜕 tuì(统读)
臀 tún(统读)
唾 tuò(统读)

W

娲 wā(统读)
挖 wā(统读)
瓦 wà
　～刀
喎 wāi(统读)
蜿 wān(统读)
玩 wán(统读)
惋 wǎn(统读)
脘 wǎn(统读)
往 wǎng(统读)
忘 wàng(统读)
微 wēi(统读)
巍 wēi(统读)
薇 wēi(统读)
危 wēi(统读)
韦 wéi(统读)
违 wéi(统读)
唯 wéi(统读)
圩(一) wéi
　～子
　(二) xū
　～(墟)场
纬 wěi(统读)
委 wěi
　～靡
伪 wěi(统读)
萎 wěi(统读)
尾(一) wěi
　～巴
　(二) yǐ
　马～儿
尉 wèi
　～官
文 wén(统读)

闻 wén(统读)
紊 wěn(统读)
喔 wō(统读)
蜗 wō(统读)
硪 wò(统读)
诬 wū(统读)
梧 wú(统读)
牾 wǔ(统读)
乌 wù
　～拉(也作"靰鞡") ～拉草
杌 wù(统读)
鹜 wù(统读)

X

夕 xī(统读)
汐 xī(统读)
晰 xī(统读)
析 xī(统读)
晳 xī(统读)
昔 xī(统读)
溪 xī(统读)
悉 xī(统读)
熄 xī(统读)
蜥 xī(统读)
螅 xī(统读)
惜 xī(统读)
锡 xī(统读)
樨 xī(统读)
袭 xí(统读)
檄 xí(统读)
峡 xiá(统读)
暇 xiá(统读)
吓 xià
　杀鸡～猴
鲜 xiān
　屡见不～　数见不～

锨 xiān(统读)
纤 xiān
　～维
涎 xián(统读)
弦 xián(统读)
陷 xiàn(统读)
霰 xiàn(统读)
向 xiàng(统读)
相 xiàng
　～机行事
淆 xiáo(统读)
哮 xiào(统读)
些 xiē(统读)
颉 xié
　～颃
携 xié(统读)
偕 xié(统读)
挟 xié(统读)
械 xiè(统读)
馨 xīn(统读)
囟 xìn(统读)
行 xíng
　操～　德～　发～　品～
省 xǐng
　内～　反～　～亲　不～人事
芎 xiōng(统读)
朽 xiǔ(统读)
宿 xiù
　星～　二十八～
煦 xù(统读)
蓿 xu
　苜～
癣 xuǎn(统读)
削(一) xuē(文)
　剥～　～减　瘦～
　(二) xiāo(语)

　切～　～铅笔　～球
穴 xué(统读)
学 xué(统读)
雪 xuě(统读)
血(一) xuè(文)
　用于复音词及成语,如"贫～"、"心～"、"呕心沥～"、"～泪史"、"狗～喷头"等。
　(二) xiě(语)
　口语多单用,如"流了点儿～"及几个口语常用词,如"鸡～"、"～晕"、"～块子"等。
谑 xuè(统读)
寻 xún(统读)
驯 xùn(统读)
逊 xùn(统读)
熏 xùn
　煤气～着了
徇 xùn(统读)
殉 xùn(统读)
蕈 xùn(统读)

Y

押 yā(统读)
崖 yá(统读)
哑 yǎ
　～然失笑
亚 yà(统读)
殷 yān
　～红
芫 yán
　～荽
筵 yán(统读)
沿 yán(统读)
焰 yàn(统读)
夭 yāo(统读)

肴 yáo(统读)
杳 yǎo(统读)
舀 yǎo(统读)
钥(一) yào(语)
　～匙
　(二) yuè(文)
　　锁～
曜 yào(统读)
耀 yào(统读)
椰 yē(统读)
噎 yē(统读)
叶 yè
　～公好龙
曳 yè
　弃甲～兵　摇～　～光弹
屹 yì(统读)
轶 yì(统读)
谊 yì(统读)
懿 yì(统读)
诣 yì(统读)
艾 yì
　自怨自～
荫 yìn(统读)
　("树～"、"林～道"应作"树阴"、"林阴道")
应(一) yīng
　～届　～名儿　～许　提出的条件他都～了　是我～下来的任务
　(二) yìng
　　～承　～付　～声　～时　～验
　　～邀　～用　～运　～征　里～外合
萦 yíng(统读)
映 yìng(统读)
佣 yōng
　～工

庸 yōng(统读)
臃 yōng(统读)
壅 yōng(统读)
拥 yōng(统读)
踊 yǒng(统读)
咏 yǒng(统读)
泳 yǒng(统读)
莠 yǒu(统读)
愚 yú(统读)
娱 yú(统读)
愉 yú(统读)
伛 yǔ(统读)
屿 yǔ(统读)
吁 yù
　呼～·
跃 yuè(统读)
晕(一) yūn
　～倒　头～
　(二) yùn
　　月～　血～　～车
酝 yùn(统读)

Z

匝 zā(统读)
杂 zá(统读)
载(一) zǎi
　登～　记～
　(二) zài
　　搭～　怨声～道　重～
　　装～　～歌～舞
簪 zān(统读)
咱 zán(统读)
暂 zàn(统读)
凿 záo(统读)
择(一) zé
　选～

(二) zhái
　～不开　～菜　～席
贼 zéi(统读)
憎 zēng(统读)
甑 zèng(统读)
喳 zhā
　喳喳～～
轧 (除 "～钢"、"～辊"念 zhá 外,其他都念 yà)(gá 为方言,不审)
摘 zhāi(统读)
粘 zhān
　～贴
涨 zhǎng
　～落　高～
着(一) zháo
　～慌　～急　～家　～凉　～忙
　～迷　～水　～雨
　(二) zhuó
　～落　～手　～眼　～意
　～重　不～边际
　(三) zhāo
　失～
沼 zhǎo(统读)
召 zhào(统读)
遮 zhē(统读)
蛰 zhé(统读)
辙 zhé(统读)
贞 zhēn(统读)
侦 zhēn(统读)
帧 zhēn(统读)
胗 zhēn(统读)
枕 zhěn(统读)
诊 zhěn(统读)
振 zhèn(统读)
知 zhī(统读)
织 zhī(统读)

脂 zhī(统读)
植 zhí(统读)
殖(一) zhí
　繁～　生～　～民
　(二) shi
　骨～
指 zhǐ(统读)
掷 zhì(统读)
质 zhì(统读)
蛭 zhì(统读)
秩 zhì(统读)
栉 zhì(统读)
炙 zhì(统读)
中 zhōng
　人～(人口上唇当中处)
种 zhòng
　点～(义同"点播"。动宾结构念 diǎn zhǒng,义为点播种子)
诌 zhōu(统读)
骤 zhòu(统读)
轴 zhòu
　大～子戏　压～子
碡 zhou
　碌～
烛 zhú(统读)
逐 zhú(统读)
属 zhǔ
　～望
筑 zhù(统读)
著 zhù
　土～
转 zhuǎn
　运～
撞 zhuàng(统读)
幢(一) zhuàng
　一～楼房

（二）chuáng

　　经~（佛教所设刻有经咒的石柱）

拙 zhuō（统读）

茁 zhuó（统读）

灼 zhuó（统读）

卓 zhuó（统读）

综 zōng

　　~合

纵 zòng（统读）

粽 zòng（统读）

镞 zú（统读）

组 zǔ（统读）

钻（一）zuān

　　~探　~孔

（二）zuàn

　　~床　~杆　~具

佐 zuǒ（统读）

唑 zuò（统读）

柞（一）zuò

　　~蚕　~绸

（二）zhà

　　~水（在陕西）

做 zuò（统读）

作（除"~坊"读 zuō 外，其余都读 zuò）

第三章 文　　字

第一节　汉字概说

一、汉字的性质

　　文字是记录语言的书写符号系统。古人讲："言者,意之声;书者,言之记。""书"就是指的文字。文字是应语言交际的实际需求而产生的,是人类最重要的辅助性的交际工具。汉字是汉民族在长期的劳动生产和社会实践中所创造出来的记录汉语的书写符号系统。汉字是世界上最古老的文字之一,历经数千年的发展,至今仍是世界上使用人口最多的文字。汉字是汉民族所独创的,其发展过程也是相对独立的,因此汉字有着与其他文字所不同的独特性。学习和掌握汉字,有必要先认识汉字的性质。

　　认识汉字的性质,可以从汉字记录汉语的方法着眼。

　　语言是语音和语义的结合体。文字是记录语言的符号,它记录语言的方法,可以从语音入手,也可以从语义入手,还可以既从语音又从语义入手。单纯从语音入手记录语言的文字体系称为拼音文字。拼音文字利用表音的符号记录语言。如英文用 s、u、n 三个表音的字母来记录英语中语音为[sʌn]、意义为"太阳"的一个名词。与拼音文字相比,汉字记录汉语的方法有三种:

　　一是从语义入手,利用意符和记号记录汉语。如:用"木"(木),即一棵树的形状,来记录汉语中语音为 mù,意义为"树"的名词(木的本义为树);用"本"(本),即在"木"的下面加上一点作记号,指示字义所在,来记录汉语中语音为 běn,意义为"草木之根"的名词(本的本义为根);用"休"(休),即一人倚靠在树旁,来记录汉语中语音为 xiū,意义为"休息"的动词。

　　需要注意,虽然这类汉字的意符本身有其读音,但就其字形而言,它们直接与这个符号所代表的意义相联系,而不提示读音。而有的汉字中的记号(如"本"字中下面的一点)本身没有读音,更是只起提示意义的作用。

　　二是从语音入手,利用音符记录汉语。如:"其"的本义是簸箕,甲骨文用"其"即簸箕的形状来表示。汉语中同时还有一个第三人称代词 qí,读音与义为簸箕的"☒"相同,但是难以创造意符来记录,于是便借用与之同音的表示簸箕的"☒"来表示。对于代词 qí 而言,"☒"不过是一个代表语音的符号,即音符,它的形体与代词的意义没有直接的联系。再如"☒"(我),字形上看是一种兵器,借来表示第一人称代词;"☒"(耳),本来指人的耳朵,借来表示句末语气词。"我"、"耳"在被借用之后,都只是单纯表音的音符。

三是从语义、语音两方面入手,同时用意符和音符记录汉语。如:"湖",左边的"氵"旁提示这个字与水相关,是意符;右边的"胡"记录这个字的读音,是音符。又如:"铜",左边"钅(金)"是意符,右边"同"是音符。这类同时使用意符和音符的汉字称为形声字。形声字在甲骨文中占20%,在东汉时期整理的小篆字体中占80%多,在现代汉字中形声字占90%以上。可见从汉代使用意符和音符已经是汉字记录汉语的主要方法。

综上,汉字与拼音文字相比,不仅使用音符记录语言,还使用意符,在数量上更多的是兼用音符、意符两种手段。因此,在这个意义上,汉字可以称为"意符音符文字",或者简称为"意音文字"。

认识汉字的性质,还可以从它所记录的语言单位着眼。

语音单位和语言单位由低到高可以分为音素、音节、语素。语素是语言中最小的语音语义结合体,比语素更高层次的是词,低于语素的层次则没有意义可言。

拼音文字的字符(字母)所记录的是语音,根据层次的不同,可以分为音素文字和音节文字。音素文字用字符(字母)记录语言中的音素。如英文用字母 b 来记录语言中[b]这个音素。目前世界上绝大多数的拼音文字都属于音素文字。音节文字用字符(字母)记录语言中的音节。日文中的假名(相当于日文字母)是典型的音节文字,如假名"か"[ka]、"き"[ki]、"く"[ku]、"け"[ke]、"こ"[ko]等,一个假名分别代表一个音节。

与拼音文字相比,汉字所记录的语言单位的情况稍微复杂一些。有的汉字由一个单独的意符组成,如前面所举的"木",这个字符与它所代表的意义直接关联,同时它有自己的读音"mù",因此它所记录的语言单位是语素。有的汉字由两个或两个以上的意符组成,如前所举"休"字,意符"亻"与"木"分别与整个字的意义相关联,因此也属于语素这个层次。有的汉字由意符和音符共同组成,如前举"湖"字,"氵"是意符,与意义相关,"胡"是音符,表示这个字的读音,因此"湖"所记录的语言单位介于语素和音节之间。有的汉字本身只作为一个音符,代表一个音节。如前举作为代词的"其",字符与意义没有关系,只是记录语音。此外,在多音节语素中,一个汉字只能作一个音符来看,如"玻璃"、"诺基亚"、"乌鲁木齐",多个汉字放在一起才能表示一个意义,在这里"玻"、"诺"或"木"都只是代表一个音节,没有意义可言。

综上,总体来看,汉字所记录的语言单位既有语素,又有单纯的音节,更多的是兼顾语素意义所属的类别和语素的音节。因此,从这个意义上说,汉字可以称为"语素—音节文字"。

称汉字为"意符音符文字"和"语素—音节文字"并不矛盾。它们都是在分析汉字结构的基础上与其他语言的文字相比较后得出的结论,只是分析问题的着眼点不同,它们实质所指的汉字的性质是一致的,两种称谓可以并存。

二、汉字的特点

汉字的性质与其他语言的文字有所不同,显示了汉字的复杂性,因此汉字也有着自身与众不同的特点。

（一）汉字和汉语基本适应

1. 汉字适应汉语以单音节语素为主的特点。与其他语言相比,汉语语素以单音节为主,即多数情况下一个语素是一个音节,像"仿佛"、"犹豫"、"沙发"、"咖啡"、"乌鲁木齐"这样的多音节语素只是少数。在这一方面汉字与汉语有很好的适应性,读音上一个汉字就是一个音节,因此汉字非常适合记录以单音节语素为主的汉语。在现代汉语中,汉字与汉语音节的对应关系有一个特例,即存在两个字记录一个音节的情况,如"huār"、"niǎor",都只有一个音节,但分别要用两个汉字"鸟儿"、"花儿"去记录,这是"儿化韵"。

2. 汉字适应汉语同音语素多的特点。汉语的音节比较简单,声母和韵母配合起来有400多个,加上声调也就1200多个,汉语又是以单音节语素为主,因此同音现象很多。如《新华字典》中音节为"yi"的汉字有135个,如果加上现今不常用的古代汉字则更多,使用拼音文字有区别地记录这些同音语素是不可能的。而不同汉字用不同形体的方块字记录同音语素,使它们在书面上有了区别,便利了交际。

（二）汉字具有二维平面性,形态差异较大

拼音文字在构词时一般是将字母在一个方向上呈线性排列。如英语"language"一词,即将8个字母从左到右依次排列,字母的顺序大致反映了音节结构的顺序。从字体结构上看,汉字由笔画组成,但笔画与笔画不是按线性排列,而是在一个二维方块平面里多向展开,因此汉字又称方块字。这是汉字在外观或视觉上的最大特点。另外,虽然汉字的基本笔画有限,但实际构字时所用笔画的数量及组合方式的多样性决定了汉字字形的千差万别。因此,虽然汉字中有形态接近的情况,但总体上相对于拼音文字而言,汉字是形态差异度较高的文字。

（三）汉字具有一定的超时空性

拼音文字记录语言中的音素或音节,随着语音的演变,旧的拼写形式渐渐不能为后人所认识。如几百年以前的英语,今天读起来已经非常吃力。汉字中有大量表意的成分,尽管汉字的形体古今有所变化,但造字的理据基本被保存了下来,因此汉字的古今一致性比较强。例如甲骨文距今三千多年,出土有4500多字(去掉重复字形),其中约1700字已经识读,剩下的多是一些专有名词。这反映了汉字的超时间性。

汉语方言复杂,同一个语素,在不同的方言中读音可能迥然不同。汉字在书面上可以突破方言分歧的局限,适应汉语方言复杂的特点。有了统一而稳定的汉字,不同方言区的人才能看懂彼此写的书面语。这反映了汉字的超空间性。

(四)汉字数量繁多,结构复杂

汉语语素和汉字有一定的对应性,汉语的语素有几千以至上万个,因此汉字的数量也相当庞大。现今已见的甲骨文用字约四、五千个,东汉许慎编的《说文解字》收字9353个,到清代的《康熙字典》,收字47043个,当今比较权威的《汉语大字典》收字5万6千多个,而《中华字海》所收的古今汉字竟多达8万6千多个。即使是现代常用汉字和通用汉字,数量也在3000到7000之间。

如此众多的汉字要在形体上有所区别,其构造单位和方式必然是多种多样的。现代汉字的基础构件有560个,笔画的组合方式和部件的组合方式都很多,这就使得汉字的结构十分复杂。

正是因为汉字数量众多,结构复杂,所以对汉字进行合理改革、适当简化,是有必要的。另外对汉字加以整理,对推进汉字的信息化也是十分必要的。

第二节　汉字的形体演变

汉字是世界上最古老的文字之一,历史悠久。虽然关于汉字的起源问题还有待进一步研究,但迄今已知的成熟汉字体系——甲骨文距今已有三千多年,汉字的起源要远早于此。汉字的形体从甲骨文以来经历了多次演变,一般以秦代为分界,秦及秦以前为古文字阶段,主要包括:甲骨文、金文、战国文字、小篆。汉以后的汉字属于今文字阶段,主要包括汉隶、草书、楷书、行书。

一、古文字阶段

古文字阶段汉字的共同特点:以象形、会意为构字基础,字形接近客观事物,象形色彩浓厚,结构随意,笔顺繁复,没有形成点画。

(一)甲骨文

甲骨文是目前所见最早的成体系的汉字,通行于三千多年前的殷商时代。殷人重视鬼神,凡事都要通过占卜做出决定。占卜是在龟甲或兽骨上钻出圆形的槽,然后用火灼烧,根据出现的裂纹形状和数目来判断吉凶。占卜结束以后要把占卜的相关情况(比如时间、占卜者、卜问内容、结果、是否应验等)用文字记录下来,用刀刻在甲骨上,保存起来。这些刻在龟甲兽骨上的文字即是甲骨文(图1)。

图1　甲骨文

甲骨文最早出土于河南安阳小屯村,1899年引起学者注意,迄今已出土甲骨15万片以上,整理出单字约4500个,可以释读的约1700个,尚未认识的字多是人名、地名、族名等专有名词。

甲骨文的主要特点是笔形多是瘦硬的线条,多用直笔,转弯多为方折,棱角分明。这与甲骨文的刻写材料有关,甲骨文一般是用刀刻,而龟甲兽骨又很坚硬,使用细瘦的直笔则较为省力。甲骨文是早期的汉字,有较强的图画性,象形度高。结构尚未定型,异体字较多,许多字可以正写、反写,笔画繁简不一,偏旁不固定,甚至可有可无。

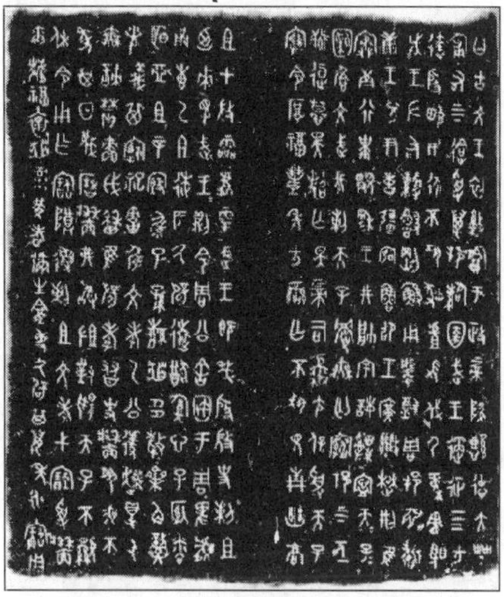

虽然甲骨文图画性较强,但它已经能够完整记录当时的语言,初步奠定汉字的方块格局,有比较固定的构字成分,造字方法完备,还出现了大量的假借字,因此甲骨文是具有较为完整体系的成熟汉字。

（二）金文

金文是铸刻在青铜器上的铭文（图2）。古人称青铜为"金",故称"金文"。青铜器以钟鼎居多,因此金文又称"钟鼎文"。广义上自商代晚期至秦汉的青铜器铭文都可称金文,狭义上金文仅指西周时期的青铜器铭文。

图2　金文

金文多是浇铸而成,因此笔画肥厚丰满,字形长圆,行款整齐。金文与甲骨文虽然一脉相承,但金文趋向线条化,象形色彩减弱,书写日趋规范,形声字增多,与甲骨文相比,金文更加成熟,更加符号化。

（三）籀文

战国时代诸侯割据,政令不一,因此各国文字在结构与风格上也有很大差异。在西方的秦国通行籀文。籀文得名于西周末期宣王时太史籀所作的《史籀篇》。春秋战国时期秦国的石鼓文是籀文的代表作（图3）。秦始皇统一中国后,以籀文为基础,省减创制小篆作为标准字体统一汉字,相对于后起的小篆,籀文又被称做"大篆"。

籀文是在西周金文的基础上演变而来,图

图3　石鼓文

画性进一步减弱,笔画更加线条化,字形匀称齐整,结构严谨,偏旁基本定型,与小篆已相当接近,只是较为繁复。籀文可以视为金文向小篆的过渡阶段。

(四) 小篆

小篆是秦始皇统一中国后采用的标准字体。战国时期各国文字混乱不一,秦统一六国后,丞相李斯等人奏请"书同文",以大篆为基础吸收民间字体,加以整理规范形成小篆,作为标准字体,在全国推行。小篆以泰山刻石为代表(图4)。

小篆笔画较大篆更为简单,线条略带弧形,结构匀称美观,异体字大大减少,形体进一步规范,基本实现了汉字的符号化。

小篆与金文、大篆一脉相承,继承了汉字的构形理据,不像六国文字变化随意而破坏了汉字的结构。小篆能取代六国文字而通行全国是因为它符合汉字的发展规律,而不只是政治推行的结果。

小篆是汉字发展史上第一次大规模文字整理运动,结束了汉字形体混乱的局面,为汉字形体的进一步发展奠定了基础。

图4 泰山刻石

二、今文字阶段

"今文字"是相对甲骨文、金文、小篆等"古文字"而言的,是汉代以后出现的各种文字的总称,包括隶书、草书、楷书、行书等等。其总体特点是字形笔画化、简明化,抛弃了象形特征。

(一) 隶书

隶书是在篆书基础上发展而成的一种更为简易的字体。"隶"是胥吏,即下级官吏,一般认为隶书的出现与胥吏有重要关系。胥吏处于底层,日常公务繁忙,为提高效率,逐渐发展出了比篆书更简易的字体。根据当代出土的秦代竹简,隶书在战国晚期已经出现,秦代隶书已比较成熟,成为小篆的辅助字体。早期的隶书与篆书接近,是篆书的草写,称为秦隶或古隶(图5)。秦隶发展到汉代更加成熟,成为汉代通行的正式字体,称为汉隶或今隶(图6)。一般我们所说的隶书指的是汉隶。

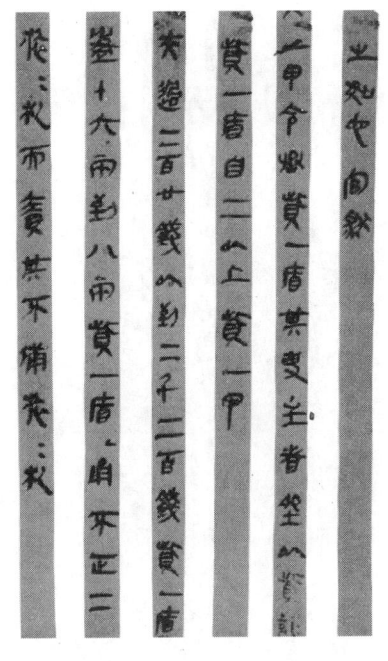
图 5　秦隶　睡虎地秦简

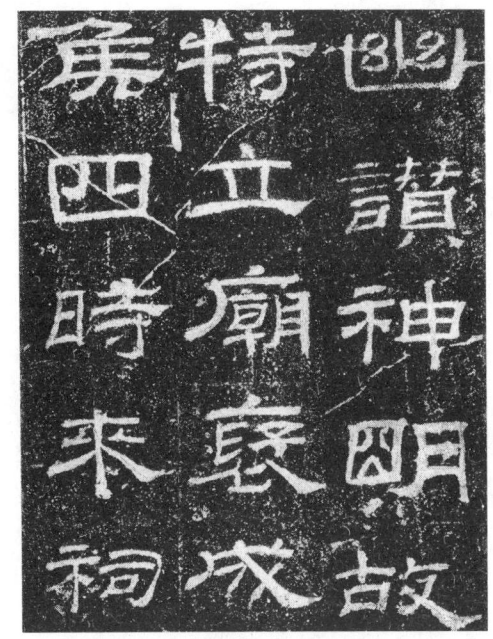
图 6　汉隶　乙瑛碑

隶书变小篆的线条为点画，实现了汉字的笔画化；把小篆字形由长圆变为扁方，笔画由圆弧变为方折，出现了横、竖、撇、点、捺等基本笔画，汉字的象形意味基本消失，符号性占据主导地位。隶书还对小篆的结构进行大量简省改造，从而简化了汉字的形体，同时也减弱了汉字的表意性，增加了汉字笔画和结构的艺术感。

隶书是古文字与今文字的分水岭。从小篆到隶书的转变在文字学上称为"隶变"。隶变的贡献是对汉字进行了大规模简化，降低了汉字的繁难程度，为楷书的出现奠定了基础。

（二）草书

草书是一种辅助性的字体，主要用于起草文稿和通信。草书又分为章草、今草和狂草。章草是随着隶书的发展而形成的，是写得草率的隶书，流行于汉魏时期（图7）。章草仍保留很明显的隶书法式和风格，字体大小均匀，字与字相对独立，收笔仍带波磔，但笔画多用连笔，有些字甚至一笔写成。在魏晋时代，受到早期行书和楷书的影响，章草又逐渐演变为今草（图8）。今草字形承袭章草，但改掉了章草中保留的隶书笔法，有些笔画还有省减，笔画相连，书写更加方便迅捷，但辨认也相对困难。到唐代又发展出狂草，随便增减笔画，任意连写，辨认更加困难，没有太大的实用价值，成为仅供欣赏的书法艺术（图9）。

（三）楷书

楷书又称"真书"、"正书"，是由隶书演变而来的新字体（图10）。楷书萌芽于汉末，成熟于东晋，隋唐又有大的发展。现代汉字即以楷书为标准字体。

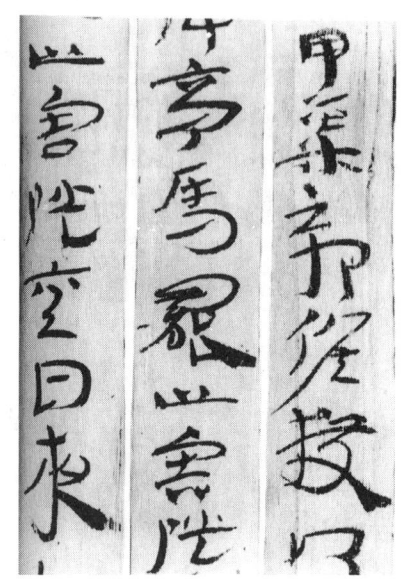
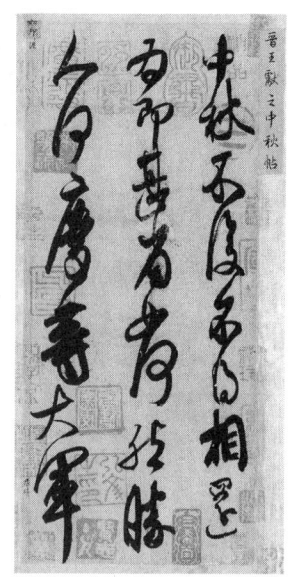

图7 居延汉简　　　　　图8 晋·王献之 中秋帖

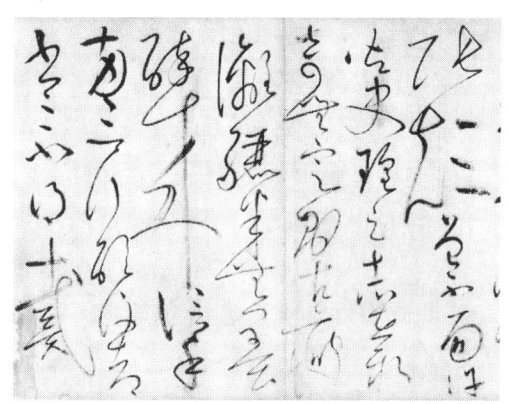

图9 唐·怀素 自叙帖

楷书将横、竖、撇、点、捺等笔画进一步规范,字形方正,更加简化,易于书写,使汉字完全摆脱图形意味,成为由笔画组成的方块形符号。汉字发展到楷书阶段正式定型。

(四)行书

行书大约起源于东汉末年,是介于今草和楷书之间的一种字体(图11)。因此兼有楷书易于识别和草书书写快速的优点,近于楷书而不刻板,近于草书而不放纵,笔画简易连绵而各字独立清晰易识。行书虽未获正统地位,但长期以来作为辅助书体广泛应用,与楷书一样具有十分重要的实用价值。

上述八种字体是汉字演变过程中的主流字体。汉字演变总体趋向是由繁难变为简易,反映了汉字发展的简化规律。这一过程也是汉字字形字体逐步符号化、简易化、规范化和稳定化的过程。汉字从甲骨文带有较大的象形意味到楷书逐步变成不象形的书写符号,字形结构、笔画的数量、异体字的数量都不断趋减,隶变之后汉字结构基本确定并不断规范,楷书形成以后汉字的方块形体和结构基本稳定,沿用至今。

图10　唐·颜真卿　颜勤礼碑　　　图11　晋·王羲之　兰亭序

第三节　汉字的造字方法

早在战国时期,学者们便开始总结汉字的造字方法,提出"六书"的概念。东汉的许慎在《说文解字》一书的序中具体地为"六书"下了定义,举了字例。后来经过历代文字学家的补充修正,成为一套完整的理论,称为"六书说"。"六书"分别是象形、指事、会意、形声、转注、假借。现代学者一般认为,"六书"中的前四种才是造字方法,后两种只是用字方法。"六书说"的概括性很强,基本上反映了汉字的构造特点,绝大多数汉字都可以用"六书"理论来分析。

一、象形

象形是用线条勾画事物的形状来表示字义的造字方法,用这种方法所造的字就称为象形字。象形字所表示的是有一定外形的具体事物,字形上强调突出事物的特征,字形与意义在形体上同一。例如:

日,甲骨文作⊡,金文作⊙,象太阳之形。

月,甲骨文作☽,金文作☽,象月亮之形。

雨，甲骨文作🝢，金文作🝢，象雨滴落下之形。

人，甲骨文作𠂉，金文作𠂉，象侧立的人形。

耳，甲骨文作🝢，金文作🝢，象人的耳朵之形。

牛，甲骨文作🝢，金文作🝢，象牛之形，突出牛角向前。

虎，甲骨文作🝢，象虎之形，特别突出虎的牙齿与身上的斑纹。

果，甲骨文作🝢，象树上果实累累之形。

车，甲骨文作🝢，金文作🝢，象古代车子的形状。

象形字以图画为基础，反映了汉字与图画的密切关系，但图画不是文字。只有图画表示的概念固定了，线条简略了，成为形象化的符号，而且和语言里的词发生联系，有了一定的读音，才能成为文字。

象形是最基本的造字方法，也为指事、会意、形声造字法创造了条件，其他的造字方法也多以象形为基础。象形是一种最简单的造字法，很难表示抽象的或没有具体形象的概念，因此有很大的局限。

二、指事

指事是用抽象的符号或者在象形字的基础上加提示性的符号来表示字义的造字方法，用这种方法所造的字称为指事字。指事字可以分为两类，一是单纯使用抽象符号的指事字。例如：

上，甲骨文、金文作🝢，以一长横为基准，上面加一短横，表示"上"这一意义。

下，甲骨文、金文作🝢，与"上"相反，在长横下面加一短横，表示"下"这一意义。

又如数字"一、二、三、四"，甲骨文、金文作"一 二 三 三"，即以横画的数量来表示相应的数目。

第二类指事字是在象形字上加提示性符号构成。例如：

本，金文作🝢，小篆作🝢，在"木"字的下部加一点或横，表示树木的根部。

末，甲骨文作🝢，金文作🝢，在"木"字的上部加一抽象符号，表示树木的末梢。

刃，甲骨文作🝢，小篆作🝢，在"刀"上加一点，提示刀刃的位置，表示"刃"的意思。

甘，甲骨文作🝢，小篆作🝢，在"口"中加一抽象符号，提示口中含着甘美的食物，表示"甘美"的意思。

指事字常表示局部或相对的概念,用来表示复杂的意义则比较困难,因此汉字中指事字的数量很少。

象形字和指事字往往是不可拆分的整体,有时即使可以拆分成几个部分,但总有一部分不能独立成字。象形字和指事字都是所谓的独体字。独体字虽然数量不多,但它们最古老,生命力也最强,是汉字的核心,许多合体字都是以它们为基础衍生出来的。

三、会意

会意是会合两个或两个以上的字来表示一个新的意义的造字方法,用这种方法所造的字称为会意字。例如:

林,甲骨文作 ,金文作 ,由两个"木"字组成,表示树林之意。

休,甲骨文作 ,金文作 ,由"人"、"木"两个字组成,人倚靠在树上,表示休息之意。

采,甲骨文作 ,小篆作 ,由"爪"和"木"组成,表示人用手从树上采摘之意。

涉,甲骨文作 ,金文作 ,由正反两个"止"和"水"组成,"止"是脚的象形字,分别在水的两边,表示人徒步过河的意思。

武,甲骨文作 ,小篆作 ,由代表武器的"戈"和代表脚的"止"组成,人拿着武器行走,表示武力征伐的意思。

男,甲骨文作 ,小篆作 ,由"田"和"力"组成,在田地里出力,表示男人的意思。

会意造字方法弥补了象形和指事两种方法的不足,在无形可象或意义复杂时,将两个独立的字组合起来,通过一定的思维方式构成一个特定的关系造出一个新字。会意造字法简便灵活,能产性高,能表示许多抽象的概念,因此比象形和指事效率更高,汉字中会意字的数量也远远大于象形字和指事字。

会意造字法也有其局限性。首先可以用作会意基础的象形字和指事字数量有限,其次有些复杂的事物或抽象的概念依然难以表达,再次有些字的会意方式难以琢磨,不同的人有不同的理解,容易造成歧义。

四、形声

形声是用两个或两个以上的字,其中一部分提示意义,另一部分提示声音,合起来组成一个新字的造字方式。用这种方法所造的字称做形声字。形声字中提示意义的部分称做意符或形旁,提示声音的部分称做声符或声旁。例如:

洋:"氵"表示字义与水相关,是形旁;"羊"提示字音,是声旁。

花:"艹"表示字义与草相关,是形旁;"化"提示字音,是声旁。

闷:"心"表示字义与心相关,是形旁;"门"提示字音,是声旁。

需要注意的是,形声字的意符所表示的是该字所属的意义范畴,是比较模糊的,并不等于词义本身。比如"财货贿赏赐"等字,都以"贝"为意符,据此我们只知道它们都跟财物有关,而确切的意义还要通过声符来区别。再者,许多形声字的声符今天读起来和这个字的实际读音有很大不同,这是由于古今语音有变化。在造字之时所选取的声符和这个字的读音一定是相同或接近的,否则便起不到表音的作用。

形声字的形符和声符的位置不是固定的。大致可以分为左形右声(江河)、右形左声(功期)、上形下声(茅草)、下形上声(姿想)、内形外声(问闻)、外形内声(园阁)、形占一角(荆疆)、声占一角(寐碧)八种形式。

形声字既可以表意又可以表音,无论是具体的物象还是抽象的概念,大都可以用形声字来表示,所以形声字是汉字中最先进最能产的造字方式。形声字的出现标志汉字进入了表意兼表音的时代。形声字在汉字发展中所占的比重越来越大。甲骨文中的形声字占20%左右,到东汉许慎的《说文解字》中,占到80%以上,到了现代,形声字大约占汉字总数的90%左右。

会意字和形声字都是由两个或两个以上的独体字组合而成的,所以称为"合体字"。合体字是汉字的后起部分,但在数量上却占据汉字的绝大多数。

五、关于假借字

以上象形、指事、会意、形声四种方法都创造了新的汉字,是真正的造字方法。在传统的"六书"中,还有一种"假借"的方法。所谓假借,即借用一个既有的汉字来记录语言中某一个与之音同或音近而未有字形的语素。所借的只是那个既有字的字形,而意义和读音则是需要借字的语素本来就有的,因此二者只有语音上的联系,意义毫不相关。例如前面讨论汉字性质时提到"其"的本义是簸箕,甲骨文作"𠀠";"我"的本义是一种兵器,甲骨文作"𢦚"。后来分别借以表示第三和第一人称代词。因为人称代词很难用先前的四种造字方法创造,只好借用已有的与之同音的汉字表示。再如"来"本是麦的象形字,借用表示"来到"的意思;"东"本是橐囊的象形字,借来表示方向;"無(无)"原是"舞"的本字,借来表示"没有"的意思。

假借的方法解决了无法用前四种造字方法创造新字以记录新词的难题,但由于假借实际是借用已有的汉字,并未真正产生新字,所以现代一般不将其视为造字方法,而当作用字方法来看。

六、现代汉字的造字方法

现代汉字大多数都是承继古代汉字而来。近一百年来也出现了一些古代所没有的新造汉字,这些新字的造字方法有的是运用传统会意、形声造字法,但一般不再使用象形、指事,有些方法则是有别传统,另辟蹊径。

新造汉字有的使用会意法,如:"奀"、"夯"、"汆"、"仨"等。有些简化字也使用了会意的方法,如:"灭"、"泪"、"帘"等。

新造汉字主要使用的是形声法,如:"炸"、"烤"、"叼"、"氧"、"碘"、"胺"、"吨"、"咖"、"啡"、"啦"、"佤"等。有些简化字也采用了形声的方法,如:"补"、"极"、"积"、"歼"、"讲"、"护"等。

有的新造汉字采用的不是传统的造字方法。如"甭"、"甮"二字采用的是切音合形合义的造字方法。"甭"(béng)的字音是"不"、"用"二字的切音(即取"不"的声母和"用"的韵母合为一音),字形是"不"、"用"二字合写,字义是"不用"。"甮"(fén)的字音是"勿"、"曾"二字的切音,字形是"勿"、"曾"二字的合写,字义是"不曾"。再如"乒"、"乓"二字是将近音字"兵"减少笔画而分别创造的。"冇"(mǎo)是将反义词"有"减省而造的。这可以称为省形造字法。

有的简化字采用符号替代的方法。如:"区"、"风"、"赵",用既不表音也不表意的符号"×"替代原字中的"品"、"虫""肖"。又如:"邓"、"仅"、"聂"、"欢",用不表音也不表意的符号"又"分别替代原字中的"登"、"堇"、"耳"、"雚"。

有的简化字采用草书楷化的方法。如:長—长—长,專—专—专,書—书—书,爲—为—为。

新造字在现代汉字中的总体数量不多,但它们是汉字大家族中的新成员,它们所用的造字方法也反映了汉字造字方法的新发展。

第四节　汉字的结构

由于汉字字形的演变,汉字的符号性越来越强,因此传统的"六书"理论已不适宜分析现代汉字的结构。现代汉字由笔画、部件(或偏旁)构成。一个整字可以分析出部件,部件还可以分析出笔画。

一、笔画和笔顺

(一) 笔画

笔画是构成汉字的最小书写单位。在汉字书写过程中,由起笔到收笔所形成的点或线就是一个笔画。有的笔画可以直接构成汉字,如"一"、"十"、"王"、"人"、"才"、"木"、"刀"、"日"等等。有的汉字先由笔画组成部件,再由部件组成整字,如:"材"、"旺"、"杳"、"休"等等。

根据书写时的笔势和走向,现代汉字的笔画可以有数十种不同的形式,也就是笔形。这些笔形又可以分为两类。一类是书写时笔画的方向始终没有变化的笔画,称做基本笔画。基本笔画包括:横(一)、竖(丨)、撇(丿)、点(丶)、捺(㇏),提(㇀)一般也归入基本笔画。第二类是书写时笔画的方向有所变化的笔画,称做派生笔画。派生笔画主要是各种各样的折笔,它们是两种以上基本笔画的连接,因此也叫复合笔画。派生笔画有 20 多种(见下表)。

除了极少数汉字(如一、乙)外,大多数汉字都由两个或两个以上的笔画组成。在一个汉字内,笔画与笔画的组合关系有三种:

相离关系:即笔画与笔画之间互不相连。如:二、八、川、小、心。

相接关系:即笔画与笔画相互连接但不交叉。如:工、口、人、刀、日、弓。

相交关系:即笔画与笔画之间相互交叉。如:十、又、也、丸、丰、卅。

多笔画汉字的笔画组合关系往往不止一种,而是三种关系的综合。

笔画类型和笔画数目相同而笔画的组合关系不同,往往可以构成不同的汉字。如:八—人—入,刀—力,几—九,工—土—十—干,田—由—甲—申。因此笔画的组合关系也是构成不同汉字的重要手段。

汉字笔画名称表

序号	类别	笔形	名称	例字
1	基本笔画	一	横	"工"的第1笔
2		丨	竖	"十"的第2笔
3		丿	撇	"人"的第1笔
4		丶	点	"主"的第1笔
5		乀	捺	"八"的第2笔
6		㇀	提	"凉"的第2笔
7	派生笔画	𠃍	横折	"口"的第2笔
8		㇇	横撇	"又"的第1笔
9		⼀	横钩	"军"的第2笔
10		𠃌	横折钩	"刀"的第1笔
11		㇌	横折提	"说"的第2笔
12		㇈	横折弯	"朵"的第2笔
13	派生笔画	㇉	横折折	"凹"的第2笔
14		㇂	横折斜钩	"风"的第2笔
15		㇃	横折弯钩	"九"的第2笔
16		㇆	横撇弯钩	"阿"的第1笔
17		㇋	横折折撇	"及"的第2笔
18		㇍	横折折折钩	"乃"的第1笔
19		㇎	横折折	"凸"的第4笔
20		㇗	竖提	"以"的第1笔
21		㇄	竖折	"山"的第2笔
22		亅	竖钩	"小"的第1笔
23		㇄	竖弯	"西"的第5笔
24		㇄	竖弯钩	"儿"的第2笔

续 表

序号	类别	笔形	名称	例字
25	派生笔画	ㄣ	竖折撇	"专"的第3笔
26		ㄣ	竖折折	"鼎"的第6笔
27		ㄣ	竖折折钩	"弓"的第3笔
28		㇄	撇点	"女"的第1笔
29		㇊	撇折	"允"的第1笔
30		㇂	斜钩	"戈"的第2笔
31		㇁	弯钩	"独"的第2笔
32		㇃	卧钩	楷体"心"的第2笔

(二) 笔顺

笔顺是书写汉字时笔画的先后顺序。笔顺是人们在长期的汉字书写实践中形成的,总的来说,笔顺是建立在运笔方便的基础之上。笔顺安排合理,可以使书写准确、快速、匀称、美观。在使用某些汉字检字法时,笔顺掌握正确与否有时还会影响到检索的准确性。

汉字书写笔顺的基本原则是:

1. 先左后右。如:川(丿 丿|川)。
2. 先上后下。如:工(一 丁 工)。
3. 先横后竖。如:丰(一 二 三 丰)、卅(一 十 卅 卅)。
4. 先撇后捺。如:人(丿 人)。
5. 先外后内。如:月(丿 冂 月)。
6. 先中间后两边。如:小(亅 小 小)。
7. 先外后内再封口。如:田(丨 冂 月 用 田)。

除了这些基本规则以外,还有一些特殊规则:点在左上先写,如"门"(丶 门 门);点在右上后写,如"犬"(一 大 犬);点在主体之内后写,如"瓦"(一 丆 瓦 瓦);长竖与短横相接,先竖后横,如"非"(丨 丨 丨 丰 非 非 非)。

较复杂的汉字笔顺往往是上面几种基本笔顺的综合。如"赢"字就包含了先上后下、先左后右、先外后内、先撇后捺等几种规则。

有少数汉字的笔顺历来存在分歧,遇到这种情况,可以用《现代汉语通用字笔顺规范》作为统一的标准。

二、偏旁和部首

(一) 偏旁

偏旁是构成合体字的表意或表音的单位。古人把左右结构的合体字的左半部分称为"偏",右半部分称为"旁",现在合体字各部位的构成单位统称为偏旁。如:"语"字由"言"和"吾"两个偏旁组成,"盆"字由"分"和"皿"两个偏旁组成,"问"字由"门"和"口"两个偏旁组成。使用会意和形声两种造字方法所造的字都是合体字。会意字由两个或两个以上的偏旁会合表示意义,形声字中表意义的偏旁称做形旁,表声音的偏旁称做声旁。

汉字的偏旁原本是独体字,在隶变以前的古文字中都能够独立使用。现代汉字的偏旁有些能够独立使用,有些不能。能够独立使用的偏旁称做"成字偏旁",如:心(想)、目(盯)、禾(稻)、木(析)、土(壁)。有的偏旁现在不能独立使用,称做"不成字偏旁",如:亻(他)、扌(拉)、刂(钊)、氵(海)、灬(杰)、钅(铁)、囗(围)、宀(家)、冖(军)、匚(医)、勹(包)、辶(过)、讠(语)、虍(虎)。

(二) 部首

部首是具有归类作用的偏旁。东汉许慎的《说文解字》最早创立部首。许慎依据"六书"原则,对篆文的形体构造加以分析归类,将同一偏旁的字归为一部,把共同的偏旁置于这部分字的首位,因为处于一部之首,故称"部首"。许慎《说文解字》一共归纳出540个部首。比如《说文解字》在"木"下说"凡木之属皆从木",其后列了"橘、橙、柚"等420个包含"木"字旁的汉字,"木"便是部首。部首的创立使汉字有了科学的分类,为汉字的编排和检索提供了方便。

由于许慎所创立的部首着眼于分析汉字的构造与意义,而不是直接为了检索的需要,被称为"造字部首"。造字部首分类太细,难以识记,所以用来检字仍有不便。明代梅膺祚的《字汇》根据楷书字形,以笔画多少为序,从方便检字出发,将《说文解字》的540部删改为214部,开创了"检字部首"的先河,后代的字典辞书多据此增减。《汉语大字典》和《汉语大词典》设200个部首,《新华字典》(第10版)和《现代汉语词典》(第5版)设201个部首。《汉字部首表》(2009年)设201个主部首,另有99个附形部首。

三、间架结构

间架结构是指汉字笔画搭配、排列、组合成字的形式和规律。现代汉字按结构类型可以分成独体字和合体字。独体字是指无法分离出两个或两个以上部件的汉字,如:"人"、"口"、"手"、"大"等。有些字笔画相交,结构粘连,也不能分离,因此也看做独体字,如"串"、"事"、"里"、"吏"等。有些字由相离的笔画组成,也看作是独体字,如"八"、"刁"、"三"、"儿"等。合体字是指由两个或两个以上的部件组成的汉字,如"体"、"汉"、"字"、"问"等。

现代汉字中独体字大约三百个左右,虽然只占总数的3%—5%,但它们却是构成汉字的基础。现代汉字中绝大多数是合体字,因此汉字的间架结构主要指的是合体字的结构形式。现代汉字的间架结构主要有以下几种:

现代汉字间架结构表

结构方式	例字	间架比例
独体结构	木、日	方正匀称
品字形结构	品、晶	各部分基本相等
上下结构	吾、旱	上下相等
	家、芳	上小下大
	杰、垦	上大下小
上中下结构	意、喜	上中下相等
	菜、褒	上中下不等
左右结构	辟、甜	左右相等
	惮、伍	左窄右宽
	鄙、剩	左宽右窄
左中右结构	锄、街	左中右相等
	推、谢	左中右不等
全包围结构	回、田	全包围
半包围结构	病、屈	左上包右下
	司、甸	右上包左下
	迷、延	左下包右上
	同、风	上包下
	医、匡	左包右
	函、幽	下包上

上表是汉字间架结构的主要形式,多数情况下汉字的间架结构是以上几种形式的综合或变化。比如上下结构的字有的由四个部分组成,如"蔓";有的上部或下部又呈左右结构,如"器"、"赢"。左右结构的字有的也有四部分或更多,如"雠";有的是综合形式,如"掇"、"漫"、"飘"。包围结构的字也有综合形式的,如"履"、"凰"、"遢"。有些字结构更为特别,如"乘"、"噩"、"爽""巫",可以称做对称结构。

四、汉字的查检方法

汉字形体结构复杂,因此汉字的排序与检索相比拼音文字要复杂得多。从古至今,人们为汉字编制了多种排检方法,主要可以分为义序法、形序法和音序法。义序法就是按照汉字的意义分类排序。中国古代的《尔雅》、《方言》等书即用义序法。如《尔雅》根据词义分为19卷:《释诂》、《释言》、《释训》、《释亲》、《释宫》、《释器》、《释乐》、《释天》、《释地》、《释丘》、《释山》、《释水》、《释草》、《释木》、《释虫》、《释鱼》、《释鸟》、《释兽》、《释畜》,卷下再分小类。根据字词的意义分类标准不统一,因此不同的辞书分类差别很大,给查检带来不便,现代的字典辞书已不再使用此法,而是采用形序法和音序法。

(一)形序法

形序法就是根据汉字的字形结构来给汉字排序并检索的方法。形序法主要有部首法、笔画法、笔顺法、四角号码法。

1. 部首法

部首法最早是东汉的许慎在《说文解字》中提出并使用,共列540个部首。现代的字典辞书部首数量更为精简,《新华字典》(第10版)和《现代汉语词典》(第5版)设201个部首。2009年制定的《汉字部首表》设201个主部首,另有99个附形部首。1964年汉字查字法整理工作组提出《部首查字法》(草案),总的原则是"据字形定部"。具体规定是:

(1)一般取字的上、下、左、右、外等部位作部首,如:今(人部)、且(一部)、赴(走部)、昶(日部)、固(囗部);这些部位没有部首的,取中坐,如:办(力部)、夹(大部)、串(丨部)、世(一部);中坐没有部首的,取左上角,如:疑(匕部)、整(束部)、嗣(口部)。

(2)一个字的上、下都有部首的,取上不取下,如:含(人部)、思(田部);左、右都有部首的,取左不取右,如:相(木部)、鸿(氵部);内、外都有部首的,取外不取内,如:闷(门部)、医(匚部)、因(囗部)、旬(勹部);中坐、左上角都有部首的,取中坐,如:坐(土部)、半(丨部);下、左上角或右、左上角都有部首的,取下、取右,不取左上角,如:渠(木部)、帑(巾部)、楚(疋部)、肄(聿部)、凯(几部)。

(3)同一部位有多笔和少笔几种部首互相叠合的,取多笔部首,不取少笔部首。如:章、竟、意,查"音"部,不查"丶"、"亠"或"立";磨、糜、靡,查"麻"部,不查"丶"、"亠"或"广"部。

(4)单笔部首和复笔部首都有的,取复笔部首,不取单笔部首。如:吾,查"口"部,不查"一"部;旧,查"日"部,不查"丨"部。

(5)部首无从采取或所在位置不合规定的,作为"余类",或者按汉字起笔笔形归部。如:东,查"一"部;必,查"丶"部;史,查"丨"部。

有些汉字难以归并部首,因此,有些按部首顺序编排的工具书还附有"难检字表",把那些难以判别部首的字按笔画顺序排列,以便查检。

同一部首的字按照部首外笔画数排列,笔画少的在前,多的在后;同部首同笔画的字再根据部首外起笔笔形按"一"(横)、"丨"(竖)、"丿"(撇)、"丶"(点)、"乚"(折)的顺序排列。如:林、杷、板、枘、杭,都在"木"部,部首外都是4画,则再按起笔笔形排列:林、枘、板、杭、杷。

部首法的优点是:适应了汉字形体的特点,能把纷繁复杂的汉字按部首归并集中,这样就可以通过分析一个字的部首,并以此为线索,比较准确迅速地查到所要的汉字。其缺点是:分析判断一个字的部首,必须遵循既定的原则和规定,有时还需要有一定的文字学知识,不同的工具书中部首的数量和分部标准不同,影响了检索的效率和准确性。

2. 笔画法

笔画法是按照汉字的笔画数目来排列顺序的一种方法。

笔画法的基本形式是:笔画多的汉字居前,少的居后。笔画相同的汉字再按起笔笔形(一般是横竖撇点折)顺序排列。笔画笔形都相同的字,再看字形结构,先左右,再上下,再整体。如"崎"、"崖"、"圈",同是11画,起笔均为竖,则再依结构排列。

笔画法规则相对简单,但绝大多数汉字笔画繁多,数笔画耗时且麻烦,相同笔画的字也很多,不同的辞书还有繁体与简体、新字形与旧字形、手写体与印刷体等不同。有时同一个字不同的人书写习惯不同,起笔也不同,所以会有不同的结果,这些都影响了检索的效率与精度。因此笔画法多是用作部首法的辅助检字法。

3. 笔顺法

笔顺法也叫笔形检字法,它是根据汉字书写时下笔笔形顺序来排检汉字。

笔顺法最早起源于清代的吏目档案,有"江山千古"法(丶丨丿一)和"元亨利贞"法(一丶丿丨)。后来还有"寒来暑往"法(丶一丨丿)和"海天日月红"法(丶一丨丿乛)。现在一般采用"札"字法(一丨丿丶乛)。

笔顺法规则也很简单,但由于同一起笔的汉字太多,因此在实际运用的时候仍然十分麻烦,而且不同的人书写习惯不同,起笔也不同,难以一致。这也影响了检索的效率和精度。因此笔顺法一般也是作为部首法和笔画法的辅助方法来使用。

4. 四角号码法

四角号码法由王云五在1925年发明,最早在商务印书馆出版的多种工具书中使用,逐步流行。它是根据汉字方块字形的特点,为汉字的四个角上的笔形分别编码,组成四位的阿拉伯数字号码,再将数字号码从小到大排列。

四角号码将汉字四角笔形分为10种,分别用阿拉伯数字0—9代表(见下表)。为方便记忆,特别编有口诀:

"横一垂二三点捺,叉四插五方框六;七角八八九是小,点下有横变零头。"

记住四角笔形口诀以后,再按以下规则取号:

(1) 取角顺序:

每字按①左上角②右上角③左下角④右下角的次序取四个角的号码。如:"端",先取左上角0,其次取右上角2,再取左下角1,最后取右下角2,则"端"的四角号码为"0212"。

四角号码笔形代码表

号码	笔名	笔形	举例	说明	注意
0	头	亠	言主广疒	独立的点和独立的横相结合	1 2 3 都是单笔，0 4 5 6 7 8 9 都由二以上的单笔合为一复笔。凡能成为复笔的，切勿误作单笔；如山应作0不作3，寸应作4不作2，广应作7不作2，心应作8不作3.2，小应作9不作3.3。
1	横	一乙	天土地江元风	包括横挑(提)和右钩	
2	垂	丨丿丨	山月千则	包括直撇和左钩	
3	点	丶	宀才宀亠 亠之衣	包括点和捺	
4	叉	十乂	草查皮 刈大对	两笔相交	
5	插	扌	才戈申史	一笔通过两笔以上	
6	方	口	国鸣目 四甲由	四边齐整的方形	
7	角	厂冖冫 乚厂	羽门灰阴 雪衣学牢	横和垂的锋头相接处	
8	八	八人丷	分页羊余 灾录足午	八字形和它的变形	
9	小	小丷丬	尖糸粦暴惟	小字形和它的变形	

（2）取角方法：

① 一笔可以分角取号。如："以"，左边"乚"是一笔，左上角取为2，左下角取为7。

② 一笔的上下两段和别笔构成两种笔形的，分两角取号。如："水"，左边"ㄱ"是一笔，左上角取1，左下角的"丿"与"亅"、"丶"合为"小"，取9。

③ 一个字的上部或下部如果只有一单笔或复笔，不论在何位置，都算左角，右角取0。如：宣＝3010，直＝4010。

④ 一个笔形，前角已经用过，后角作0。如：持＝5404，"扌"被左上角用过，故左下角取0。

⑤ 下角笔形偏在一角的，按实际位置取号，缺角作0。如："妒"，右下角缺，取0；"亏"，左下角缺，取0。

⑥ 凡外围是"口、门(門)、鬥"的三类字，左右两下角改取里面的笔形。如：田＝6040，问＝3760，鬩＝2280。

（3）附角规则：

① 四角号码相同的字，再取靠近右下角（第四角）上方的笔形作"附角"，如果这一笔形已被右上角用过，则作0。附角号码写在第四码右下方。如：工＝1010_2，何＝2122_0。

② 四角号码和附角号码都相同的字，按照各字所含横笔数目排列，少的居前，多的居后。

(4) 取角时应注意几点：

① 同一角有两个单笔或一单笔一复笔可取的，不论高低，一律取最左或最右的笔形。如："肯"的右上角取 1 不取 2；"病"的左下角取 1 不取 2。

② 同一角有两个复笔可取的，在上角则取较高的复笔，在下取较低的复笔，不看左右。如："功"的右上角取 4 不取 7；"内"的上角取 4 不取 7；"鸭"的左下角取 5 不取 6。

③ 中间起笔的撇，下角有他笔的，取他笔作下角；但左边起笔的撇，取撇笔作下角。如：石＝1060，看＝2060，辟＝7024，厄＝7121。

四角号码是汉字排检史上的一个重大发明，使汉字的排检不再受部首、笔画数目和读音的限制，在熟练掌握取码规则后，检索迅速，效率大大提高。其缺点是规则稍嫌复杂，不易快速掌握。

(二) 音序法

音序法是按照汉字的读音规定排列顺序的编排方法。汉字的读音包含声母、韵母和声调，近代以来又用符号或拼音字母给汉字注音，因此音序法又可分为声调法、声母法、韵部法、注音符号法和汉语拼音法五种。前三种主要是古代工具书的音序法，注音符号法目前通行于台湾。1958 年大陆开始推行《汉语拼音方案》，采用拉丁字母为汉语注音，1982 年国际标准化组织承认汉语拼音为拼写汉字的国际标准之一。这里只介绍汉语拼音法。

汉语拼音法是按汉字的读音依照《汉语拼音方案》中字母表的顺序编排的方法。第一个字母相同则按第二个字母，前两个都相同则按第三个，依次类推。声母韵母都相同再按声调阴平、阳平、上声、去声、轻声的顺序，读音完全相同的字，则按笔画数从少到多排列，笔画数相同再按起笔笔形排列。

汉语拼音法的优点是简单易查，但在不知读音的情况下则无法查考。因此大型的字典如《汉语大字典》、《中华字海》等字典即不以此为编排方法。即使以汉语拼音法编排的工具书，也多编有部首笔画或四角号码法与之相辅。

由于汉字的复杂性，目前的检字法都存在各自的优缺点，未能尽善尽美。学习和使用汉字要多掌握几种检字法，遇到具体问题时，可以根据实际情况灵活运用。

第五节　汉字的规范和改革

汉字是汉民族独立创造的记录汉语的符号系统，自甲骨文算起，汉字也已有三千多年的历史。漫长的历史进程中，汉字也在不断变化。突出表现在汉字数量的增多，尤其是形声字的增加上；此外汉字的形体也发生了巨大的变化，这一变化的过程也是汉字不断规范的过程。历史上有过多次"正字"运动，对汉字的字形及使用场合做出规范。近现代以来，随着新文化运动及民主革命的兴起,对汉字进行整理、规范、改革的呼声越来越高,提出了众多的方案。当今信息技术的发展对汉字规范提出了更高的要求,关于汉字的改革与前途问题也有待于继续研究。

一、汉字的规范

现代汉字的规范包括汉字系统本身的规范和汉字使用的规范。汉字系统本身的规范也即要实现汉字的标准化,从量、形、音、序四个方面对汉字进行整理,做到"字有定量、字有定形、字有定音、字有定序"。

定量 即规定现代汉字的数量。汉字产生以来数量上不断增多。目前已发现的甲骨文单字约4500个,东汉许慎所编的《说文解字》收字9353个,至清代《康熙字典》有47043个汉字,现代所编的《汉语大字典》收字54678个,《中华字海》收字87019个。汉字的数量虽然庞大,但其中有大量的异体字,或不再使用的"死字"。对汉字的数量加以精简,有利于减轻学习和使用汉字的负担。对汉字进行定量一是要淘汰异体字,1955年发布的《第一批异体字整理表》,对810组异体字进行整理,淘汰了1053个异体字,后来进一步规范,最终淘汰1027个异体字。如:以"窗"为正字,淘汰"牎牕窻";以"叠"为正体,淘汰"疊疉疊";以"群"为正体,淘汰"羣"。二是更改地名中的生僻字。如改新疆"和阗"为"和田",改江西"雩都"为"于都",改青海"亹源"为"门源",改陕西"盩厔"为"周至"等等。三是统一单位名称用字。如:淘汰"呎"、"吋"、"瓸"、"唡"、"浬"等特造的双音节计量用字。通过以上三种途径共精简汉字1189个。1988年公布的《现代汉语通用字表》共收字7000个,同年公布的《现代汉语常用字表》共收字3500个,2009年公布的《规范汉字表》收字8000余个,是现代汉字规范化的重要成果。

定形 即确定每一个现代汉字的字形,一个汉字,只允许有一个字形,所有进行书面交际的人都必须把规范字形作为书写的标准。定形包括繁体简化、异体整理、字形整理以及笔画、部件规范等。1956年《汉字简化方案》公布,以此为基础1964年整理编制了《简化字总表》。1986年《简化字总表》重新修订以后再次发表,共收简化字2235个,相对应的繁体字平均笔画数为16.1笔,简化以后为10.3笔,大大降低了汉字的繁难程度。同一个汉字有时有不同的写法,而读音与意义则完全相同,这样的字称为异体字,在异体字中选一个作正字,淘汰其余形体,既是汉字定量的工作,也是定形的工作。汉字中除了繁简、异体的差别外,还有一些字只有字形上的细小差异,如:吳—吴,宫—宫,黄—黄。1965年发布的《印刷通用汉字字形表》对现代汉字的字形作了规范。

定音 即确定现代汉字的规范读音。1955年全国文字改革会议确定以北京语音作为现代汉民族共同语的标准音。1958年推行的《汉语拼音方案》确定了普通话的声、韵、调系统。1985年公布的《普通话异读词审音表》对一千多条异读词作了审订和修订,审订为"统读"的字有 583 个,如"凹陷"中的"凹"统读"āo",不读"wā","庇护"的"庇"统读"bì",不读"pì","呆板"的"呆"统读"dāi",不读"ái"。这为现代汉字的字音标准化打下了基础。

定序 即确定现代汉字的排列顺序。各类字典、辞书等工具书的编纂以及电子计算机汉字库的编制都需要汉字有确定的排列顺序,以便于检索。因此汉字的定序主要是指排检方法的确定与统一。但是由于汉字的复杂性,目前的汉字排检方法还没有达到完善的程度。部首法中部首的数量、位置、形体等有待进一步确定,笔画法与笔顺法也要以汉字字形及书写标准的确定为基础,四角号码法有待进一步研究简化,以便初学。

现代汉字的规范还包括汉字使用的规范,这是从汉字使用者的角度而言。包括以下几个方面:

使用规范的字形书写汉字 现代汉字的标准字体是楷书,《印刷通用汉字字形表》和《现代汉语通用字表》规定的楷书字体是现代汉字印刷体的标准字体和规范字形,在语文教学、书面交流、印刷出版、信息处理等场合应当以此为标准。

使用规范的简化字 简化字是现代汉字的标准字体,简化字的标准是《简化字总表》。除古籍整理、书法篆刻、题字或店铺招牌的手书体等情况下可以使用繁体字以外,其余一般应使用规范的简化字。简化字要以《简化字总表》为准,不要使用表中没有的俗体,或任意生造、随意类推,也不要简繁混用。

不使用异体字 异体字与正字只有形体上的差别,没有区别意义或读音的作用,因此没必要保留同词异形的异体字,使文字使用徒增纷乱。对于《第一批异体字整理表》中已经淘汰的异体字,除个别做姓氏外,不要再使用。

纠正错别字 汉字形体复杂,字形相近的情况很多,而同音的字更多,在使用中很容易出错,或增加或减少某一笔画,或把甲字写成乙字。在学习汉字的过程中,要注意汉字形体中一点一画的细微差别,区别形近音近的字,勤写多记,杜绝写错别字。

二、汉字的改革

汉字是记录汉语的符号系统,数千年来,汉字已发展成为与汉语相适应的成熟文字。汉语是以单音节语素为主的语言,而一个汉字代表一个音节,与汉语的特点有很好的适应性;汉语音节相对较少,因此同音语素很多,而汉字具有表意性,可以将同音语素在字形上区分开来;汉语方言差异很大,而汉字可以在一定程度上超越方言,满足不同地区人们的交际需要;汉字历史悠久,不断发展而从未中断,大量中国古代文化依靠汉字传承至今。因此,汉字是有别于拼音文字的独立文字系统,它适应汉语的特点,是成熟的文字,决不是落后的代表,数千年来汉字为中华文明的传承与弘扬发挥了重要作用,是民族凝聚力之一。

当然,汉字也有其不足的一面。汉字中字与词不完全一致,有的汉字不能独立使用,必须与其他字合起来才能表示意义,反映了字与词的矛盾;有的汉字一字有数义,有的一义有数字,给使用带来不便;汉字不能明确表示实际读音,造成言文不统一的情况,一些新生事物或新词难以迅速造字,致使文字与语言之间存在脱节情况;汉字结构复杂,异体众多,识记困难,排检不便。

清朝末年,受到帝国主义列强侵略,中国逐渐沦落为半殖民地半封建社会。爱国人士纷纷探索变法维新、自救图强的道路,并认识到"开发民智、普及教育"的重要性。而汉字繁难,不易学习,因此开始倡议汉字改革,倡导字形简化运动。五四运动以后,具有民主革命思想的知识分子将汉字改革与新文化运动结合起来,将汉字视为落后文化的产物,积极开辟对汉字进行根本改革的道路,提出了各种汉字拼音化方案。

1918年国民政府教育部颁布"注音字母",以汉字的偏旁为基础制定字母,包括24个声母和16个韵母,以此为汉字注音。1928年又公布了国语罗马字母,采用26个拉丁字母,使汉语拼音字母由汉字笔画式逐渐向拉丁化转变。1935年又公布了324个简体字,但未能施行。

1949年以后,对汉字的评价继承了五四以来汉字革命的传统,认为汉字繁难,妨碍教育和科学的发展,必须加以改革。1954年专门成立了"中国文字改革委员会",直属国务院。1955年公布了《汉字简化方案(草案)》,1958年《汉语拼音方案》批准施行,1964年《简化字总表》公布,共收简化字2238个。

1958年,中国文字改革委员会归纳文字改革为三项任务:

(一)简化汉字

早在甲骨文、金文中,汉字就有繁体与简体的区别。出于书写便利的需要,秦汉以后,汉字发展的总体趋势是逐渐简化。秦代用小篆统一文字,即在大篆的基础之上省改,大量吸收了古文字中的简体。隶变之后,汉字形体更加简化。楷书的形成也产生了许多简体。宋元以来,简体字更是在小说戏曲等民间文学中普遍流传。近现代以来,在民主革命的推动之下,汉字简化深入人心。1935年国民政府教育部公布"第一批简体字表"(324字),由于保守人士的反对,未能施行。1964年中国文字改革委员会公布《简化字总表》,1986年《简化字总表》重新发表。《简化字总表》对汉字的简化主要有以下几种方法:

1. 采用古体字或异体字中笔画较简者。如:云(雲)、电(電)、气(氣)、无(無)。

2. 更换形声字声符为笔画较简者。如:忆(憶)、灯(燈)、优(優)、酝(醞)。

3. 另造新会意字或形声字。如:泪(淚)、灶(竈)、态(態)、邮(郵)。

4. 同音替代。如:几(幾)、了(瞭)、谷(穀)、才(纔)。

5. 草书楷化。如:东(東)、书(書)、为(爲)、长(長)。

6. 以部分代整体。如:飞(飛)、乡(鄉)、声(聲)、虫(蟲)。

7. 大量删减笔画,保留轮廓。如:龟(龜)、当(當)、苏(蘇)、虑(慮)。

8. 以简单符号替代。如:义(義)、卫(衛)、邓(鄧)、风(風)。

9. 偏旁简化,适当类推。如:炼(煉)、练(練)、剂(劑)、济(濟)。

(二)推广普通话

汉语方言众多,因此汉字的读音也十分复杂,有古音,有今音,有共同语,有方言,还有一字多音的情况。这给汉语的口语交际造成了不小的困难。因此,汉字的改革也包含字音方面的改革。

1955年全国文字改革会议将"国语"改称"普通话",明确普通话是以北方话为基础方言,以北京语音为标准的汉民族共同语。1956年国务院向全国发出《关于推广普通话的指示》。1982年"国家推广全国通用的普通话"写入宪法。20世纪80年代以后,推广普通话重点放在推行和普及方面。当时提出的目标是:在20世纪内努力做到使普通话成为全国的教学语言、工作语言、宣传语言和交际语言。

(三)制定和推行汉语拼音方案

《汉语拼音方案》是一个用拉丁字母拼写现代汉语普通话语音的方案,1955年由国务院批准设计,1958年经第一届全国人大审议通过。《汉语拼音方案》是在总结以前推广注音识字的经验、比较以往各种拼音方案的优缺点、广泛征求各方意见的基础上,运用现代语言学理论对原则问题和技术问题进行全面研究后制定出来的。方案采用国际通用的拉丁字母,根据现代汉语语音系统的特点进行了调整,能够准确反映现代汉语规范语的语音面貌,是一套比较完善的拼音方案。1982年国际标准化组织正式通过将《汉语拼音方案》作为汉语罗马字母拼写的国际标准。

汉语拼音是给汉字注音、推广普通话的辅助工具,并不是要用来取代汉字的拼音文字。《汉语拼音方案》公布以来,小学生先学拼音字母,然后用拼音字母帮助识记汉字,提高了识字的效率;在推广普通话方面,汉语拼音是重要的辅助工具;汉语拼音还用于字典、词典等各类辞书的注音及排检;汉语拼音还可以用于视觉通讯和无线电报、聋人的手指字母;在对外交流方面,汉语拼音也承担重要作用,如对外书报文件和出国护照中汉族人名地名均采用汉语拼音书写;在信息时代,汉语拼音还是重要的计算机汉字输入法之一。

1986年1月,国家教委和国家语言文字工作委员会召开全国语言文字工作会议,确定新时期语言文字工作的主要任务是:做好现代汉语规范化工作,大力推广和积极普及普通话;研究和整理现行汉字,制订各项有关标准;进一步推行《汉语拼音方案》,研究并解决实际使用中的有关问题;研究汉语信息处理问题,参与鉴定有关成果;加强语言文字的基础研究和应用研究,做好社会调查和社会咨询、服务工作。

自甲骨文以来,汉字已经存在了三千多年,而汉字的起源则更早。汉字的漫长发展史也是不断演变的历史,但这一演变并未根本上改变汉字的性质,造成汉字的失传,而其他古老的文字如古埃及圣书字、苏美尔楔形字、古希腊克里特字等均已不再使用。因此,汉字是中华民族最可宝贵的遗产之一。

清末以来,中国社会积贫积弱,爱国人士目睹中西方的巨大差距,开始探索变法图强之路。由于汉字的繁复难学,妨碍了文化教育的快速普及,被视为落后文化的代表。不少人因此提出汉字拉丁化方案,学习西方,走拼音文字的道路。建国之初,仍旧继承了这一汉字革命的传统,毛泽东即提出:"要走世界各国文字共同的拼音方向。"在这一原则的指导下,中国文字改革委员会成立,提出文字改革的三项任务,即简化汉字、推广普通话、制定和推行《汉语拼音方案》,形成了中国文字改革的两步走构想:第一步完成文字改革的三项任务,第二步实现拼音化。

汉字拼音化有着重重障碍。汉字是历史形成的与汉语的特点相适应的文字系统,汉语音节简单,同音语素多,使用拼音文字难以区分同音语素。中国方言众多,分歧严重,在民族共同语音未通用之前,使用拼音文字只会使交际更加困难。中国文明历史悠久,大量古代典籍用汉字记录,使用拼音文字不利于中华民族优秀文化的传承。汉字还造就了中国丰富多彩的书法艺术,拼音化也将使这一艺术失传。有鉴于此,1986年召开的全国语言文字工作会议没有重申走拼音化的道路。

汉字具有强大的生命力,中国历史上的落后不应归于汉字的复杂难学。汉字有其优点,与拼音文字各具特色,各与其所记录的语言相适应。汉字拼音化的实践客观上降低了汉字的繁难程度,推动了汉语共同语音的形成,《汉语拼音方案》为汉字的学习、对外交流及信息化发挥了作用,这是其积极的一面。新世纪以来,关于汉字改革的争议主要表现在规范简体字与恢复繁体字之争。在相当长的一段时间,争论将与汉字的变革并存。

第六节　汉字的正字法

汉字的正字法主要规定汉字的正确写法和标准字体,根据规范的汉字来纠正错字、别字。目前,汉字正字法的主要内容是正确使用现代汉字,消灭错字、别字、反对乱造简化字和滥用繁体字。

汉字正字由来已久。早在秦始皇统一全国后,就规定用秦篆来统一六国文字,也就是确立秦篆为法定的标准字体。这是中国历史上有明确记载的第一次使用行政力量在全国范围内采取的正字措施。其后,东汉许慎编纂《说文解字》,用来确立解释、书写字形的权威,否定他所认为的"俗儒"的"谬误"。到唐代,颜元孙著《干禄字书》、宋代郭忠恕著《佩觿》、张有著《复古编》,用来纠正当时混乱的字形,都是统一字形的典型例子。明清两代,在科举考试中对书写是否符合法定的规范更是十分挑剔,这就迫使当时的士子不得不对字的正体高度重视。

新中国成立以后,为了减少汉字数量,逐步消除字形的混乱现象,1955年文化部和中国文字改革委员会联合公布《第一批异体字整理表》。根据从俗从简的原则,该表选用810个正体,淘汰1053个异体。该表从1956年2月1日起在全国正式实施,全国出版的报纸、杂志、图书一律停止使用表中括号内的异体字。只有四种情况可以例外:(1)翻印古书需要用原文原字的;(2)一般图书已经制成版的或分册尚未出齐的,可以等重排再版时改正;(3)商店原有牌号不受限制;(4)用作姓氏的,在报刊图书中可以保留原字,不加变更。

为了减少学习和书写汉字的困难,1956年1月,国务院公布了《汉字简化方案》。1964年,中国文字改革委员会又根据国务院关于简化偏旁类推的指示,编制《简化字总表》,共收字2236个。该表确定了简化字的字形规范。1965年1月,文化部和中国文字改革委员会联合公布《印刷通用汉字字形表》,共收字6196个。该表提供了通用汉字印刷字体(宋体)的标准字形,规定了表内字的笔画数目、笔画形状、笔画顺序和构件部位,它既是印刷字体的标准,也是写字教学的标准。《印刷通用汉字字形表》的发布是新中国成立后汉字整理工作的一项重要成果,对统一印刷字形、促进用字规范和方便中文信息处理都起到了有益的作用。

纠正错字、别字历来是汉字正字法的最主要内容,也是当前语文教学的基本任务之一,以下重点讨论产生错别字的原因及正字的方法。

一、产生错别字的原因

所谓错字,有广狭两义。从广义上说,凡是不合乎规范的字,都可以叫做错字。不过,现代汉字正处在规范化的过程之中,新旧交替,情况很复杂,因此需要具体分析。如已经废除的繁体字、异体字及旧印刷体字,它们在早些年出版的字典、词典和书籍报刊中常常可以见到,就不宜简单地认定为错字;又如一些科学新字和方言字,虽然一般字典里很难查到,但也不能视为错字。

狭义的错字,即人们通常所说的"错字",特指任意增减笔画,变换构件的部位,在任何字典里都无法查找的字。如将"步"字下部写成"少","密"字写成"宀"下面加"山"等。

别字指本应写这个字,却由于形近或音近的缘故写成了一个别的字。虽然字形本身没有错,在字典里可以查到,但用错了地方。别字也称为"白字"。

错别字的出现有好几方面的原因,其中最主要的原因是我国历史悠久、汉字形体复杂及汉语语音演变。汉字在发展成为今文字以后,原来象形字或象形部分多数已看不出它所描摹的事物;会意字已不易理解造字者如此拼合的构思;至于许多形声字,或者因与其他字的形体差别不大而致相混,或者因失去了标音的功能而产生错别字。下面分别略加论述：

（1）象形字或用象形字作偏旁的字由于形体的变化不能看出它所描摹的事物而致造成错字或别字。如"耒"字金文作"𠂇"，描摹的是用来耕地翻土的状如木叉的农具，所以和农具或农业生产相关的字往往用"耒"字作形旁，如"耘、耕、耜、耧"等等。后来由于农具的演进，加之汉字隶变以后象形成分减少，"耒"字已看不出农具的样子，所以在使用时有人会将其与"来"字相混，用作偏旁时容易将其写成"来"、"木"、"禾"、"未"等，造成错字。

（2）由于不能理解会意字造字者的构思而造成别字或错字。如"染"字由三个部件构成："氵（水）"、"九"和"木"。"水"表示染色离不开水。"九"指数目，表示染色的过程要经过多次重复。古代染料多数取自植物，所以又从"木"。理解了这一造字构思，就不会将部件中的"九"字写成"丸"。再如"涉"字，甲骨文作"𣥯"，本义是徒步过河，所以从"水"。右边的偏旁是一正一反的两只脚（"止"本是象形字，象人脚之形），表示跨过河流，理解这一点，就不会把右下的部件写成"少"了。

（3）由于对形声字的意符缺乏理解而造成错字或别字。如"恭"字表示的是一种心理活动，"共"是声符，下面的偏旁是"心"字的变体，在古文字中很清楚，由于字体的演变，现代人不容易理解，因此往往将其写成"小"，造成错字。再如"肓"字，古代医家将心脏和隔膜之间的地方称做"肓"，"亡"是声符，下部从"肉"，由于文字形体的演变，古文中的"肉"在有些字中写作"月"，若不明白这一点，容易将"肓"字与"盲"字相混。

（4）由于对形声字的声符不加分辨而造成错字或别字。如"纸"是以"氏"为声符的形声字，"底"是以"氐"为声符的形声字，如果不加分辨，会以"氐"为"纸"的声符，以"氏"为"底"的声符，点画之差造成错字。

（5）形声字的声符由于语音演变，失去标音功能而造成错字。如"九"字古音与"鬼"相同，所以古代将其用作"轨"、"宄"等字的声符。由于语音的演变，现在这两个字的声母、韵母都不相同，因此易将"轨"、"宄"中的声符"九"写成"丸"字。

（6）受上下字的偏旁影响，产生类化作用而造成错字。如将"家私"一词中，有时"家"字写作"傢"，受此影响，将"私"字也加上"亻"旁，成为"俬"字，造成错字。

别字的出现除了与上举错字的产生原因有相同之处外，还有一个主要原因，即由于汉语音节有限，同音字多，往往容易造成音近而误。

音近而误又有三种类型：

第一，单纯因为音同音近而致写成别字。如将"贡献"写成"供献"，"刻苦"写成"克苦"，"连带"写成"连代"，"残酷"写成"惨酷"等。

第二，不仅音同音近，而且形近，以致写成别字。如将"烦恼"写成"烦脑"，"高粱"写成"高梁"，"脉搏"写成"脉博"，"编辑"写成"编缉"等。

第三，不仅音同音近形近，而且字义也相近，以致写成别字。如将"伎俩"写成"技俩"，"急躁"写成"急燥"，"撤销"写成"撤消"，"诀别"写成"决别"等。

一般说来，两个字之间相同或近似的因素越多，写成别字的可能性就越大。

二、正字的方法

文字作为书面形式的交际工具，具有约定俗成性，要使交际顺畅，任何人所写的字都必须是社会大众所能认识的。因此，必须充分认识到正字的重要性，有意识地利用汉字的特点，力求做到书写正确，不写错字和别字。具体可以从以下五个方面着手：

其一，理解并牢固掌握经常用作偏旁的一些字，重点放在其中一些使用频率不是很高而又形体相近容易混淆的偏旁上。作为偏旁字笔画一般不多，使用频率较高，一般不易写错。但也有一些偏旁，不常使用，而字形差别又不是很大，若不注意它们的不同之处，就容易写错。如"陷"、"馅"、"焰"等字的偏旁"臽"，甲骨文作"⺈"，是会意字，像一个人落入陷阱之中，即"陷"的本字，其上部是一个人的变体。而"滔"、"韬"、"蹈"等字的偏旁"舀"上部是"爪"，下部是"臼"，表示人从臼中取物。理解了这两个偏旁的来源，区别其读音及字形的不同，可以帮助记住一批字，防止误写。

其二，分析并理解现代汉字中尚可理解的会意字。大多数汉字的造字时间都比较长，由于字形的演变，一些字的造字理据往往难以分析，但仍有不少会意字的构思还可以理解，对这些字加以分析，可以帮助识记，避免误写。如"针灸"常误写为"针炙"。若明白二字的造字方法就不会用错。"炙"是会意字，上部是"肉"的本字，肉在火上，是烧烤的意思。"灸"则是一个形声字，火是形符，久是声符。再如"徙"与"徒"字形相近易误。"徙"是一个会意字，左边是"彳"，表示行走、道路相关，右边是"步"的变体，即一前一后两只脚，所以会意为迁徙之意。"徒"是形声字，徒步行走的意思，右上角的"土"是声符。

其三，分析并理解现代汉字中尚可理解的形声字的意符。与会意字一样，形声字中所包含的意符由于字体的变迁，有些已经难以理解，但多数形声字的意符仍能够透露一些信息，为我们正字提供帮助。如"券"字，原指契约。古人将契约刻写在木片上，然后剖开，双方各执一半，核对时将二者合在一起，以为凭信。因此"券"字与刀密不可分，故以"刀"为意符，理解这一点，就不会将字下的"刀"写为"力"。再如"管"与"菅"二字形近易误。"管"本指管乐器，用竹制成，所以用"⺮"为意符。"菅"是一种茅草，故以"艹"为意符，茅草不受重视，所以有成语"草菅人命"，比喻不把人的生命放在眼里。

其四，分析并理解现代汉字的形声字中尚有标音功能的声符。虽然由于汉语语音的演变，不少形声字的声符已失去其标音的功能，但有些声符和该字的现代读音相同或相近，利用这一特点，可以帮助我们辨别形近字，防止误写。如

"货"与"贷"字形相近,但"货"字以"化"为声符,"贷"字以"代"为声符,容易分别。再如"沦、论、抢、轮、伦、纶"等字以"仑"为声符,"沧、苍、伧、舱、怆、创"等以"仓"为声符,虽然字形差异较小,但读音分别明显,注意到这一点,就不致混淆。

其五,对演变为现代汉字后已经难以分析理解的字要反复练习,务求准确而牢固地记住其字形、读音、词义。汉字历史悠久,字形经过多次演变,到今天的现代汉字,许多字已经看不出造字时的本义或理据所在。对于这些字可以采取反复练习的办法,以求将其形、音、义牢记于心。

第七节　汉字知识在小学语文教学中的运用

汉字教育是基础教育的重要组成部分。从古至今,汉字教学始终是语文教学的一个重点和难点。学习汉字是学习语文及其他知识的基础。汉字数量众多,常用的现代汉字也有 3500 个左右,况且还存在一字多音、一字多义的情况,而同音字、形近字更是给汉字学习造成困扰,所以初学汉字的时候,在识字、理解意义及书写上都存在相当的困难。在基础阶段的语文教学中,汉字知识可以为识字教学提供帮助和指导。

一、小学识字教学方法分析

前人对于识字教学的方法做过多方面的探索,总结出了一些经验,可以归为三种:"分散识字","集中识字","注音识字、提前读写"。

"分散识字",即把小学阶段应当学会的字有计划地分配在小学几个年级的阅读材料里,随课文教识字。这样的好处是,识字教学与语言教学同步。因为小学初期阶段识字量大的负担被分散减轻,所以可以把更多的注意力放在说话、阅读等训练上。

"集中教学",即利用大多数汉字是合体字的特点,选择造字能力强、表音性能好的字作为基本字,把基本字相同的一批字放在一起集中学习。如将"青、清、晴、蜻、请"这一组字集中起来,以"青"作为基本字,首先掌握,然后引导学生从音和义两方面入手,突出形符的表意作用,掌握"清、晴、蜻、请"等字。在采用基本字带字集中识字时,不仅学习了单字,而且学习了词语。因为在讲字的时候要说明字义,最简捷的办法就是用双音节的词来解释单音节的字。如:"芳"是"芳香"的"芳","房"是"房子"的"房","防"是"防备"的"防","访"是"访问"的"访"等等。采用"集中识字"的方法教学,只要教法得当,一般来说,可以在两年或稍多一点的时间使儿童认识 2500 字左右,从而为阅读打下基础。

"注音识字,提前读写",是充分利用汉语拼音帮助识字和读写的一种语文教学法。教师要首先提高学生运用汉语拼音方案的能力,用汉语拼音阅读和作文,让学生的口语能力得到充分的发挥。然后在阅读和作文中逐步引进汉字,最后达到全部使用汉字阅读和写作的目的。这种教学实验试图解决我国小学教育中久已存在的识汉字和学汉语的矛盾。儿童入学以后,口语已经发展到相当的水平,但是识字不达到一定的数量,就无法开始阅读和写作的教学。"注音识字,提前读写"的实验,在学生入学不久未识字或识字不多的情况下,利用汉语拼音使识字和阅读、作文同时起步、交叉并进,使学生的口语能力和书面语能力同时得到发展。

汉字难,教法不得当,则难上加难;教法得当则可以化难为简。我们应该从汉字学、认知心理学等学科中吸取营养,探索出一套科学、完整、有效的汉字教学法。

二、利用汉字特点指导小学生识字

与拼音文字相比,汉字的形体结构具有较强的表意性。科学地分析和讲解汉字即通过构形讲解它的构意,可以帮助我们理解和记忆汉字所记录的词义。汉字的造字方法,主要有象形、指事、会意、形声四种,前面已有介绍。在识字教学内容呈现和识字教学实施中,适当借鉴一些汉字造字规律,有利于提高学生的识字效率,特别有利于学生理解汉字字义、掌握汉字结构。

在学习汉字的初期积累阶段,所学的汉字往往是一些古代传承下来的独体字。此时可以采用古文字作为背景,沟通物象、古代象形字和楷书。如在讲解象形字"日、月、火、水、山、石"等字时,把这些字代表的事物呈现出来,再将这些字在古代的象形字写法(或汉字的演变过程)附在旁边,几种因素有机结合、同时呈现,这就是创造性地借鉴象形字的构字规律来教学。对于构字理据明晰度高的会意字,可以将构字部件拆分开来,多从字理上讲解。如"泪、休、采、尖、明"等字,就可以引导学生运用会意字的构字规律,来巧妙地记忆字形、理解字义。对于形声字,可以使用系统归纳法。如在讲解"宿、窝、库、厢、躯、肝、额、聪、瞄"等形声字时,将它们的偏旁部首"宀、穴、广、厂、身、月、页、耳、目"归纳出来,在这些偏旁部首的旁边画出生动形象的表示这些偏旁部首意思的事物(这些偏旁部首是象形字,用作形声字的形旁表示字义),这就是非常巧妙地运用了形声字的构字规律来指导教学。对于表音度高的形声系统,可以将声符系统归纳出来,或者编成韵语成批讲解。总之,充分借鉴汉字的构字规律来设计识字教学方法,不仅巧妙地体现了汉字固有的特点,具有科学性,而且使识字内容丰富多彩、生动形象,学生乐学、易学,效率高。

利用汉字特点指导识字教学还要注意加强文字学知识的学习,对汉字的说解要依照汉字的造字理据,科学地分析汉字,按照汉字形体演变的规律和趋势讲解,不能流于主观想象。如把"饿"解释为"我要吃(饣),因为我饿了",虽然可能使学生容易记住,但同时也会给学生造成误导,把"俄"、"娥"、"峨"、"鹅"类推为"我的人"、"我的女儿"、"我的山"、"我的鸟",将学生引入歧途。

第四章 词 汇

第一节 词汇概说

一、词和词汇

词是由语素构成的,是语言中最小的能独立运用的音义结合体。例如:"就业"这个词是由"就"和"业"两个语素构成的。

词是词汇和语法分析的基本单位,也是语言中最基本的造句单位。例如:"他们已经大学毕业。"这句话中包含了"他们"、"已经"、"大学"、"毕业"四个词,每一个词都有固定的语音形式和特定的意义。它们都能独立地运用,都能分别和别的词组成各种句子。如"我们已经放假了"、"大学生活丰富多彩"、"萧老师毕业于南京师范大学"等。词不能再拆开,一拆开就不能独立运用,或者虽可独立运用却已失去原来特定的意义而成为另外的词,所以说词是造句的最小单位。如"葡萄"再分割就无法独立运用,不表示任何意义;"大学"可拆成"大"和"学",也都可以独立运用,但它们的含义已和"大学"不同而成为另外的两个词了。

词汇是一种语言里词语的总汇,也叫"语汇"。我们说话及写作,就是把各种词语有规则地组合起来,表情达意。作为语言的要素之一,词汇和语音、语法一样居于重要地位。语音是语言的物质载体,语法是语言的结构规律,而词汇则是语言的建筑材料。人们正是通过词汇中各个词语的不同意义,概括地反映自然现象和社会生活。

词汇和词语不同。词汇不仅在量上包括各个具体的词和语,而且在质上它所表示的是一个集合概念。词汇和词语是整体和个体的关系。一种语言里所有的词语总起来称之为词汇。如说"韩语词汇",就是指韩语中所有的词语;"汉语词汇",就是指汉语中所有的词语;"现代汉语词汇",就是指现代汉语中所有的词语。词汇除了指一种语言中词语的总和外,有时也用以指某个特定领域里词语的总和,如某方言区的词汇、某作家的词汇或某部作品的词汇。值得注意的是词汇作为一个集合概念,不能用来指单个的词。例如,不能说"这篇文章里有几个生词汇",这句话中的"词汇"应当改成"词"。

二、语素及其分类

语素是语言中最小的语音语义结合体,是最小的语言单位。语素在口头上用音节表示,在书面上用汉字表示。例如"教室是进行教学的房间"这句话里"教室"这一语素,口头上用音节"jiàoshì"表示,书面上用汉字"教室"表示。语素虽然在书面上是用汉字表示的,但两者是不同范畴的概念,语素是语言的最小单位,字是记录语言的符号,是书写单位。但两者又有密切的关系,在一般的情况下一个语素用一个字记录,如"教"、"学"、"工"、"作"等;有时则要两个或多个字来记录,如"玻璃"、"逻辑"、"从容"、"汉堡包"、"奥林匹克"等;有时一个汉字可以代表几个语素,如"好"、"参"等;此外还有些汉字只表音,不表义,不能用以单独记录语素,如"咖"、"徊"、"徨"、"葡"等。

以"世界和平组织"为例,这句话包含六个最小的音义结合体,即六个语素:"世"、"界"、"和"、"平"、"组"、"织"。它们都既有语音形式,又有意义,而且不能再行分解。如将"世"分成 s、h、i,得到的只是三个无意义的音素。

词是比语素大一级的语言单位,它由语素构成。词和语素的关系如下:

语素是最小的语言单位,词是比语素大一级的语言单位;

语素的主要功能是构成词,词的主要功能是独立用作造句或构成短语的材料;

有的词由一个语素构成,如"空、气、污、染、犹豫、巧克力"等,这些语素叫"成词语素";

有的词由两个或两个以上语素组成,如"改革、开放、信息化、网络游戏"等。

语素从语音上可分为单音节语素和多音节语素。

由一个音节构成的语素叫"单音节语素",如"读"、"说"、"听"、"写"、"呢"、"了"等。从古至今,汉语语素一直以单音节为主,单音节语素是汉语语素的基本形式。现代汉语中单音节语素占语素总量的95%以上。

由两个或两个以上音节构成的语素叫多音节语素,如"沙发、琉璃、葡萄、叮咛、蜿蜒"等。

根据构词能力的不同,单音节语素可以分为三类:

一类是既能独立成词,又能与其他语素共同构词的,如"车、站、来、去、好、坏"等。这类语素可以称为"自由语素"。

一类是不能独立成词而只能与其他语素共同构词的,如"民、卫、辉、丰、基、扩"等。这类语素可以称为"半自由语素"。

自由语素和半自由语素都有具体的词汇意义,所以是实语素,也叫"词根",它们是构词的基本成分。还有少数几个单音节语素,它们的意义已经虚化,因而自由性受到限制。它们与其他语素结合时,只作为基本成分的辅助成分,不表示词的主要意义而只表示附加意义,位置也相对固定,有的在前面,有的在后面。这类语素属虚语素,可称为"不自由语素",也叫"词缀",是词的附加成分,如"老百姓、第一、初二、石头、编者、画儿、阿姨、产业化、艺术性、语言学家"中的语素"老、第、初、头、者、儿、阿、化、性、家"的位置,或前或后是固定的,不能变换。这些辅助成分没有明显的词汇意义。

第二节 词的构造

一、单音词和多音词

任何词都有它的语音形式。从构成词的音节数量来看,词可以分为单音词、双音词和多音词。

单音词指只有一个音节的词。如"笔、书、风、头、象、高、年、火、甜、元"等;

双音词指有两个音节的词。如"会计、诗歌、电脑、研究、声母、大学、风采"等;

多音词指含有三个或三个以上音节的词。如"保育员、多媒体、网络游戏、金融危机"等;

现代汉语词汇中,绝大多数的词是双音词,双声、叠韵、叠音是双音词的三种特殊形式。

双声词指由两个声母相同的音节构成的词。如:

  仿佛 犹豫 恍惚 澎湃 参差

叠韵词指由两个韵母相同,或者韵腹、韵尾相同的音节构成的词。如:

  葫芦 叮咛 逍遥 从容 徘徊

叠音词是指由两个相同的音节重叠而成的双音词。如:

  纷纷 匆匆 默默 往往 猩猩

二、单纯词和合成词

词是由语素构成的,从词的结构方式来看,词可以分为单纯词和合成词。

(一) 单纯词

由一个语素构成的词是单纯词。

1. 由单音节语素构成的单纯词。如:

  飞 美 风 多 有 和 为 过

2. 由双音节语素构成的单纯词。这类单纯词又称连绵词,连绵词大多具有双声、叠韵和叠音这样特殊的语音形式。如:

  双声:恍惚 玲珑 忐忑 琵琶 芙蓉
  叠韵:灿烂 匍匐 喇叭 咆哮 蜿蜒

叠音：姥姥　猩猩　匆匆　悄悄　潺潺

此外，还有少量既非双声、叠韵，也非叠音的。如：

玛瑙　蝴蝶　蝙蝠　妯娌　玻璃

3. 由多音节语素构成的单纯词。如：

巧克力　迪斯科　肯德基　尼古丁　罗曼蒂克

(二) 合成词

由两个或两个以上的语素构成的词是合成词，可分为附加式合成词和复合式合成词两类。

1. 附加式合成词

由实语素和虚语素构成的词，即由一个基本成分和一个辅助成分构成的词叫做附加式合成词。实语素是它的中心部分，表示基本意义，虚语素只是附加部分，表示附加意义。根据虚语素在词中的不同位置，可以把附加式合成词分为以下两种：

(1) 前缀式　虚语素附加在实语素前边，即辅助成分在前，前一个语素为词缀，后一个语素为词根。如：

老～（老虎　老鹰　老百姓）

初～（初三　初五　初伏）

阿～（阿哥　阿姨　阿三）

第～（第一　第三组　第五个）

(2) 后缀式　虚语素附加在实语素后边，即辅助成分在后，前一个语素为词根，后一个语素为词缀。如：

～头（石头　看头　苗头）

～子（房子　孩子　垫子）

～儿（画儿　把儿　鸟儿）

～巴（尾巴　下巴　眨巴）

～化（简化　优化　个性化）

～家（作家　行家　书法家）

～民（居民　股民　回民）

～然（忽然　公然　断然）

此外，还有实语素和叠音词缀构成的词。如：

笑眯眯（的）　红彤彤（的）

绿油油（的）　香喷喷（的）

词缀是意义虚化的语素，词根是表示概念意义的语素。当词缀和词根具有同一形式时，必须注意区分是实语素还是虚语素。如"老鼠"的"老"不同于"老头"的"老"，"老鼠"的"老"是虚语素，"老头"的"老"是实语素。"老头"的"头"又不同于"船头"的"头"，"老头"的"头"是虚语素，"船头"的"头"是实语素。"船头"还是一个复合式合成词。

词缀是由词根虚化而来的。有些语素尚处于由词根向词缀演变的过程中,这样的语素可称为"类词缀",如"～员、可～、无～、反～、非～"等。

2. 复合式合成词

由实语素和实语素合成的词,即由两个基本成分构成的词叫做复合式合成词。根据它们不同的组合方式,又可分为以下五种类型:

(1) 并列式(联合式):前后两个语素意义是相同、相近、相反或相对的。

其中,有的成词后的词义与原语素义基本一致。如:

　　语言　阅读　勇猛　冷暖

有的成词后的词义不同于原语素的意义。如:

　　笔墨　东西　线索　矛盾
　　江湖　山水　皮毛　眉目

有的组词的两个语素的意义,只有一个在起作用,又叫"偏义复合词"。如:

　　国家　质量　干净　窗户
　　房屋　睡觉　床铺　忘记

(2) 偏正式:词的意义以后一个语素为主,前一个语素修饰、限制后一个语素。如:

　　深造　优点　重视　内科
　　唐诗　火车　铁路　春耕

(3) 补充式:词的意义以前一个语素为主,后一个语素补充前一个语素。其中又可分为两种类型:

一种是前一个语素表示动作或行为,后一个语素补充说明动作或行为的结果。如:

　　说明　缩小　改正　降低
　　揭露　推广　延长　认清

一种是前一个语素表示事物,后一个语素表示事物量的单位。如:

　　页码　车辆　船只　纸张
　　书本　房间　马匹　枪支

(4) 支配式(动宾式):前一个语素表示动作或行为,后一个语素是动作或行为所支配或涉及的对象。如:

　　投资　动员　鼓掌　安心
　　知己　作文　干事　失信

(5) 陈述式(主谓式):前一个语素是被陈述的对象,后一个语素是陈述说明这种事物的。如:

　　海啸　面熟　胆怯　河流
　　内秀　心疼　性急　日出

第三节 词 义

一、词义的性质和演变

(一) 词义的性质

词是语音和语义的结合体。语音是词的形式，语义是词的内容。词的意义，也称"词义"。它是词的语音形式所表达的内容，是人的主观意识对客观现象的反映。如"船"这个词，它的语音形式是"chuán"，它的意义是"水上的主要运输工具"。我们听到"船"这个词的读音，就会联想到"船"这个词的意义。

词义对客观现象的反映不是机械的、直观的，而是抽象的、概括的。词义是客观现象在人们头脑中的概括反应，是人们在长期使用语言的过程中约定俗成的。如上述的"船"的词义，所反映的并不是任何一艘船的全部属性，而只是这类事物区别于其他事物的特有属性。我们无法看见抽象的船，但抽象的船正是对形形色色的具体的船的概括。概括性是词义的一个显著特点。任何一个词的意义都具有概括性，即使是专有名词，它的词义也是概括的，如地名"北京"。正因为词义具有概括性，人们才有可能用有限的词表示千差万别的客观现象，才有可能在交际中对词义反映的现象达成共同的理解。

词是语音形式和意义内容的结合体，但词的语音形式与意义的联系不是必然的，是社会成员约定俗成的。如"医生"这个词，其语音是"yīshēng"，意义是"掌握医药知识、以治病为业的人"。这种形式与内容的联系是使用汉语的人共同确定与理解的，而在别的语言中，表示这种意义的却是另外的声音了，如英文中"医生"为"doctor"，其语音为[dɔktə]。当词义与一定的语音形成固定的联系后，任何人都不能随意更改或作别的解释，都应当按社会集体所确定的词义去理解与运用，这就是词义的社会性。词义的社会性决定了我们必须正确地理解词义，从而正确地去表情达意，正确地去理解别人的语言。

词还具有理性意义和感性意义。词义所反映的客观现象的特有属性，是词的理性意义；而理性意义之外的表达色彩，是词的感性意义。理性意义是词义的主要部分，感性意义处于相对次要的地位。如"起因"的理性意义是"事物发展的原因"，感性意义是该词的书面语色彩。

1. 理性意义　现代汉语绝大多数词都含有理性意义。实词都表示概念，因此实词的理性意义就是概念意义。如"人"的理性意义，是"能制造工具并使用工具进行劳动的高等动物"。虚词不表示概念，而只表示概念之间的关系，因此虚词的理性意义就是语法关系。如连词"而"的理性意义，是"起连接作用"，其中之一是"连接语意相反的成分，表示转折关系"。

现代汉语为数不多的叹词，既不表示概念，也不表示语法关系，而只表示感叹或呼应。如"哦、喂、唉、啊、哼、哎呀"等。叹词的意义,不论从其产生还是被感知的情况看,都是感性的,因此叹词只有感性意义,而没有理性意义。

2. 感性意义　现代汉语相当多的词带有感性意义。感性意义种类繁多,主要为感情色彩、语体色彩及形象色彩三种。

(1) 感情色彩　有些词在抽象的理性意义之外,还包含说话人对有关现象褒扬或贬斥的感情倾向,这就是词的感情色彩。

含褒义色彩的词,称"褒义词"。如:

　　英勇　牺牲　教导　公正
　　慷慨　雄伟　出色　优秀

含贬义色彩的词,称"贬义词"。如:

　　勾当　团伙　虚荣　勾结
　　阴险　放肆　吝啬　卑鄙

既无褒义色彩,也无贬义色彩的词,称"中性词"。如:

　　山脉　河流　结论　手套
　　原因　鞋袜　长短　作业

(2) 语体色彩　有些词由于常在特定的语体中使用,便带上了某种语体所特有的色彩。

含书面语色彩。如:

　　承诺　恐吓　诞辰　憧憬
　　如何　擅自　因而　尚且

含口语色彩。如:

　　拾掇　溜达　吓唬　折腾
　　纳闷儿　聊天儿　一溜烟儿

(3) 形象色彩　有些词除抽象的理性意义外,还能从字面上体现所指对象的静态特征和动态特征。

体现所指对象静态特征的词。如:

　　念珠　云海　屋脊　佛手
　　美人鱼　马尾松　鹅卵石

体现所指对象动态特征的词。如:

　　蝶泳　跳槽　下岗　出台
　　舞蹈　加油　汗颜　抛锚

体现所指对象颜色的词。如:

　　碧空　蓝领　银鱼　映山红
　　彩票　黄牌　白药　黑心

体现所指对象声音、味觉、嗅觉特征的词。如:

轰隆　哗哗　布谷鸟　乒乓球
　　甜丝丝　酸溜溜　香喷喷
形象色彩来自历史典故的词。如：
　　推敲　知音　借鉴　东道主
　　矛盾　城府　染指　马大哈

（二）词义的演变

词义与社会的发展分不开，是一个历史范畴。历史的演进，社会的发展，人们对客观事物的认识必然在某些词的理性意义或感性意义上有所反映，因此反映客观事物或现象的词也会相应地发生变化。

1. 词的理性意义的演变

词的理性意义的发展变化，主要体现在词义的扩大、词义的缩小及词义的转移三个方面。

（1）词义的扩大——词的理性意义范围由小到大。如：

　　江　古代专指长江，现在泛指一切江河。
　　脸　本义指眼睛下面的一小部分，后来扩大到指整个面部。
　　货　本义专指钱财，后来扩大到指一切有价值的东西。本义至今保留在成语"杀人越（抢劫）货"中。
　　品位　本义专指"矿石中有用元素或它的化合物含量的百分率"，现在泛指某人或某一物品的水平和质量。
　　果实　本义专指植物结的果实，后来扩大到指工作中的成就、成果。
　　岗位　本义专指军警守卫的处所，后来扩大到指各种职位，并由此派生出"上岗"、"转岗"、"下岗"等新词语。
　　屏障　本义专指屏风、围帐一类用来隔断视线的东西，后来扩大到指一切像屏风那样遮挡着的东西。

（2）词义的缩小——词的理性意义范围由大变小。如：

　　汤　本义泛指热水，现在专指饭桌上的汤。本义至今保留在成语"赴汤蹈火"中，吴语中也仍在使用。
　　怜　本义有"爱"和"怜悯"两个词义，现在只用"怜悯"这一词义，"爱"这一词义至今保留在成语"摇尾乞怜"中。
　　厌　本义有"满足"和"憎恶"两个词义，现在只用"憎恶"这一词义，"饱"这个词义至今保留在成语"贪得无厌"中。
　　金　本义泛指一切金属，如《荀子·劝学》中"金就砺则利"的"金"，现在只指贵重的金子。
　　勾当　宋元时有"办事"和"事情"两个词义，后来只用"事情"这一词义，现在又仅指坏的事情。
　　文章　本义表示华美的色彩或花纹，现在只指用文字写成的作品。

(3) 词义的转移——词的理性意义由指称甲事物转为指称乙事物。如：

社会　古代指春季或秋季社日祭祀土神的集会，现指由一定的经济基础和上层建筑构成的整体。

牺牲　古代指祭祀时用来做祭品的牲畜，如《曹刿论战》"牺牲玉帛，弗敢加也"中的"牺牲"，现在转指为了某一正义事业而舍弃生命或利益。

温馨　原义是"温暖馨香"，适用范围限于花花草草；现在泛指一种温暖而亲切的感觉，主要描述人际关系和生存环境。

斟酌　原指斟酒，现在转变为"考虑"的意思了。

2. 词的感性意义的演变

词的感性意义的发展变化，主要体现在中性词变为褒义词和中性词变为贬义词两方面。词的感情色彩的变化多数也是一种词义的缩小，但其修辞功能更为突出。

(1) 中性词变为褒义词。如：

学者　本义指求学的人，后来专指在学术上具有较高造诣的人。

圣　本义指通晓事物，后来专指具有最高道德和智慧的人。

贤　本义指多才、多财，后来专指在道德和智慧方面仅次于圣人的人。

德　本义泛指品质，包括好坏两个方面（《尚书·盘庚下》有"凶德"、《左传·庄公三十二年》有"凉德"、《伪古文尚书·泰誓》有"秽德"，都是指坏的品质），后来才专指好的品质。

(2) 中性词变为贬义词。如：

爪牙　原本喻指勇士，先秦时多用来称呼武将，现代汉语中才有"帮凶"的含义。

贿赂　上古泛指财物，汉代才开始指用财物买通别人和用来买通别人的财物，《诗·卫风·氓》"以我贿迁"，句中的"贿"指的便是"财物"。

检讨　原义为"查核"、"整理"，直至清代，翰林院有检讨一职，使用的仍是原义。二十世纪前期多用作"总结研讨"之意；还是个中性词，后期便侧重指检查错误的思想言行，带有明显的贬义。

二、词的本义和基本义

词的本义是就历史来源而言的，指词的最初意义，例如"亡"本指逃亡，这一词义至今仍保留在成语"亡羊补牢"中。词的基本义是就现代的使用情况而言的，指词在现代汉语中的常用意义，例如"亡"现在的基本义是"死亡"。

词的本义与基本义不同，这两个概念是从不同的角度和不同的范围说明词义的。基本义指多义词的最基本最常用的意义，是在现代汉语范围内；本义要追根寻源,是指词的最初的意义,往往涉及古代汉语问题。

从实际情况来看,词的本义和基本义有时是一致的。譬如:"老"的本义是"年纪大","年纪大"也是"老"的基本义;"火"的基本义和本义都是"物体燃烧时所发的光和焰"。但词的本义和基本义也有不完全相同甚至截然不同的情况:有的基本义大于本义,如"河"的基本义包括"天然的或人工的大水道",但"河"的本义却只指黄河;有的基本义小于本义,如"虫"的基本义指昆虫,而本义则指动物;还有的基本义和本义截然不同,如"去"的基本义是"从所在地到别的地方",而本义却指"离开"。

学习词的本义便于掌握多义词的多个义项。多义词的词义都是从一个本义直接或间接发展出来的,掌握了多义词的本义,根据具体的语言环境,可以推断出那些发展引申出来的意义。

三、同音词和多义词

1. 同音词是指声、韵、调完全相同而词义完全不同的一组词。同音词可以是同音同形的,例如:

bái：白¹：颜色
　　　白²：说明　陈述
　　　白³：错误
bié：别¹：分别
　　　别²：插、挂
　　　别³：不要
dòu：逗¹：引逗
　　　逗²：停留

zhàn：站¹：站立
　　　　站²：车站　站台
lìng：令¹：命令
　　　　令²：时节
　　　　令³：美好
　　　　令⁴：小令
pèifāng：配方¹：根据处方配药
　　　　　配方²：配平方

同音词也可以是同音异形的,例如:

biàn：变—便—遍—辨—辩—辫
duàn：段—断—锻—缎—椴—煅
xíngshì：形式—形势—形事
gōngshì：公事—工事—攻势—公式
dānjià：单价—担架　　tiáolǐ：调理—条理
shùmù：数目—树木　　huìhuà：会话—绘画
shìchǎng：市场—试场　yóuchuán：游船—油船

至于形同音近的情况则不能称同音词,如"参 shēn"、"参 cān"与"参 cēn"不构成同音词。

2. 多义词有多个意义。只有一个意义的词,叫"单义词";有多个意义的词,叫"多义词"。多义词是由单义词发展而来的。一个词刚产生时,它的意义总是单一的,但由于客观现象之间的联系性,人们往往可用同一个词表示几种相互联系的客观现象,这就使同一个词产生几个相互联系的意义,从而形成了多义词。它有着互相联系的多个不同意义。如"深"有三个意义:

① 表从上到下或从外到里的距离大:

大海大海我问你,你有多深有多宽……

② 表感情深厚:

桑木扁担轻又轻,千里送茶情意深。

③ 表程度高:

我渴望自由

但我深深的知道——

人的身躯怎能从狗洞里爬出!

再举一个例子,"学"这个词有五个互相联系的意义:

① 学习:如"要学好汉语"

② 模仿:如"学鸡叫"

③ 学问:学到的知识,如"学有所成"

④ 学科:如"政治经济学"

⑤ 学校:如"上学去"

再如"讲"这个词,主要有以下五个意义:

① 解释、说明:如"这堂课主要讲苯的分子结构"。

② 说:如"我讲不出来,怎么办呢?"

③ 讲究:如"讲卫生,懂礼貌"。

④ 商量、商议:如"讲价格"。

⑤ 就某方面说:如"讲贡献,不讲报酬"。

多义词的表达和理解,往往要依赖语境。一般地说,多义词所包含的各个意义适用于不同的语境,因此我们可以借助特定的语境来确指其中一个意义。例如"发"一词:

① 揭发事实真相。(打开,揭露)

② 发问、发言、发誓。(表达,说出)

③ 已经发了邮件。(交付,送出)

④ 发汗、蒸发。(散开,分散)

⑤ 发热、发昏。(觉得,感到)

⑥ 脸上发黄。(显出,显得)

⑦ 发芽、发病。(出,生)

⑧ 发动机器、队伍出发。(开始动作)

如果把多义词所包含的不同意义用于同一语境,就会产生歧义。例如"我们脚下的路多么长啊",若仅凭这句话所提供的语境,我们便无法确定其中的"路"是指"具体的行进路程",还是指"人生的路程"。在交际中,除了"双关"的修辞手法外,要避免这种歧义现象。

同音词和多义词的共同点,在于二者都是用同一语音形式表示不同的意义内容。二者的区别在于:同音词是表示不同意义的一组词;多义词是表示不同意义的一个词;同音词所表示的不同意义之间却没有联系或没有明显联系,而多义词所表示的不同意义之间存在着明显的联系。

第四节　同义词和反义词

一、同义词

同义词是指意义相同或相近的一组词;对同一客观事物,人们可以用一个词来指称,也可用不同的词来指称。不同的词因指称同一客观事物而形成同义关系。

(一) 同义词的性质

同义词一般分为两大类。

1. 等义词

各个词在意义上几乎完全相等,在应用上可以相互替换,也叫绝对同义词。例如:

  土豆—马铃薯　　　维他命—维生素
  互相—相互　　　　抵达—到达
  玉米—包米　　　　演讲—讲演
  嗓子—喉咙　　　　自行车—脚踏车

2. 近义词

各个词意义基本相同,但是有细微差别,也叫相对同义词。例如:

  愿望—希望　　　　分辨—辨别
  企图—打算　　　　英勇—勇猛
  交流—交换　　　　平常—平凡
  表现—体现　　　　家属—家族
  优良—优秀—优异　　损害—伤害—危害
  解除—废除—消除　　迎合—阿谀—奉承

注意,下面这组中各对词的对象只是相关而并不相同,因此不是同义词。

  拓本—书本　　　　制服—军服
  花卉—花朵　　　　锋利—流利
  掩埋—掩护　　　　拘泥—水泥
  文人—文豪　　　　窗户—门户

（二）同义词的作用

1. 在上下文中恰当地选用同义词，可避免用词不当、语意重复和行文呆板。

如："看"的同义词有"望、瞧、瞥、瞪、瞟、盯、窥、瞰"，但情况不同，用词也不同。

向远处看——"望"	仔细地看——"观察"
一般地看——"瞧"	向上看——"仰望"
很快地看——"瞥"	向下看——"俯视"
睁着眼睛看——"瞪"	向四周看——"张望"
斜着眼看——"瞟"	聚精会神地看——"凝视"
视力集中地看——"盯"	从高处往下看——"鸟瞰"
从缝隙中偷偷地看——"窥"	从高处往远处看——"眺望"

又如："真的猛士敢于直面惨淡的人生，敢于正视淋漓的鲜血。"

这里"直面"和"正视"的变化，不仅避免了字面上的重复，还形成了对偶，增强了表达的效果。

2. 灵活使用同义词有助于更好地刻画人物个性和心理活动。

如："孔乙己便涨红了脸，额上的青筋条条绽出，拼命辩道：'窃书不能算偷……窃书！……读书人的事，能算偷吗？'"

这里"偷"和"窃"本是同义词，"偷"是口语，"窃"是书面语。孔乙己只承认窃书却不承认偷书，生动地刻画了封建礼教下穷困潦倒旧知识分子迂腐、顽固、死要面子的心理特征。

3. 在具体的语境中，推敲同义词的同中有异，选择最恰当的词语，更能增强语言的精确性和表现力。

如："然而即日证明是事实了，作证的便是她自己的尸骸。还有一具是杨德群君的。而且又证明这不但是杀害，简直是虐杀。"

这里"杀害"和"虐杀"同中有异，程度加深，准确而有力地揭露了反动政府的凶残与卑鄙。

4. 同义词连用可以强化语气，增强语言的表达效果。

如："倚着石栏杆一望，好啊！这方圆二百里的高原上的大湖，浩浩荡荡，莽莽苍苍，湖心飘着几片渔帆，实在好看。"

这里，"浩浩荡荡"与"莽莽苍苍"并列使用，描写出湖面的浩大与辽远，使表达充分、圆满。

（三）同义词的辨析

同义词的辨析可以从感情色彩、语体色彩、语音轻重、范围大小、搭配对象和词性与句法功能六个方面进行辨析：

1. **感情色彩不同** 有些同义词所指的对象虽然相同，但在感情色彩上却有差异。如"掩护—掩饰—掩盖"，都是指"掩藏，不暴露"，但"掩护"包含了对所表对象肯定赞赏的倾向,是褒义词;"掩饰"不包含任何褒贬倾向,是中性词;"掩盖"着重于用虚伪的手段文过饰非,包含了对所表对象否定贬斥的倾向,是贬义词。又如：

  团结—勾结　　　　顽强—顽固
  保护—庇护　　　　依靠—依赖
  行为—行径　　　　成果—后果
  鼓动—煽动　　　　果断—武断

  2. **语体色彩不同**　有的词适用于口语,带有通俗的色彩;有的词适用于书面语,带有庄重的风格色彩;有的词则通用于口语和书面语。如"拾掇—打扫—扫除",都有"清扫杂物、脏物"的意思;但三者的语体色彩却分别是口语的、通用的和书面语的。又如：

  小气—吝啬　　　　害怕—畏惧
  妈妈—母亲　　　　吓唬—恐吓
  盘算—计划　　　　拾掇—整理
  溜达—散步　　　　剃头—理发

  3. **语意轻重不同**　有些同义词所指的对象虽然相同,但所表现的程度却有差异。如"申明—申述—申说",都表示"把自己的理由、观点向别人说清楚,使别人明白";但"申说"只表示把自己的意愿、理由等说明一下,不如"申明"郑重,也不如"申述"那么详细和正式。又如：

  功劳—功勋　　　　缺点—错误
  损坏—破坏　　　　准确—精确
  爱好—嗜好　　　　轻视—蔑视
  灵活—灵巧　　　　希望—期望

  4. **范围大小不同**　有些同义词所表示的范围有大有小,有包容与被包容的关系。如"事情—事件—事迹"这几个同义词,"事情"指人类生活中的一切活动和所遇到的一切社会现象。"事件"指历史上或社会上发生的不平常的大事情,其范围较"事情"小。而"事迹"则是指个人或集体过去做过的比较重要的事情,范围最小。再如：

  观看—观赏　　　　灾难—灾荒
  时期—时间　　　　年代—年月
  边疆—边境　　　　性质—品质
  导致—致使　　　　局面—场面

  5. **搭配对象不同**　有些同义词所指的对象虽然相同,但各词所搭配的对象却不尽相同。如"领略"和"领会"都有理解、认识、体会之意,但"领略"着重感情上的体验和欣赏,可连接"风光、风味"等一些的具体事物的名词;"领会"着重指理性上的了解、体会,可连接"精神"等抽象事物的名词。又如：

改进—改善　　　　担任—担负
发挥—发扬　　　　执行—履行
侵占—侵犯　　　　保护—保卫
爱戴—爱护　　　　交换—交流

6. **词性与句法功能不同**　同义词的不同往往体现在词性、在句中充当的成分和所起的作用不同上。如：

阻碍　动词，作谓语，如"阻碍交通"。
障碍　名词，作主语、宾语，如"障碍已经排除了"。
突然　形容词，除作状语外，可作谓语、宾语、定语，如"事情发生得太突然"。
猛然　副词，只能做状语，如"他猛然醒悟了"。
拘泥　动词，如"这个人突然拘泥不安起来"。
拘谨　形容词，如"他是个拘谨的人，从不和人随便谈笑"。
深刻　形容词，如"要记住这次深刻的教训"。
深入　动词、形容词，如"这个问题需要作深入的调查研究"。
申明　动词，如"我们要尽快申明理由"。
声明　动词、名词，如"他们今天发表了联合声明"。

二、反义词

反义词是指那些意义相互矛盾或相互对立的词；它分为绝对反义词和相对反义词。逻辑上的矛盾关系和对立关系，是构成反义词的客观基础。

（一）反义词的性质

1. **绝对反义词**　建立在矛盾关系上的反义词，二者之间是非此即彼的关系，不存在中间状态。如：

公—私　　　动—静　　　有—无
曲—直　　　反—正　　　生—死
正确—错误　团结—分裂　和平—战争

"公"和"私"是绝对排斥的。不是"公"，就是"私"。不存在既不是公、也不是私的第三种状态。

2. **相对反义词**　建立在对立关系上的，但两者并不互相否定。如：

多—少　　　长—短　　　收—发
买—卖　　　嫁—娶　　　来—去
进来—出去　喜欢—厌恶　多数—少数

组成反义词的一对词在意义上同属一个范围。如"多、少"都是指数量，"长、短"都是指长度，就这一方面来讲，它们是互相关联的。但两者意义刚好相反，因此它们又是彼此相对的。另要注意的是，一个词和它的否定形式不构成一组反义词。如"正确"的反义词不是"不正确",而是"错误"。

由于相对反义词是建立在对立关系上的,两者之间尚有中间状态的概念,因此肯定一方必否定另一方,而否定一方不等于肯定另一方。如:

大—小　　　高—低　　　粗—细
好—坏　　　冷—热　　　软—硬
伟大—渺小　快乐—痛苦　前进—后退

"大"和"小"是相对反义的。说"大",就是否定了"小",说"小"也就否定了"大"。但不是大的,却不一定是小的,因为还可能是稍大的、稍小的等等。

部分词的反义词不止一个。如果是多义词,就可能有几个反义词。如:

快(锋利)—钝　　宽绰(面积宽度)—狭窄
快(速度)—慢　　宽绰(生活富裕)—穷困
开(开启)—关
开(张开)—闭

(二) 反义词的辨析

有的反义词所表示的对象本身,并没有严格的矛盾对立关系,但由于人们习惯于将它们看作相反的现象,因此它们也成了汉语中的反义词。如:

春—秋　　冬—夏　　东—西
黑—白　　手—脚　　南—北

由于反义词是语言现象,因此它的构成还必须符合语言习惯,而不能完全依赖逻辑规则。例如"懒—不懒"、"明亮—不明亮"、"和平—不和平",在逻辑上虽具有反义关系,但在语句上却不构成反义词,因为"不懒、不明亮、不和平"是短语而不是词。

有些词在一定的语言环境中进行对比,能表现出相对或相反的反义关系;如果离开这个语境,它们的意义却并没有明显相反或对立的关系,这就不能看成是反义词。例如:

"我们的痈疽,是它们的宝贝,那么,他们的敌人当然是我们的朋友了。"

"沉默呵,沉默呵! 不在沉默中爆发,就在沉默中灭亡。"

这两句话中的"痈疽"和"宝贝"、"爆发"和"沉默",在强烈的对比中,构成了反义关系,表现了作者的针砭之意和强烈的感情,这是一种修辞现象。离开了上下文,"痈疽"和"宝贝","爆发"和"沉默"并无明确的反义关系,它们不构成反义词。

(三) 反义词的作用

1. 巧妙地运用反义词,可以使语言精辟,寓意深刻。

如:"虚心使人进步,骄傲使人落后。
　　　失败乃成功之母。"

2. 反义词可以揭示客观事物的对立矛盾,形成鲜明的对比。

如:"母亲没有灰心,她对穷苦农民的同情和对为富不仁的反感却更强烈了。"

在这里作者用了一组反义词"同情"和"反感",鲜明地表现了母亲的阶级感情。

3. 正确地运用反义词,可使语言表达更加细腻,逻辑性强。

如:"我党在幼年时期,我们对于马克思列宁主义的认识和对于中国革命的认识是何等肤浅,何等贫乏,则现在我们对于这些的认识是深刻得多,丰富得多了。"

句中用两组反义词"肤浅—深刻"、"贫乏—丰富"来阐述我党"现在"与"幼年时期"相比的巨大进步,表达寓意深,逻辑性强。

第五节 词汇的构成和发展

一、基本词汇和一般词汇

(一) 基本词汇

基本词汇是词汇中最主要的部分,它和语法一起构成语言的基础,体现语言的本质特征。基本词汇是基本词的综合。基本词汇所包含的词比一般词汇少得多,但却重要得多,因为基本词使用率高、流行面广、生命力强。

例如:

表示时令、方位的:年 月 日 春 夏 前 后 左 右 上 下 东 南 西 北

表示自然现象的:天 地 山 河 水 火 冰 雷 雨 雾 电 花 草 树

表示行为、变化的:听 说 读 写 笑 讲 唱 弹 看 想 走 跑 吃 生 死

表示性质、状态的:高 低 尖 硬 软 长 短 胖 瘦 好 甜 苦 丑 美 绿

表示亲属关系的:爷爷 奶奶 爸爸 妈妈 哥哥 姐姐 妹妹 弟弟 舅舅 姑姑

表示生活与生产资料的:柴 米 油 盐 茶 菜 布 锅 碗 灯 车 船 桥

表示人体各部分的:头 眼 鼻 口 嘴 耳 手 脚 指 心 肺 血 泪 汗

表示数量的:一 三 个 十 百 千 万 亿 斤 两 米 尺 寸 元 角 分

表示程度、范围、关联、语气的：很　都　把　和　与　但　而　的　了　啊　呢　吧

稳固性、全民性是基本词汇的突出特点：

1. 稳固性

基本词汇具有稳固性，是由于它所表示的事物和概念都是极为稳定的，而且是人们社会生活所必不可少的。

基本词汇中的词语一般都有较长的历史，甲骨文中已出现的词，如"一、十、头、口、手、脚、牛、马、羊、家、门、天、地、上、下、左、右、大、小"等，直到现代仍频繁使用，人们并不觉得这些词汇有多么古老，而且这些年代久远的基本词汇依然会在历史发展进程中被继续使用。

2. 全民性

基本词汇具有全民性，是由于基本词汇流行地域广，使用频率高，为全民族所共同理解。它不受阶级、行业、地域、文化程度等诸方面的限制。一个人可以因文化程度的限制而不使用某些古语词，也可以因行业限制而不用某些行业用语，也可以因地域限制而不用某些方言词，但却不能不用基本词，否则在社会生活中是无法进行交流沟通的。

基本词汇中有些词还具有很强的构词能力。例如，以"天"为词根的常用词约有260多个；以"人"为词根的常用词约有420多个。不过，构词能力并不是基本词的普遍特点，一些基本词汇中的固定短语、虚词，以及实词中的代词、副词、量词，或者说大多数双音节词，都不具备构词能力。

（二）一般词汇

词汇中除基本词以外的部分，统称一般词汇。人们在交际中要说明复杂的社会现象，要表达丰富的思想感情，仅用基本词汇是无法表达清楚的，还需要用大量的非基本词汇即一般词汇。如：

在科学领域中使用的大量非基本词汇："科学、科研、试验、仪器、溶点、化合、分解、离子、研究、成果"等词；

在教学领域中使用的大量非基本词汇："教学、教师、学生、课堂、备课、教案、讲义、作业、考试、自习"等词；

在数学领域中使用的大量非基本词汇："数学、奇数、偶数、基数、倍数、序数、概数、约数、分数、对数"等词；

以上这些词汇虽不属基本词汇范畴，但是人们在相应的领域里进行社会生产、实践交流等活动中是离不开这些一般词汇的。

一般词汇没有基本词汇那样稳固，但却具有很强的灵活性，能够适应不同时代、不同阶层人们的需要。社会的发展变化，在语言中首先是体现在一般词汇上面，在社会的重大变革时期更是如此。例如：

战争时期：战役　围剿　手榴弹　新四军　解放区　野战医院
建国初期：土改　肃反　大跃进　三反五反　互助组　人民公社
"文革"时期：红卫兵　大字报　走资派　文攻武斗　斗私批修　反帝防修
改革开放以来：四化　承包　大款　下海　走穴　合资　官倒　经济开发区
　　　　　　　小康　股票　炒房　汇率　纳米　招商引资　科学发展观

一般词汇所包含的词的数量远远大于基本词汇的数量。正如前面所列举的，以"人"和"天"构成的常用词有700多个，其中只有一、二十个可归入基本词汇，其余绝大多数仍属一般词汇。一般词汇不一定为全民所普遍掌握，人们往往习惯于掌握那些与自己的环境和素养密切相关的一般词语，因而表现出不同的词汇量和语言风格。

基本词汇与一般词汇是相互依存、相互渗透的。基本词汇中的基本词如果丧失了原有的特点，便会转入一般词汇，如"轿"、"衙门"、"百姓"等；相反，本来属于一般词汇的词，如果逐渐取得稳固性和全民性，也可以进入基本词汇，如"电视"、"电脑"、"网络"等。

二、熟语

词汇的组成单位除了词以外，还有熟语。熟语是语言中常用而定型的，人们习用的具有较完整意义的短语或句子，多为四字格式。它是人们长期以来习用的约定俗成的语言单位。"短语"指成语、惯用语和歇后语；"句子"指谚语和格言。

熟语虽然是大于词的短语，但又明显不同于可按语法规则自由组合的短语，因为它的结构具有固定性，在句子中的作用相当于一个词。熟语具有丰富的内容和紧凑的结构形式，它是人们认识的成果。在悠久的语言实践中，它逐渐积累，而又得到普遍的运用，具有很强的表现力。熟语有三个特点：

第一，结构定型　都是以一个完整的定型的结构形式出现，并且具有一定的稳定性；

第二，意义完整　所表示的意义，一般都不是字面意义的简单相加，绝大部分都是抽象概括化了的，总是以一种特定的整体意义出现的；

第三，充当语言的备用单位　都是组句的备用材料，它们的作用相当于词。

（一）成语

成语是一种相沿袭用的具有书面语色彩的固定短语。成语以"四字格"为基本形式，但也有非"四字格"的。

1. 成语的来源　从年代上看，有自古沿用的，也有现代产生的；从地域上看，绝大多数是本民族的，也有极少数来自外民族的。

（1）自古沿用的成语

这类成语数量很多，它们的来源可分为出自古代典籍的和出自古代大众口语的两种。

神话寓言　如：夸父逐日(《山海经·海外北经》)
　　　　　　　女娲补天(《淮南子·览冥训》)
　　　　　　　螳臂当车(《庄子·人间世》)
　　　　　　　刻舟求剑(《吕氏春秋·察今》)
　　　　　　　塞翁失马(《淮南子·人间训》)
　　　　　　　叶公好龙(《新序·杂事》)
　　　　　　　井底之蛙(《庄子·秋水》)
　　　　　　　愚公移山(《列子·汤问》)
　　　　　　　守株待兔(《韩非子·五蠹》)
　　　　　　　天衣无缝(《灵怪录·郭翰》)
历史记载　如：退避三舍(《左传·僖公二十三年》)
　　　　　　　狡兔三窟(《战国策·齐策四》)
　　　　　　　四面楚歌(《史记·项羽本纪》)
　　　　　　　芒刺在背(《汉书·霍光传》)
　　　　　　　老当益壮(《后汉书·马援传》)
　　　　　　　闻鸡起舞(《晋书·祖逖传》)
　　　　　　　口蜜腹剑(《资治通鉴·唐天宝元年》)
　　　　　　　模棱两可(《旧唐书·苏味道传》)
诗文名句　如：辗转反侧(《诗经·周南·关雎》)
　　　　　　　九牛一毛(司马迁《报任安书》)
　　　　　　　街谈巷议(张衡《西京赋》)
　　　　　　　李代桃僵(《乐府诗集·鸡鸣》)
　　　　　　　老骥伏枥(曹操《步出夏门行》)
　　　　　　　黯然销魂(江淹《别赋》)
　　　　　　　高朋满座(王勃《滕王阁饯别序》)
　　　　　　　扬眉吐气(李白《与韩荆州书》)
　　　　　　　鸡犬不宁(柳宗元《捕蛇者说》)
　　　　　　　水落石出(苏轼《后赤壁赋》)

以上这些来自古代典籍的成语，有两种形成方式：

一是直接援用的。例如：

　　兢兢业业　《诗经·大雅·云汉》："兢兢业业，如霆如雷。"
　　发号施令　《尚书·冏命》："发号施令，罔有不臧。"
　　锲而不舍　《荀子·劝学》："锲而不舍，金石可镂。"
　　运筹帷幄　《史记·太史公自序》："运筹帷幄之中，制胜于无形。"
　　崇山峻岭　《兰亭集序》："此地有崇山峻岭、茂林修竹。"
　　礼贤下士　《新唐书·李勉传》："其在大官，礼贤下士，终始尽心。"

二是经过加工的。例如：

　　明哲保身　《诗经·大雅·烝民》："既明且哲，以保其身。"
　　鞭长莫及　《左传·宣公十五年》："虽鞭之长，不及马腹。"
　　妻离子散　《孟子·梁惠王上》："父母冻饿，兄弟妻子离散。"
　　舍生取义　《孟子·告子上》："生，亦我所欲也；义，亦我所欲也。二者不可得兼，舍生而取义者也。"
　　短兵相接　《楚辞·九歌·国殇》："车错毂兮短兵接。"
　　重蹈覆辙　《后汉书·窦武传》："今不虑前事之失，复循覆车之轨。"

（2）来自古代大众口语的通俗易懂的成语。例如：

　　不痛不痒　　狼子野心　　粗茶淡饭
　　道听途说　　水到渠成　　节外生枝
　　七嘴八舌　　一刀两断　　饥不择食

2. 现代产生的成语

这类成语随着社会的发展而不断增加的，它们与现在生活关系密切，因此理解起来比较容易。例如：

　　扬眉吐气　　一穷二白　　百花齐放
　　史无前例　　上山下乡　　拨乱反正
　　推陈出新　　标新立异　　招商引资

3. 吸收外来文化形成的成语

这类成语数量不多，如"象牙之塔"，源于法国17世纪文艺批评家圣佩韦批评消极浪漫主义诗人维尼的话；"火中取栗"，出自法国作家拉·封丹的寓言《猴子与猫》；"一尘不染"、"回头是岸"来自佛经。

成语虽以"四字格"为基本形式，但也有少于或多于四字的。

少于四字的如：

　　父子兵　　一言堂　　门外汉　　闷葫芦
　　鸟兽散　　破天荒　　想当然　　莫须有

多于四字的如：

　　疾风知劲草　　　　　擒贼先擒王
　　杀鸡焉用牛刀　　　　手无缚鸡之力
　　解铃还需系铃人　　　醉翁之意不在酒
　　放下屠刀，立地成佛　金玉其外，败絮其中

（二）成语的运用

成语言简意赅，使用得当，可以收到简洁、生动的表达效果。例如：

　　在朝鲜战场上中朝人民军队打了胜仗，我不是觉得扬眉吐气而是提心吊胆，担心美国人会扔原子弹。
　　　　　　　　　　　　　　　　　　　　　　　（溥仪《我的前半生》）

"扬眉吐气"和"提心吊胆"两个成语,言简意赅地表现了作者当时复杂而反常的心理;若说成"高兴、振奋"和"担心、恐惧"之类,就不如原句贴切、生动。

运用成语,应注意以下几点:

1. 必须在了解成语的字面意义的基础上弄清它的实际意义。

如"亡羊补牢"的实际意义是"事情出了差错,再设法去补救";"胸有成竹"的实际意义是"考虑周到很有把握"。

对于那些有历史典故的成语,如"鹬蚌相争"、"两袖清风"等,若能了解整个故事情节,将有助于更深入地理解其含义。有些成语带有感情色彩,如"深思熟虑"与"处心积虑","再接再厉"与"变本加厉","无微不至"与"无所不至","自食其力"与"自食其果","侃侃而谈"与"夸夸其谈"等,都是前者含褒义,后者含贬义,使用时要仔细辨别它们之间的差异。

2. 成语的结构具有固定性,一般不能任意扩展、颠倒或替换。如将"螳臂当车"改为"以螳臂当车","无的放矢"改为"无靶放箭","七上八下"改为"九上十下"等,都是不妥的。当然,在特定的语言环境中,为达到某种修辞目的,可以临时改造成语。如"急流勇退"改为"急流勇进",就是反义仿造的修辞手法。

3. 成语有确定的字形和读音,不能写错读错。例如,"病入膏肓"的"肓"不能写成"盲","变本加厉"的"厉"不能写成"利";"发人深省"的"省(xǐng)"不能读 shěng,"良莠不齐"的"莠 yǒu"不能读 xiù。

(二) 惯用语

惯用语是口语中表达整体意义的短小定型的习惯用语。通俗、生动是惯用语的主要特色。例如:

  穿小鞋 夸海口 磨洋工 白眼狼
  敲竹杠 背黑锅 打官腔 随大流
  小报告 鬼门关 聚宝盆 狗咬狗
  地头蛇 掉书袋 口头禅 笑面虎
  露马脚 压轴戏 三把火 钻空子
  跑龙套 打秋风 敲门砖 走江湖
  开倒车 打游击 放空炮 吹牛皮
  敲边鼓 捞油水 开绿灯 炒鱿鱼
  踢皮球 扣帽子 铁交椅 大锅饭
  吃闭门羹 打退堂鼓 泼冷水 醋坛子
  皮笑肉不笑 吹胡子瞪眼 唱对台戏
  横挑鼻子竖挑眼 跳进黄河洗不清
  死马当作活马医 不管三七二十一
  一家人不说两家话 求爷爷告奶奶

有些动宾结构的惯用语,可以适当扩展。例如:

跑龙套——跑了一辈子龙套
挖墙脚——挖社会主义墙脚
碰钉子——碰了个大钉子
钻空子——钻法律的空子
拖后腿——拖了大家的后腿

(三) 歇后语

歇后语是由前后两部分构成的固定短语。前一部分是比喻或隐喻,类似于谜面,后一部分是对前一部分的解释说明,类似于谜底。前后两部分之间有停顿,书面上可用破折号表示。后一部分常不说出来、让人猜想其含义,所以叫做"歇后语"。

根据后一部分的作用,歇后语可分成表义的和谐音的两大类:

1. 表义的歇后语

例如:老鼠过街——人人喊打
　　　水中捞月——一场空
　　　竹筒倒豆子——一干二净
　　　小和尚念经——有口无心
　　　快刀切豆腐——两面光
　　　十五个吊桶打水——七上八下
　　　懒婆娘的裹脚布——又臭又长
　　　周瑜打黄盖——一个愿打,一个愿挨

2. 谐音的歇后语

例如:上鞋不用锥子——针(真)好
　　　孔夫子搬家——尽是书(输)
　　　外甥打灯笼——照舅(旧)
　　　四两棉花——没法弹(谈)
　　　韭菜拌豆腐——一青(清)二白
　　　腊月里的萝卜——冻(动)了心
　　　旗杆顶上绑鸡毛——好大的撢(胆)子

说话写文章能恰当地运用歇后语,可使语言生动诙谐、饶有趣味,生活气息很浓,所以常用来在口语中打趣或调节气氛。运用歇后语不但要选取内容健康的,还要切合所表达的意思和特定的语言环境。

(四) 谚语

谚语是人民群众口头上流传的通俗而含义深刻的固定短语。由于它是人民智慧的结晶,一般都能揭示客观真理。例如:

人心齐,泰山移。

机不可失,时不再来。

吃饭防噎，行路防跌。

众人拾柴火焰高。

天下乌鸦一般黑。

树倒猢狲散。

天下无难事，只怕有心人。

三百六十行，行行出状元。

若要人不知，除非己莫为。

人不可貌相，海水不可斗量。

吃不穷，穿不穷，不会计算一世穷。

势不可使尽，福不可享尽，便宜不可占尽，聪明不可用尽。

谚语和成语的区别主要在于：在逻辑上，成语一般表示概念，而谚语则表示判断和推理；在语法上，成语一般用作句子成分，而谚语则是独立的句子；在修辞风格上，成语大多显得典雅，而谚语大多显得通俗。此外，农谚往往带有地域性，而成语则具有全民性。

（五）格言

格言是具有教育意义的警句。一般是出于名人之手，而又在群众中广泛流传的语句。例如：

兼听则明，偏信则暗。　　　　　　　　（《资治通鉴·唐纪八》）

合抱之木，生于毫末；九层之台，起于累土；千里之行，始于足下。

（《老子》六十四章）

知彼知己，百战不殆。　　　　　　　　（《孙子·谋攻》）

夫君子之行，静以修身，俭以养德。非淡泊无以明志，非宁静无以致远。　　　　　　　　　　　　　　　　　（诸葛亮《诫子书》）

业精于勤荒于嬉。　　　　　　　　　　（韩愈《进学解》）

先天下之忧而忧，后天下之乐而乐。　　（范仲淹《岳阳楼记》）

不怕的人面前才有路。　　　　　（鲁迅《随感录六十三"与幼者"》）

知识就是力量。　　　　　　　　　　　　　　　　　（[英]培根）

时间就是生命。　　　　　　　　　　　　　　　（[美]富兰克林）

不幸，是天才的进身之阶、信徒的洗礼之水、能人的无价之宝、弱者的无底深渊。　　　　　　　　　　　　　　　　（[法]巴尔扎克）

一个人追求的目标越高，他的才能就发展得越快，对社会就越有益。

（[俄]高尔基）

格言在形式上与谚语相似，都是完整的句子，在内容上一般都具有教育意义。从来源看，谚语多出自群众创作，格言往往是名人语录。从语体看，谚语多为口语，格言多为书面语。从表达方式看，格言多是正面规劝，意在阐发事理，所以，格言思想深刻，语言精警，耐人寻味。在议论中引用格言，能增强说服力。

三、词汇的发展变化

汉语的词汇是不断变化和发展的,这是与社会的发展、新事物的不断产生以及信息交流的畅通相适应的。词汇的变化主要表现在新词增加、旧词消失、旧词发生变化几个方面。词汇发展的主要途径是创新与吸收。所谓创新,是指利用已有的构词材料和构词方式创造新词;所谓吸收,是指从古代汉语、外来语、方言和某些行业中吸收所需要的词语。

(一) 文言词

文言词,作为一个词汇学术语,并非泛指古代所有的语词,而是有特定界限的。古代的词至今有三种情况:一是世代相传下来至今仍通用于现代口语的词,如"人、手、高、好、上、下、左、右"等。它们都是现代汉语的基本词,已经不是文言词了。二是古代曾使用过而现在已经死亡的,如"鬲"、"牧臣"、"太守"等。这类词已经失去交际功能,在现在汉语中已经没有地位了。三是现代书面语所沿用的文言词,如"若干、如此、浩大、频繁、摒弃、目击、商榷、非难、愤慨、拂晓、充沛、以及、然而、况且、纵然、以便、以免"等等。这一类文言词还是有生命、有作用的,是现代汉语词汇的一个组成部分。这里所讲的就是那些有生命、有作用的文言词。

在现代汉语,特别是书面语中,文言词的作用主要有:

1. 可使语言简洁匀称

例如:"……我在茶会上与叶圣陶同志幸会。叶老须眉皓齿,满头霜雪,而精神矍铄。"

例句中使用了"须"、"矍铄"等词,不仅使语言简洁,而且表义生动,富于节奏感。

2. 可体现庄重肃穆的色彩

例如,在适当的场合使用"铭记"、"教诲"、"诞辰"、"拜谒"、"阁下"、"伉俪"、"辞世"、"吊唁"等词,可以收到庄重肃穆的表达效果。

3. 可表达幽默、讽刺等意义

例如:"家里的客人渐渐多起来……他整天迎进迎出,开门关门,忙得不亦乐乎。"

当然,文言词的使用是受限制的,不但口语中不可滥用,就是在书面语中,使用也要有节制。

(二) 新造词

语言要适应社会的发展和需要,随着生产力发展变革,表示新生事物的新词逐渐产生了。现代汉语也随之产生了大批新词。例如:

  电视 网络 手机 改革 下岗
  离休 录像 软件 规划 空调

多媒体　吸尘器　数码相机　电子琴　禽流感
太空船　牛仔裤　立交桥　个体户
摇滚乐　教师节　三连冠　透明度
远程教育　电话会议　连锁专卖　网络教学

有些事物，过去和现在都有，但名称变了。例如过去叫"厨子"，现在称"厨师"；过去说"须臾"，现在说"一会儿"；有些表示旧事物、旧概念的旧词逐渐消失了。例如"保长、御史、更夫、童养媳"等。

新词是表示新事物、新概念的，但表示新事物、新概念的未必都是新词。因为新词不但内容是新的，而且要求形式也是新的，所以，如果是原有的词产生了新义，就不能说是产生了新词。如"战线"，原指"军队作战的阵线"；现在又可指政治、经济、文化等重要领域，词义扩大了，但不能因此说"战线"是一个新词。

新词的创造总是以已有的构词材料和构词方式为基础。例如，利用"网"和"络"这两个现成的语素，按照复合法，就造成"网络"这个新词。

新词的创造还应符合必要性、明确性和普遍性三个原则。必要性指社会实际确有创造新词的需要；明确性指所创造的新词在表义上是明确的；普遍性指所创造的新词必须被多数人所接受。凡违反上述原则的，便是生造词，例如"病医"、"学教"、"怀记"等。

（三）外来词

外来词是从外族语言借入的词，因此又称"借词"。外来词的借入，不仅体现在意义内容上，还体现在语音形式上。像"马力"（英 horsepower）、"篮球"（英 basketball）之类根据外族语词的意义用汉语的构词材料按现代汉语构词方式造出来的意译词，就不应视为外来词。

现代汉语外来词的来源很广泛，有来自西域的，如"葡萄"、"石榴"、"狮子"、"玻璃"、"唢呐"等；有来自梵语的，如"菩萨"、"罗汉"、"和尚"、"佛"、"塔"、"僧"、"尼"、"刹"等；有来自蒙语和满语的，如"胡同"、"褡裢"、"哈达"、"萨其马"等；更多的是来自西洋的，如"鸦片"、"引擎"、"苏打"、"雷达"等。

外来词的引进方式，主要有以下三种：

1. 音译　即照着外语词的声音翻译过来。例如：
   休克（英 shock）　　　夹克（英 jacket）
   沙发（英 sofa）　　　模特（英 model）

2. 半音译半意译　把一个外来词分成两半，一半音译，一半意译。例如：
   冰激凌（英 ice cream）　　摩托车（英 motorcycle）
   基督教（英 christianreligion）　浪漫主义（英 romanticism）

3. 音译加类名　音译之后，外加一个汉语语素以表示类属。例如：
   卡车（英 car）　　　啤酒（英 beer）
   芭蕾舞（英 ballet）　　沙丁鱼（英 sardine）

此外,还有一种循音赋意的引进方式,即在音译的前提下,尽量选用有意义的汉语音节,将二者巧妙地结合起来。例如:

  俱乐部(英 club)   乌托邦(英 Utopia)
  威士忌(英 whisky)   维他命(英 vitamine)
  幽默(英 humour)   绷带(英 bandage)
  可口可乐(英 cocacola) 霓虹灯(英 neon lamp)
  迷你裙(英 miniskirt)   拖拉机(俄 tpaktop)
  香槟酒(英 champagne) 踢踏舞(英 titup)

(四) 方言词

方言词是指普通话词汇中来自方言的词、而不是指那些只在某个地区通用的词。从方言中引进的词,只有在全民范围中通用开来,才能成为共同语词汇的成员。例如:

  来自吴方言的:垃圾 蹩脚 把戏 尴尬 懊恼
        龌龊 晓得 花头 识相 煞有介事
  来自粤方言的:阔佬 冲凉 雪糕 牛仔裤 花市 电饭煲 顶呱呱
  来自湘方言的:过硬 过细
  来自西南官话的:搞 耍 名堂
  来自西北官话的:馍 手电

现代汉语是以北方话为词汇基础的,因此能进入共同语的方言词只是少数。共同语吸收方言词是有条件的。一般地说,表示方言区特有事物的词容易被吸收,如"椰子"、"槟榔"等;富于表现力的词容易被吸收,如"拆台"、"别扭"、"搭档"、"门道"、"比划"等;政治、经济、文化较发达地区的方言词容易被吸收,如近年来随着广东经济的迅速发展,粤方言词语也不断进入普通话词汇。

不同类型的文章使用方言词的频率是不同的。一般地说,愈接近口语的文章,方言词出现的可能性愈大。公文或科技论著一般不用方言词。文学作品由于描写风土人情的需要,方言词用得较多,不少方言词正是通过文学作品才逐渐流行并进入普通话的。但是,为了维护全民语言的规范,不论写什么文章,都不应滥用方言土语。

(五) 行业词语

行业词语是各种行业和科学技术领域专门使用的词语。例如:

  农业的:嫁接 密植 温床 条播
  军事的:阵地 主力 前哨 尖兵
  戏剧的:角色 亮相 背景 行头
  数学的:分数 开方 代数 微分
  物理学的:比重 原子 电阻 折射
  化学的:氧化 电解 酸性 干馏

医学的：注射　临床　血型　脱水
经济学的：商品　资本　等价交换　成本核算
语言学的：音位　语素　句法　辞格

行业词语在专业范围内表示单一的概念，没有什么感情色彩。行业词语受专业范围的限制，但不受地域的限制，同一行业的词语不论在什么地方，其意义都是统一的。

行业词语也是丰富普通话词汇的源头之一。有些行业词语在一定的条件下可取得全民性，并在专门意义之外又产生一个一般意义。如"水平"、"反馈"、"运动"、"麻痹"、"消化"、"突击"、"腐蚀"、"后台"、"共鸣"、"重心"、"温床"、"连锁反应"等。

第五章 语　　法

第一节　语法概说

一、语法及其特点

（一）语法

指语言的结构规律和规则。现代汉语语法是现代汉语语言的组合规律和规则。具体地说，语法是关于词、短语、句子等基本语法单位的结构规律。

人们在社会生活中进行交际，交流思想，协调行动，不能没有词汇，也不能没有语法。词汇好比建筑材料，语法好比间架结构。仅有词汇还不能形成语言，如果只有词汇而没有语法，即使词语再多，也是一盘散沙。只有当词、短语按照一定的语法规律组织起来，才能成为一句句话，即成为能够表达思想的语言。因此，在语言的结构体系中，语法的重要性是不言而喻的。

语法这个术语，既指客观的语法结构规律本身，又指语法学家的语法学说。语法结构规律是使用同一种语言的人们都能理解、接受，并需要共同遵守的。语法学就是人们对客观语法规律的认识和说明。语法著作是语法研究成果的记录。语法学分为词法和句法两个部分。词法的研究范围包括词形变化和词类；句法的研究范围包括短语、句子的结构规律和类型。

（二）语法的特点

语法具有概括性、稳固性、民族性、系统性的特点。

1. 概括性

语法规则是从语言里归纳、抽象出来的，不是说明某个具体的词、短语、句子的含义，而是说明一般的词、短语、句子的相互关系，即说明存在于具体的词、短语和句子中的结构规律和格式。例如："走走、认认、学习学习、讨论讨论……"这些语言现象反映出一条词的变化规律：有些动词能够重叠，表示动作短暂。又如："祖国伟大。""心情舒畅。""队伍整齐。""前途光明。"这几个句子，意思各不相同，但结构上有共同点，都符合一条造句规则：名词在前，形容词在后，都是主谓句中的形容词谓语句。由此可见语法规律是从语言现象中抽象出来的,因而具有概括性。每一种语言,都可以运用其丰富的词汇造出无数的句子,但是各类词的用法和句子的结构格式却是很有限的,也是可以掌握的。语法的概括性是每一种语言的使用者可以共同掌握、互相交流的基础。

2. 稳固性

语法既然成为法则,就不会轻易变动。频繁变动,势必削弱语言的交际功能。当然,任何事物都在不断发展变化之中,语法也不例外。但是,在语言三要素中,语法的变化较语音、词汇的变化缓慢。好多语法规则可能千百年沿袭不变,例如现代汉语的"主——谓(动——宾)"这种格式,在三千多年前的甲骨文中已经是常见的格式了。一些旧规则的衰亡是逐渐实现的。例如古代汉语中,名词和名词性短语可以直接做谓语,如:"陈涉者,阳城人也。"直到现在,尽管一般都得加"是"字成为判断句,但在某些特定条件下,仍然可以这样做,如:"鲁迅绍兴人。"

3. 民族性

各种民族语言都有自己的语法系统,彼此之间虽然有共同之处,但各自的特点是很明显的。不同的民族语言有各自的结构规律,这就是语法的民族性。比如,英语多数名词有单数、复数的变化,而汉语则没有。再如,汉语的语序是相对固定的,并以此显示词与词的语法关系,而俄语的语序相对比较自由,它们主要靠词的形态变化表示词与词之间的语法关系。这些例子说明,学习和研究现代汉语,要从汉语语法的民族特点出发,而不能用另一种语言的语法来生搬硬套。

4. 系统性

语言本身是由语音、词汇和语法构成的一种体系。语言的语法构造也是一种体系。语言现象虽然十分纷繁复杂,但并不是杂乱无章的,而是有条理、有系统的。我们可以从词的构成和变化中,从词与词所组合的短语中,归纳出种种格式。这些格式彼此之间相互联系,互相制约,形成一个有系统的整体,这就是客观存在着的语法体系,它是人类思维长期抽象化的成果。

值得说明的是,"语法体系",有时指的是"语法学体系"。语法学体系是语法学家对于语法现象的看法、观点,并组成一个完整的体系,它是语法学家从事科学研究的成果。语法学家在研究的过程中,由于搜集材料的范围、观察问题的角度、分析问题的方法不可能完全一致,因而有时对同一语言事实就可能作出不同的描写和阐述。因此,尽管客观存在的语法体系只有一个,而语法学体系往往不止一个。

语法学体系之间的分歧可以通过深入的探讨而趋向统一。学习语法的目的在于弄懂一般的语法规则,并在反复实践和练习中掌握这些规律。

二、五级语法单位

《中学教学语法系统提要(试用)》指出:现代汉语有五级语法单位:语素、

词、短语、句子、句群。对一个语言片断进行语法分析时,可以把它分解成若干较小的片断;对这较小的片断又可分解成若干更小的片断。这就有了大小不同级的片断,也就是大小不同级的语法单位,或称语言结构单位。

这五级语法单位中,语素是构词的备用单位,词是构成短语和句子的备用单位,短语是造句的备用单位,句子和句群是语言的使用单位。

第二节 词 类(上)

一、词类及其划分标准

词类就是词的语法分类,指词在语言结构中表现出来的类别。对词进行语法分类的目的是为了了解词的用法,说明语句结构,掌握用词造句的结构规律。

划分汉语的词类有两个标准,主要是依据词的语法功能,参考词的意义。

词的语法功能有两种方面:一个方面是表现在单独成句的能力和充任句法成分的能力上,另一方面是表现在与别的词或短语的组合能力上。这就是说,凡是能够以语序为手段直接组合成短语,能够充当主语、谓语、宾语、定语或状语,在一定的条件下可以独立成句的,这一类称为实词。实词还可以从句中充当什么成分,哪些词可以同哪些词组合,不能和哪些词组合,怎么组合,组合起来表示什么关系等方面,划分出实词的不同类别,如名词、动词、形容词、数词、量词、代词。同实词相对的一类词是虚词。虚词一般不能同别类词组合成短语(除少量介词外),不能充当句法成分(除副词可作状语外),不能独立成句。虚词的基本用途是表示语法关系,如作为组合实词手段,起关联作用,或者表示语气和作为词类、成分的标志。虚词的语法功能主要表现在它同实词或短语的关系方面,可以按它能同哪些实词或短语发生关系,发生什么样的关系,分出虚词的不同类别,如副词、介词、连词、助词以及叹词和拟声词。

词的意义,是指从一类词的具体意义中概括出来的抽象意义,例如,"名词是表示人或事物名称的词","动词是表示动作、行为、心理活动或存在、变化、消失等意义的词"等。实词所表示的是实在的意义,虚词一般不表示实在的意义,它主要起辅助造句的作用,用来表示某种语法意义或语法关系。词的意义不能作为划分词类的主要依据,只能作为辅助参考。

实词和虚词的区别是相对的,不能绝对化。不少虚词是由实词"虚化"而成的,虚化的程度各有不同。例如现代汉语的介词,大多是从古代汉语的动词虚化演变而来的。有的完全虚化了,如"以"、"由";有的没有完全虚化,还有动词的特点,如"在"、"到"。又如,副词能够充当状语,少数副词如"很"、"极"还可以充当补语。如果从"能够充当句法成分的是实词"来看,副词应划入实词。再如,虚词"表示语法关系",副词表示什么语法关系呢?它首先是修饰动词、形容词,这就不同于一般虚词的语法关系。不过,副词起关联作用的时候是起语法作用的,加上副词大都不能单独回答问题,因此把副词归入了虚词一类。

二、实词

(一) 名词

名词是表示人或事物的名称的词。

表示人或具体事物：学生　教师　儿童　机器　学校
　　　　　　　　　　鸽子　白菜　松树　河流　计算机
表示特定的人或事物：鲁迅　雷锋　中国　北京　泰山
表示抽象的事物：教育　道德　政治　文化　法律　思想
表示处所(简称处所词)：边疆　近郊　周围　远处　里屋
表示时间(简称时间词)：明天　早晨　去年　夏季　刚才
表示方位(简称方位词)：有单纯方位词和合成方位词两种,具体见下表：

单纯的	合成的						
	前边加		后加			对举	其他
	"以"	"之"	"边"	"面"	"头"		
上	以上	之上	上边	上面	上头	上下	
下	以下	之下	下边	下面	下头		底下
前	以前	之前	前边	前面	前头	前后	面前
后	以后	之后	后边	后面	后头		
东	以东	之东	东边	东面			
西	以西	之西	西边	西面			
南	以南	之南	南边	南面			
北	以北	之北	北边	北面			
左			左边	左面		左右	
右			右边	右面			
里			里边	里面	里头	里外	头里
外	以外	之外	外边	外面	外头		开外
中		之中					其中、当中
内	以内	之内					
间		之间					中间
旁			旁边				一边、一旁

名词有以下语法特征：

1. 名词前能加表示数量的数量短语(方位词不能),表示不同事物的名词要用不同的量词。如"一位教师、一枝钢笔、三所学校、一列火车"等。一般不能把数词直接放在名词前。

2. 名词一般不受副词修饰，如不能说"不鱼"、"很椅子"。"人不人，鬼不鬼"、"僧不僧，道不道"，这些是特殊格式，总是成对或者连说的。

3. 表示人的名词后边可加"们"表示"群体"，如"同学们"、"姑娘们"。名词加"们"以后不能再受表示确定数目的数量短语修饰，如不能说"三位学生们"。

4. 名词一般不能重叠。少数带有量词性质的名词，如"人、家、年、天、队、县"等可以重叠，表示"每一"的意思。

5. 名词在句子中常作主语、宾语、定语。如："詹天佑是我国杰出的工程师。""中国人民站起来了。"

6. 时间名词常作状语，表示动作行为发生的时间。如："初夏，陕北高原上的洋槐花开了。""傍晚，船把我们送到宝石岛。"

方位词经常放在别的词或短语后边，同前边的词或短语构成表示处所或时间的名词或方位短语，如"晚上、书中、天明以前、会议室里、开会之前"等。方位短语经常同介词组成介词短语，表示处所、时间，在句子中常作状语。例如："他用粉笔在黑板上一笔一画地写着：'我是中国人，我爱中国！'"

（二）动词

动词是表示人或事物的动作、行为、心理活动、发展、变化等的词。

表示动作行为：走 跑 看 跳 唱 飞 团结 学习
　　　　　　　斗争 保卫 宣传 调查 生产 研究

表示心理活动：想 爱 羡慕 害怕 希望 相信

表示发展变化：增加 扩大 生长 衰落 缩小 提高
　　　　　　　减少 演变 发展

表示存在、出现、消失：在 有 存在 发生 死亡 停 丢

表示使令：使 叫 让 派 要求 命令

表示可能、意愿（简称能愿动词）：能够 会 愿意 肯 敢
　　　　　　　　　　　　　　　　应该 得(děi) 要

表示趋向（简称趋向动词）：来 去 进 出 上来 下去
　　　　　　　　　　　　　出来 进去 起来 过去

表示判断（简称判断动词）：是

动词有以下语法特征：

1. 动词前能受副词修饰，如"不动"、"忽然看见"、"又说又笑"。但是，多数不受程度副词修饰，如不能说"很有"、"更来"。能愿动词和表示心理活动的动词能够受程度副词修饰，如"很担心"、"十分害怕"、"非常应该"。

2. 动词经常作谓语，多数能带宾语，如"他来了"、"他买书"、"听故事"、"讲卫生"、"团结同志"、"有一座山"。

3. 动词后边一般可以带动态助词"着、了、过"等，表示动态。如"雨在下着"

(持续态)、"吃完了饭"(实现态)、"去过兰州"(经历态)。

4. 一部分动词可以重叠，表示"动作时间短暂"或"尝试"的意思。

单音节动词重叠式是 AA 式，如：

　　唱唱　走走　看看

双音节动词重叠式是 ABAB 式，如：

　　整理整理　研究研究

还能够用肯定否定重叠的方式表示疑问，如：

　　听不听？　学习不学习？　有没有？

应该特别注意下列动词的用法：

（1）判断词"是"。判断词"是"的主要作用是用在主语和宾语之间，表示同一关系或从属关系，如："解放军是新时代最可爱的人。""荠菜是野菜。"也表示事物的特征、质料、情况，如："这孩子是双眼皮。""这茶盘是景泰蓝。""人家是丰年，我是歉年。"也表示事物的存在，如："到处是庄稼，遍地是牛羊。"

（2）能愿动词。能愿动词用在一般动词、形容词前边表示意愿、可能、必要，在句子里常作状语。如："我们一定要把淮河治好。""他能来吗？""天气应该暖和了。"有时，还可以作谓语，如："这样做可以吧？""可以。"

（3）趋向动词。趋向动词经常用在动词或形容词后边表示趋向，作趋向补语，如"大家喊了起来"，"拿出来一本书"。也可以单独作谓语，如："月亮下去了，太阳还没有出来。"

（三）形容词

形容词是表示人或事物的性质、状态的词。

表示性质：大　甜　好　坏　软　硬　真　美丽　忠厚
　　　　　善良　伟大　勇敢　朴素

表示状态：粗　细　高　低　曲　直　圆　扁　平坦
　　　　　整齐　严肃　雪白　笔直　迅速　热情

形容词有以下语法特征：

1. 大部分形容词能受程度副词修饰，如"很勇敢"、"非常整齐"、"太死板"、"最清楚"等。一部分形容词，本身就表示一定程度的，如"雪白"、"通红"、"黑压压"等，就不能再受程度副词的修饰。

2. 形容词都能作定语，大都能作谓语，有的也可作状语、补语。例如：

① 美丽的星星眨着神秘的眼睛。

② 小梁，你不要太脆弱。

③ 老班长忽然严厉地说。

④ 生得伟大，死得光荣。

部分形容词不能充当谓语,只能修饰名词作定语,如"金、银、男、女、大型、初级、基本、共同、人造、速效"等。它们的否定形式用"非"而不用"不",如"非大型"、"非速效"。它们组成"的字短语"可作主语、宾语,如:"国产的质量很好。"

3. 形容词不能带宾语。有些形容词兼属动词。如"端正态度"、"纯洁队伍"的"端正"、"纯洁"都是动词,带使动意味,是"使态度端正"、"使队伍纯洁"的意思。在"硬着脖子"、"红了脸"、"直起身子"这些短语中,"硬"、"直"后面加上动态助词或趋向动词,可带宾语。这时它们应视作动词,表示某种状态或变化。

4. 一部分形容词可以重叠。

单音节形容词的重叠式是 AA 式,如:

  高高(的) 大大(的) 红红(的) 亮亮(的)

双音节形容词的重叠式是 AABB 式,也有些是 ABAB 式,如:

  高高兴兴 干干静静 明明白白

  通红通红 碧蓝碧蓝 冰凉冰凉

少数双音节贬义词还可以是 A 里 AB 式,如:

  马里马虎 慌里慌张 邋里邋遢

形容词重叠后一般表示程度加深,如"高高举起"、"打扫得干干净净"。单音节形容词重叠作定语一般表示程度恰当,带有喜爱、亲热的感情色彩,如"蓝蓝的天"、"高高的个儿"、"大大的眼睛"。

动词、形容词有许多相同的语法特征:

都经常作谓语,都可以受副词"不"的修饰,所以合称"谓词";而且由于部分形容词跟动词兼类,因此动词跟形容词的区别就有一定的难度。区别的标准主要有两个:第一,看能否前加"很";第二,看能否后带宾语。

序号	加"很"	带宾语	例词	词性
1	+	+	想 怕 喜欢 同意 相信 怀疑 关心	心理动词
2	-	+	唱 听 打 说 学习 提高 建设 加以	及物动词
3	-	-	醒 歇 肿 醉 咳嗽 游行 游泳 休息	不及物动词
4	+	-	大 好 累 甜 干净 伟大 老实 幸福	形容词

运用以上方法要注意以下几点:

第一,必须两项标准同时起作用,如果只用第一个标准,心理动词跟形容词就分不开了,如果只用第二个标准,不及物动词跟形容词就分不开了。

第二,心理动词既能够带宾语,又能够受"很"修饰,而且这两者可以同现,例如"他很理解你"。而"很方便"和"方便了大家",似乎也符合这两条标准,实际上并不同,因为它们不能同现,不能说"很方便了大家",所以这是形容词和动词的兼类。

第三,状态形容词比较特殊,它既不符合第一条,也不符合第二条,但也不是不及物动词。由它的结构特点便可以确定词性。

第四,动词和形容词都有一部分可以重叠,但重叠方式不同。单音节动词重叠后,后一音节读轻声,如:"看看"、"说说"、"走走"。双音节动词采用 ABAB 式重叠,如:"研究研究"、"分析分析"、"打听打听"、"介绍介绍"。单音节形容词重叠,口语里要儿化,如:"好好儿"、"早早儿"、"快快儿"、"大大儿";双音节性质形容词采用 AABB 式重叠,如:"老老实实"、"清清楚楚"、"漂漂亮亮"。状态形容词则按照 ABAB 方式重叠,例如:"雪白雪白"、"滚烫滚烫"。

(四) 数词

数词是表示数目的词。

数词可以分为基数和序数。基数表示数目的多少,序数表示数目的次序。基数又包括整数、小数、分数、倍数等。从表示数目的准确与否这个角度看,数词可以分成确数与概数。确数表示确定的数目,概数表示不确定的数目。

1. 基数

基数有: 零 一 二 三 四 五 六 七 八 九 十 百 千 万
亿 半 两

基数可以组合起来表示任何整数,也可以用来构成序数、倍数、概数。

2. 序数

序数通常在整数前加上"第、初、头"构成,如"第一、初五、头两(次)"。在表示组织机构、楼房层次、亲戚排行、日期等时,可以不用"第"。如"二哥、一车间、五班、九月、三楼、四号"等。"两"只作基数,不能作序数,如"二班"指第二班,"两班"指两个班。"两个班"、"两本书"不能说成"二个班"、"二本书"。

3. 倍数

由基数词加量词"倍"构成。如"三倍"、"五倍"、"十倍"。

4. 分数

常用固定格式表示。如"几分之几"。

5. 概数

一般有下列几种方法来表示:

(1) 在基数后边加上"来、几、把、多、左右、上下、以上、以下"等词,如"十来斤、十几双、三十多件、百把人、一千左右、四十上下、一万以上、九十以下"。

(2) 两个邻近数词连用。如"七八个、五六十岁、八九万"。

(3) 在数词"十"、"百"、"千"、"万"前加"约、近、成、上、几"等词。如"约二十人"、"近六十天"、"几十里"。

数词的语法特征:

数词经常和量词组合成数量短语,充当定语或补语,如"万里长城"、"当三年老师"等等。数量短语有时也充当主语和宾语,如:"三千亩不算多。""我们那儿大学毕业生只有两个。"在现代汉语中,数词一般不直接与名词组合,只有文言格式和成语中的数词可以直接修饰名词,如"一兵一卒"、"千头万绪"等。

(五)量词

量词是表示计算单位的词。

量词包括物量词和动量词两类：

1. 物量词。物量词表示人或事物的单位。包括以下几类：

(1) 个体量词。主要指称单个事物。如：

  个 位 只 头 口 匹 件 条 枝 根 颗
  块 枚 张 面 本 台 架 座 辆 页 篇

其中"个"最常用。

(2) 集体量词。表示两个以上个体事物组成的事物单位。如：

  双 对 打 副 套 帮 伙 群 队 组 排 窝 串 堆 批 捆

(3) 度量词。表示度量衡单位的量词。如：

  厘 分 寸 尺 丈 里 石(dàn) 斗(dǒu) 升 斤 两
  钱 米 亩 克 吨 元 角 分 秒 分(分钟) 公里 公斤

(4) 不定量词。如：

  些 点

借用的物量词，主要由名词充当，直接出现在数词或指示代词之后。如"一架子书、两口袋面、这床被子、那箱子衣服"。

2. 动量词。动量词表示动作的次数。如：

  次 回 下 番 谭 气 阵 遍 趟 顿 场

借用的动量词包括五类：

(1) 时间量词，例如：年 月 日 小时 钟点 分钟 秒钟

(2) 器官量词，例如：看一眼 踢一脚 打两拳

(3) 工具量词，例如：砍一刀 放一伸 画一笔 敲一杠子

(4) 伴随量词，例如：唱一曲 走一步 喊一声 转一圈

(5) 同形量词，例如：看一看 走一走 敲一敲 摸一摸。

与古代汉语和外语相比，现代汉语量词特别丰富。汉语中还有一些复合量词。如：

人次：计算人数和次数的积数。如300人参观一次叫"300人次"。

吨公里：陆运的吨数、公里数的计量单位。如三吨货物运100公里，或者一吨货物运行了300公里，都叫"300吨公里"。

吨海里：海运的吨数、海里数的计量单位。

秒立方米：表示一秒钟内，水在河床里流过的一立方米的量。如在一秒钟内流过50立方米，水流量就是"50秒立方米"。

量词的语法特征：

(1) 量词出现在数词后边，同数词一起组成数量短语，或者用在指示代词后面，构成指量短语。数量短语可作定语、状语或补语，如"五个人"、"一把拉住"、

"看一次"。指量短语常作定语,如"这几句话"。

(2) 有的单音量词可以重叠,表示"每一"或"许多"的意思,可作定语、主语,如"阵阵歌声打破了校园的寂静"、"个个都是英雄汉";重叠后作谓语表示"多",如"繁星点点";作状语表示"逐一",如"代代相传"。数量短语重叠后作定语,表示数量多,如"一个一个闪亮的波纹像眼睛眨着";作状语则表示按次序地进行,如"人们便一个一个陆续走回去"。由"一"和量词组成的数量短语,重叠格式中的后一个"一"字可以省去,成为"一 AA"式,其语法意义和用法不变。"一阵一阵"可以写成"一阵阵",如:"汹涌澎湃的海浪拍击着海岸,溅起一阵阵浪花。"

(六) 代词

代词是可以代替实词和短语的词,具有代替、指示和询问的作用。

代词包括以下三类:

1. 人称代词。替代人或事物名称的词。例如:

  我 咱 你 您 他 她 它 我们 咱们 你们 他们
  人家 别人 自己 自个儿 大家 大伙儿

人称代词主要用来指称人,只有"它"用来指物。

"我、咱、我们"是第一人称代词,代表说话一方。"咱们"一般包括说话人和听话人双方,叫做"包括式"。"我们"一般只指说话人一方,叫做"排除式"。有时"我们"也可以兼指听说双方。但是,普通话里,"我们"和"咱们"的区别不是很严格。"我们"可以是排除式,也可以是包括式,例如:

① 我们都是中国人,我们热爱自己的祖国。
② 你放心吧,过几天我们一定来看你。

"咱"相当于"咱们",但有时也可以代替"我",这是一种委婉的表达方式。例如:

③ 她说:"咱怎么敢跟人家比呢?人家是火车头,咱得向人家看齐。"
④ 他就眯着眼笑起:"好,好,不用斗嘴,不服气,咱就赛赛。"

例③"咱"等于"我"。例④"咱"等于"咱们"。用"咱们"显得比较亲近,口语化。

第二人称(对称),指听话人一方,单数用"你",敬称用"您"(nín),复数用"你们"。"您"在口语里不用于复数,如果需要表示复数,就用"您几位"、"您诸位"表示,一般不用"您们"。近年来书面语中出现了"您们"的说法,如"谨向您们致贺"、"您们所要的书我都没有"。

第三人称(他称),指说话人和听话人以外的一方,单数用"他"、"她"、"它",复数加"们";第三人称复数代词"他们"既指男性,也可兼指男性和女性,"她们"则专指女性。指称的人中有男有女,就写成"他们",不必用"他(她)们"、"她

(他)们"或"他们和她们"。

"它"、"它们"指人以外的一切事物。

"自己"是反身代词,可以同"你"、"我"、"他们"等组合成"你自己"、"我自己"、"他们自己",表示强调,如:"他自己愿意去的。""自己"有时用来表示虚指,如:"自己错了,也已经懂得,又不想改正,自己对自己采取自由主义。"

"人家"可以泛指第三人称,相当于"别人",如:"人家能考一百分,我也能考一百分。""人家"也可以确指第三人称,相当于"他",如:"人家小玲多聪明。""人家"还可以指第一人称,如:"人家都急死了,你们还开玩笑。"

"别人"只能用于泛指,如:"我们不能只顾自己,不顾别人。"这里"别人"指的是"大家"。"别人"还有"另外的人、其他的人"的意思,如:"家里只有弟弟,没有别人,快进来吧。"

2. 指示代词。用来指示和区别人或事物的代词。

指示代词有称代作用,有指示作用。例如:

⑤ 这是工厂。(称代)
⑥ 这家工厂是拖拉机厂。(指示)

分为近指和远指两种:
"这"类为近指代词,例如:
  这 这儿 这里 这边 这么 这会儿
  这样 这么样 这些 这么些
"那"类为远指代词,例如:
  那 那儿 那里 那边 那么 那会儿
  那样 那么样 那些 那么些

"这"、"那"前后配合着用,有时是虚指,指示的事物并不确定。例如:"咱不图这,不图那,就图他心好手勤快。"这句话实际上是说"什么也不图"的意思。

"每、各、某、另、别"等也是指示代词。"每"是逐指,"各"是分指,"某"是不定指,"另、别"是旁指。"每"侧重于指相同一面,"各"侧重于指不同一面,如"每人都有两只手","各人有各人的优点"。"某、另、别"都是指没有明确说出的人或事物,例如:"这是解放军某部驻守的阵地。""三人回来了两人,另一人不知去向。""他干别的活去了。"

"其他"也是指示代词,指特定范围以外的人或事物。有人在指物时写作"其它",其实,规范的写法,不论指人指物都应写作"其他"。

3. 疑问代词。疑问代词是用来表示疑惑并提出问题的词。例如:
  谁 什么 哪 哪儿 哪里 多会儿 几
  多少 怎么 怎么样 怎样

疑问代词的主要用途是表示有疑而问（询问）或无疑而问（反问）。例如：

⑦ 什么叫公共关系？（表示询问）
⑧ 谁还不懂这个道理？（表示反问）

疑问代词在一定的语言环境中还有其他用法：
（1）任指。疑问代词代替任何人或任何事物，表示在所代替的人或事物的范围内没有例外。有时用"也"、"都"、"全"一类词配合。例如：

⑨ 新中国的青年，谁都感到幸福。
⑩ 我们什么困难都可以克服。

例⑨"谁"表示任何一个青年；例⑩"什么"表示任何困难。
（2）虚指。疑问代词代替不知道、说不出或不想说出的人和事物。例如：

⑪ 他没有说什么。
⑫ 这种水果好像在哪儿吃过。

（3）不确指。疑问代词代替不确定的人或事物。例如：

⑬ 派谁谁就去，不得推托。
⑭ 他爱怎么办就怎么办吧。
⑮ 你能干什么就干什么。

疑问代词表示询问时有不同的针对性。用"谁"问人；用"什么"问事；用"哪儿"、"哪里"问处所；用"几时"、"多会儿"问时间；用"怎么"、"怎样"问性状、方式；用"多少"、"几"问数量；用"多"、"多么"问程度。

代词实际上并不是按照语法功能划分出来的词类，只是在"指代"这一点上有共同点。有的代词相当于名词，例如："谁、我、你、他、这、那、什么、哪儿"；有的代词相当于动词或形容词，例如："这样、那样、怎样"；有的代词相当于副词，例如："这么、那么、怎么"；也有的代词相当于数词，例如："几、多少"。

三、实词的运用

讲词的分类、词的语法特征，主要是为了讲清楚词的用法。注意词的用法有助于避免词的误用。

词的误用，大都是由于掌握不住词性而造成的，也有的是因为不了解词义造成的。

(一) 名词、动词、形容词的误用

* ① 很多青年都愿望着自己能成为无产阶级革命事业的接班人。

* ② 就在这时,400吨锅炉的主要辅机"再生式空气预热器"在高温下突然故障,锅炉被迫熄火停炉了。

* ③ 他有很高度的共声主义觉悟。

* ④ 这些水库修成以后,将像珍珠项链似的围绕着白云山,把它装饰得更青春,更美丽。

例①、②都把名词误作动词用。例①的"愿望"应改为"希望",去掉"着";例②的"故障"前应加动词"发生"。例③、④都把名词误作形容词用。例③的"高度"应改为"高";例④的"青春"应改为"年轻"。

以上是名词误用为动词、形容词,下面再举动词、形容词误用的例子。

* ⑤ 这是一个多么感动的场面啊!

* ⑥ 老一辈科学家身上充沛着可贵的工作热情。

* ⑦ 这本书精装本与普及本的定价悬殊一元多。

例⑤"感动"是动词误用为形容词了,应改为"感人"或"令人感动"。例⑥"充沛"是形容词,应改为动词"充满",去掉"着"。例⑦"悬殊"是形容词,应改为动词"相差"。

(二) 数词、量词使用不当

* ⑧ 上学期他有二门功课考得不好。

* ⑨ 在市人民代表大会会上,他们俩个人又见面了。

例⑧"二"应改为"两"。当单独用在度量衡量词前的时候除"二两"不能说成"两两"外,用"二"用"两"都可以,但单独用在其他量词前就只能用"两"不能用"二"。例外的是在"位"前可以用"二"。例⑨"俩"(liǎ)是"两个"的意思,后面不能再同量词组合,应将"个"去掉,或将"俩"改为"两"。

(三) 代词使用不当

1. 指代不明

* ⑩ 那位瘦瘦的女看守说来也奇怪,她似乎很听这位女人的话。她支使她,不论什么事,她差不多都能瞒过其他警卫和看守照着去办。

例⑩中"她"指谁？尤其是"她支使她"，是谁支使谁，句中代词指代不明。应将句中第二个"她"改为"这位女人"，让"她"专指女看守。

2. 人称代词不统一

　　*⑪ 大妈心里一酸，眼泪就唰地滚了下来，你委屈透了，你的委屈向谁说呢？

　　*⑫ 我拎了行李刚下车，就你拿提包，我背棉被，一下子让我两手空空了。

例⑪应将第一个"你"改为"她"，第二个"你"改为"心里"，"下来"后头的逗号也要改为句号。例⑫"你拿提包，我背棉被"中的"你"、"我"对举，是虚指，而句首的"我"是实指。实指与虚指的"我"连用，令人费解。若"你拿提包，我背棉被"是虚写许多人来帮忙拿行李，则可在"刚下车"之后加上"许多人就涌上来"，将"你"改为"这个"；将"我"改为"那个"，就清楚了。

3. 近指和远指混用

　　*⑬栾平撒谎说："您把我放出去，找到我老婆，把这张图要来，献给长官。"

这是《智取威虎山》原稿中的话，后来演出本把句中的"这"改为"那"，因为当时图不在栾平身上，在他老婆那里，显然应该用远指代词。

第三节　词　类(下)

一、虚词

(一) 副词

限制、修饰动词、形容词，表示程度、范围、时间、频率、肯定、否定、情态、语气等的词是副词。

副词可以分以下6类：

表示程度：很　最　极　太　挺　十分　非常　极其　极端　格外　分外
　　　　　更　更　越　越发　有点儿　稍　稍微　略微　几乎　比较
　　　　　较　过于　尤其

表示范围：都　总　共　全　总共　统统　全　都　只　仅仅　单
　　　　　光……一齐　一概　一律　单单　就　各自　独自

表示时间、频率：已　已经　曾　曾经　刚才　刚刚　正　在　正在
　　　　　　　　将　将要　就　就要　马上　立刻　顿时　终于　常
　　　　　　　　常常　时常　时时　往往　渐渐　早晚　一向　向来
　　　　　　　　从来　总是　始终　永　永远　赶紧　仍然　还是　屡
　　　　　　　　次　依然　重新　还　再　又　也　再三　暂且
表示肯定、否定：必　必须　一定　必定　准　的确　确实　不　没　没
　　　　　　　　有　未　别　莫　勿　是否　不必　不用(甭)
表示情态、方式：大力　大肆　竭力　肆意　特意　亲自　猛然　忽然
　　　　　　　　公然　欣然　连忙　赶紧　悄悄　暗暗
表示语气：岂　难道　究竟　到底　偏偏　索性　简直　就　可　也许
　　　　　难怪　大约　幸而　幸亏　反正　果然　居然　竟然
　　　　　竟　何尝　何必　明明　恰恰　未免　不妨

以上是副词大体上的分类，有些副词能表示几种意义，属于几个小类。如"就"："春天很快就到了"，表示事情短期内即将发生；"他十五岁就去了延安"，表示事情早已发生；"他学了就用"，表示两事紧相承接；"老虎屁股摸不得，我就要摸"，这里的"就"是"偏偏"的意思，表示语气；"大家都到了，就他没有来"，"就"等于"只"，表示范围。一个副词究竟是什么意思，须结合全句仔细体会。

同类的副词，有的在用法上还有差别。如表示范围的副词"都"、"只"，"都"一般是总括它前面的成分，而"只"是限制它后面的成分。如："这学生数学、物理、化学都学得很好，只生物学得不好。""都"指数、理、化而言，"只"指生物说的。

副词的语法特征：

1. 能修饰动词、形容词，主要作状语，如"我没有去"、"他刚刚出发"、"他真聪明"、"这办法最好"。

2. 副词"很"、"极"可以充当表示程度的补语，如"这办法好得很"、"好极了"。

3. 副词一般不能单独回答问题，只有"不、没有、也许、一定"等少数副词可以单独回答问题。

4. 有些副词能起关联作用：
单用的：
　　　说了又说　打得赢就打
　　　下大雨也去　说清楚再走
前后配合用的：
　　　又……又　越……越　也……也　既……又　非……不
用连词配合用的：
　　　不但……还　只有……才　只要……就

如果……就　既然……就　虽然……却
即使……也　不论……都　除非……才

"没有"或"没"在动词、形容词前是副词，作状语，否定行为、性状的曾经发生，如"没有见过"，"没见过"；在名词前是动词，作谓语，否定事物的存在或否定对事物的领有，如"没有枪，没有炮，敌人给我们造"，"你没有笔吗?"

有少数形容词也能作状语，要细心分辨，不要把它们与副词混同了，形容词能作状语的，一定也能作定语，副词只能作状语，不能作定语。如"突然"与"忽然"，"突然"可以说"他突然来了"（作状语），"发生了突然事件"（作定语）。"忽然"只能说"他忽然来了"（作状语），不能说"发生了忽然事件"。因此，"突然"是形容词，"忽然"是副词。

再如，"一致"和"一概"。"一致"可以作定语和状语，因此是形容词，如"一致的意见"（作定语），"一致同意"（作状语）；"一概"只能作状语，可以说"一概同意"（作状语）。不能说"一概的意见"，"一概"是副词。

（二）介词

介词用在名词、代词或名词性短语前面，组成介宾短语，表示时间、处所、起止、方向、方式、对象、目的等。

介词可以分以下7种：

表示时间：从　自从　打　到　在　当　当着　于　趁　乘　随着
　　　　　赶　临

表示处所、方向：从　自　打　往　朝　向　到　在　于　由　沿着
　　　　　　　顺着

表示方式、方法：按　依　本着　经过　经　通过　根据　据　以　凭
　　　　　　　用　靠　拿

表示原因、目的：因　由于　为　为了　为着

表示对象关联：对　对于　关于　替　同　与　跟　和　给　叫　让
　　　　　　被　把　将　管　论

表示比较：比

表示排除：除了　除

介词的语法特征：

1. 介词不能单独作句法成分，必须组成介宾短语后才能充当句法成分，主要作状语，有的可以作补语。举例如下：

在阅览室看书　（表示处所，作状语）
来自五湖四海　（表示处所，作补语）
从早上工作到晚上　（表示时间，作状语、补语）
为人民服务　（表示对象，作状语）

　　　　按客观规律办事　（表示方式,作状语）
　　　　比过去更好　（表示比较,作状语）

　　有时候,介宾短语后加上助词"的",可以作定语,如"朝南的房子","对于天体的认识"。

　　2. 介词大部分是由动词虚化而来的,有的介词跟动词的界限是清楚的,如"从、被、对于、关于"等;有的在这个场合是动词,在另一个场合是介词。

　　介词和动词的区别在于:介词不能单独作谓语,也不能用肯定否定并列方式提问,动词则可以。介词不能重叠,它后面不能带动态助词"着"、"了"、"过"("除了"、"为了"、"为着"、"当着"、"随着"、"沿着"、"顺着"中的"着"、"了"不表动态,而是介词的构词部分),动词一般可以。

　　能作介词又能作动词用的还有"由、让、跟、向、朝、往、用、经过、通过"等词。

（三）连词

　　连词的语法作用是把两个词、短语、分句、句子或句群连接起来,以确定二者之间的逻辑关系。

　　比如"小张小李、你说我说"这两个短语就有可能分别是两种结构关系。例如:

　　　　① 小张、小李都来了。（并列关系）
　　　　② 小张、小李谁都行。（选择关系）
　　　　③ 因为你说,所以我说。（原因——结果关系）
　　　　④ 如果你说,那么我说。（假设——推论关系）

　　如果在①②两个词之间加上一个连词,如"小张和小李"、"小张或小李",这两个词构成的短语由于有了"和"与"或"的连接,整体性增强了,而且逻辑关系也被限定了。③④的情况也是相同的。

　　连词可根据其所连接的对象分为以下几类:
　　连接名词、代词或名词短语的:和　跟　同　与　及　以及
　　连接动词、形容词或动词短语、形容词短语的:并　并且　而　而且
　　能连接各类词或短语的:与　或　或者
　　连接分句的:不但　而且　虽然　但是　与其　不如　因为
　　　　　　　所以　宁可　况且　要是　如果　假使　倘若
　　　　　　　不管　不论　只有　只要　即使　既然　从而
　　连接句子或句群的:但是　然而　因而　所以　因为　于是　至于　因此
　　连词的语法特征:
　　1. 连词的主要语法功能是起连接作用,也表示一定的逻辑关系。如:并

列、选择、递进、转折、因果、假设、条件等。连词不能作句子成分。

2. 连词可以单用，也可以成对使用。成对使用时表达的语义比较严密。

3. 连词还可以和副词配合使用。

"和、跟、同、与"等连词在一般情况下，可以互相通用，但语体色彩有别。"跟"用于口语；"和"则口语、书面都用；"同"、"与"多用于书面。"和、跟、同、与"都有连词和介词两种用法。例如：

⑤ 我和他都去过。（连词）

⑥ 我曾经和他去过。（介词）

⑦ 和他一块去北京的人都回来了。（介词）

"和、跟、同、与"作连词还是介词，一般可以从下面几方面辨别：

第一，连词连接的词语是并列关系，可以构成联合短语，一般可以互相调换位置而短语的基本意思不变，如例⑤。介词"和"前后的词语不是并列关系，不能互换位置，不能构成一个短语。如例⑥中"我"是句子主语，"和他"是介宾短语，作状语，表示对象"我"与"他"是一主一从关系。

第二，介词前面可能出现修饰成分，连词不能，如例⑥"曾经"是副词作状语，修饰动词"去"。

第三，介词有时可以出现在一个句子的开头，连词不能，如例⑦。

为了准确地表达思想，在书面语中一般把"和"用作连词，把"同"用作介词。例如：

⑧ 我国根据平等、互利、互相尊重主权和领土完整的原则同其他国家建立和发展外交关系。

"而"在不同的语言单位中表示各种不同的关系：

表示并列关系："庄严而华丽"、"严肃而诚恳"

表示转折关系："工细而决不庸俗"、"温柔而不懦弱"。

表示承接关系："这些青翠的竹子，沿着细长的滑道，穿云钻雾，呼啸而来。"

连接动词和它的状语，表示原因、目的。最常见的格式是"为……而"，如"为实现四化而奋斗"。

"及、以及"，一般连接并列的名词或名词短语。"及"、"以及"连接的两项语义上常常是前重后轻，位置不能互换，这是跟"和"不同的。例如："出席这次会议的有全市各条战线上的劳动模范及部分劳模家属。"

（四）助词

助词附着在词、短语或句子后面，表示一定的结构关系和附加意义。

助词可分3种：
结构助词：的　地　得　所　似的
动态助词：着　了　过
语气助词：的　了　吗　吧　呢　啊

1. 结构助词

结构助词主要表示附加成分与中心词之间的关系。"的、地、得"附着在词语之后，表示结构关系，在口语里都念轻声"de"。

"的"是定语的标志，它附着在词或短语之后，表示它前面的词或短语是定语。如"人民的中国"、"伟大的、光荣的、正确的中国共产党"、"推广普通话的经验"。一般地说，数量短语、单音节形容词、表示质料、来源的名词作定语，不需要后加"的"。如："一支歌"、"白花"、"中国茶叶"。

"地"是状语的标志，附着在词或短语之后，表示它前面的词或短语是状语。如"迅速地前进"、"仔仔细细地调查"、"出色地完成"。

"得"是补语的标志，它附着在动词或形容词之后，表示它后面的词或短语是补语。如"干得起劲"、"说得清清楚楚"、"红得十分可爱"。

助词"的"也可以附着在词或短语后面，组成作用相当于名词的短语，叫做"的"字短语。"的"字短语的作用是突出人或事物某种特征。如"铁的"、"先进的"、"第一流的"、"卖木梳的"。"的"字短语在句中只作主语和宾语。例如：

⑨ 这把刀是铁的，不是钢的。
⑩ 先进的要帮助落后的。

"所"经常加在动词前面，组成"所"字短语，相当于一个名词，如"所见"、"所闻"，就是"看到的事物"、"听到的事物"的意思。"所"字短语，可作定语。作定语时，一般带定语标志"的"。有时它也作主语或宾语。例如：

⑪ 请把所见的情景如实地告诉我。（作定语）
⑫ 各尽所能，按劳分配。（作宾语）
⑬ 这几天，所思所感确实很多。（作主语）

"似的"经常附着在词或短语之后，组成形容词性短语，称比况短语。还常跟"像"、"好像"配合，表示比喻或情况相似。如"花园似的城市"、"汹涌的水浪夹着大锣似的漩涡"、"花白胡子恍然大悟似的说"。

2. 动态助词

动态助词附加在动词或形容词后边，表示动作行为的状态。"着"表示进行态或持续态，如"说着话"、"唱着歌"、"灯亮着"。

"了"表示动作或性状的完成,如"燃起了火把"、"脸红了一阵"。

"过"表示曾经发生某种动作,或曾经是具有某种性状,有的兼表经验阅历,如"他去过北京"、"前几天冷过一阵子"。

3. 语气助词

语气助词附在词、短语或句子末尾,表示说话的种种语气。

根据所表的不同语气,语气助词又可以分为4类:

陈述语气词:的　了　吧　着呢　嘛　呗　罢了(而已)
　　　　　　也罢　也好　啦嘞　喽啊

疑问语气词:吗(么)　吧　呢　啊

祈使语气词:吧　了　啊

感叹语气词:啊

上面列举了许多语气词,普通话里最基本的语气词实际上只有六个:"的、了、吗、呢、吧、啊"。这些语气词,有的只表示一种语气,如"的"只表示陈述语气,"吗"只表示疑问语气。有的可以表示多种语气,如:

"了"可以表示陈述语气和祈使语气。例如:

⑭ 他们欢快地唱起来了。(陈述语气)
⑮ 你就别再打扰他了。(祈使语气)

"吧"可以表示陈述、疑问、祈使三种语气。例如:

⑯ 问:"他去了吗?"答:"大概去了吧"。(陈述语气)
⑰ 他已经去了吧?(疑问语气)
⑱ 别犹豫了,快走吧!(祈使语气)

"呢"可以表示陈述语气和疑问语气,例如:

⑲ 我没什么,你才辛苦呢。(陈述语气)
⑳ 梁生宝还要问什么呢?(疑问语气)

"啊",四种语气都可以表示。例如:

㉑ 他不去呀,我管不了啦。(陈述语气)
㉒ 你们去不去呀?(疑问语气)
㉓ 来呀!请坐呀!(祈使语句)
㉔ 多好的人哪!(感叹语气)

("呀、哪"是"啊"的音变,"啦"是"了啊"的连续音变。)

语气词可以单用,可以连用,两个语气词连用,后一个语气词的意义在全句中起决定作用。例如:

㉕ 唉,这一家也真够痛苦的了。
㉖ 父亲跟女儿这样说过的吗。
㉗ 上海,王老师去过的吧?
㉘ 这些旧衣裳拆拆改改大概还够穿二十年的呢!
㉙ 这对你会有影响的啊!
㉚ 你听见我刚才说的话了吗?

例㉕是"的了"连用,"的"表示本来确实痛苦,"了"表示痛苦已变成事实。例㉖至例㉙是"的"和"吗、吧、呢、啊"连用,"的"表示本来如此,"吗"表示疑问,"吧"表示推测,"呢"表示夸张,"啊"表示感叹语气。例㉚是"了吗"连用,"了"表示实现的语气,"吗"表示疑问的语气。

"罢了"、"着呢"、"也罢(也好)"是双音节语气词。不是语气词加用。"罢了"表示如此而已,有把事情往小里说的意味。"着呢"表示肯定,带有夸张意味。"也罢"表示容忍,带有"只有如此"的意味。

表示陈述语气的"的"和"了"与结构助词"的"、动态助词"了",应该加以区别。

作语气助词的"的"附在句末或句中,表示确定的语气,去掉它,句意基本不变。结构助词"的"附在作定语的词或短语后面,是定语的标志,一般不能去掉,否则语意不明。组成"的"字短语的"的"更不能去掉,否则意思无法理解。例如:

㉛ 你的文章都是有个性特点的,我们都爱读的。

前两个"的"是结构助词,其中第二个组成"的"字短语;最后一个"的"则是语气助词,表肯定语气。

语气助词"了"附在句末的宾语、数量补语后面,表示确定语气,去掉不影响句意。而动态助词"了",只附着在动词或某些形容词的后面,经常出现在句子中间表示动作行为或性状变化已经完成,不能去掉,否则意思大变。例如:

㉜ 这篇课文我讲了三堂课了。

前一个"了"是动态助词,后一个"了"是语气助词。

如果句末的"了"是用在动词、形容词后面,便兼有语气助词和动态助词的两种作用。如:

㉝ 天气凉了。枫叶红了。

(五)叹词

叹词是表示感叹或应答的词。

如:啊 哎 哎呀 呸 喂 嗯 唉 哼 哼唷
哦 哈 嘻 咦 喔 喔唷 嗳嗨 嗨哟

叹词是一种特殊的虚词。它一般不同别的词或短语组合,经常单独使用。叹词可以单独成为叹词句,是非主谓句的一种。例如:

㉞ 哼,老头子。
㉟ 哈!竟成了这模样了。

叹词有时候还可以充当谓语的中心语,或者充当定语、状语。例如:

㊱ 他低低地"嗯"了一声。
㊲ 大家听了,哈哈地笑起来。

这属于叹词的活用。

叹词的写法不十分固定,同一声音,往往用不同的汉字表示,如"ō,我懂了",可以用"哦"、"喔"、"噢"表示。

有时同一个叹词读不同的语调,便表示不同的意义。如:

㊳ 啊(ā)!真好哇! (表示赞叹)
㊴ 啊(á)!这么快呀? (表示惊讶或不知道)
㊵ 不要哭了,啊(ǎ)! (表示抚慰)
㊶ 啊(à)!是这么回事啊! (表示特别惊讶兼醒悟)
㊷ 啊(à)!好吧。 (表示应诺或知道了)
㊸ 这是哪儿来的?啊(á)? (表示追问)

(六)拟声词

拟声词是摹拟事物的声音的词。如:"砰"(枪声、门的撞击声)、"咚"(鼓声、敲门声)、"哗哗"(流水声、雨声)、"嗡嗡"(虫鸣声)、"丁丁当当"(铁器的撞击声)、"噼里啪啦"(鞭炮声)。

有的是摹拟人的动作所产生的声音。如:"叽里咕噜"(听不清的说话声)、"噼噼啪啪"(拍掌声)。

拟声词的表意作用是使语言具体、形象,口语和文学作品中经常使用。

拟声词的句法功能主要是作状语。例如:

㊹ 雨来还想说什么,可是哐啷响了一下,就听见爸爸走出去的脚步声。
㊺ 只听见子弹向他头上嗖嗖地飞来。
㊻ 扁鼻子军官气得暴跳起来,嗷嗷地叫:"枪毙,枪毙!拉出去,拉出去!"

有的拟声词还可以作定语、谓语、补语,如"哗哗的流水声"、"蜜蜂满野嘤嘤嗡嗡"、"他早已睡得呼呼的了"。

拟声词有时作独立语,如:"轰隆,外面传来一声炮响。"

二、虚词的运用

(一) 介词的运用

1. 对于、对

介词"对"与"对于"介引动作的对象、与动作有关的人或事物。但"对"的使用范围比"对于"大,"对"还有"向"与"对待"的意思,用"对于"的地方一般可换用"对",但用"对"的地方不一定能换用"对于"。如:

＊① 我们做任何工作,都要对于人民负责。
＊② 他对于教师很尊重。

这两句中"对于"都应改"对"。例①中的"对"是"向"的意思;例②中的"对",是"对待"的意思,所以不能把"对"都用成"对于"。

运用"对"或"对于",还应注意主体客体的位置。如:

＊③ 美国侵犯别国领海权的行为,对于具有民族自尊心的拉丁美洲人民是绝对不能容忍的。

例③的"对于"虽然没有用错,可是主体客体的位置颠倒了。应改为"具有民族自尊心的拉丁美洲人民对于美国侵犯别国领海权的行为是绝对不能容忍的。"

2. 关于、对于、至于

介词"关于"用于引进涉及的事物,如:"关于牛郎织女,民间有个美丽的传说。""关于"和"对于"用法相近,有时可以互换,如:"关于(对于)这个问题,大家有不同的看法。"但是这两个介词在用法上还是有区别的,主要有三点:

第一,表示关联、涉及的事物,用"关于";指出所针对的确定对象,用"对于"。例如:

④ 关于招生问题,请与招生办公室直接联系。
⑤ 对于党内的不正之风,我们不能听之任之。

第二,"关于"组成的介宾短语作状语,只能放在主语之前;"对于"组成的介宾短语作状语,放在主语前后都可以。例如:

⑥ 关于美学,我所知有限。
⑦ 对于美学,我很感兴趣。
⑧ 我对于美学很感兴趣。

第三,"关于"组成的介宾短语可以作标题,如《关于毛泽东的统一战线理论》;用"对于"组成的介宾短语就不能作标题。

"关于"、"至于"都可以引进话题,但是两者有所不同。"关于"不能在原话题之外引进另一话题,"至于"能引起另一话题。例如:

⑨ 这个问题,也就是要我们回答的关于一个人应该有什么样的理想的问题。
⑩ 熊是杂食的,吃肉,也吃果实块根。至于熊猫,是完全素食的。

3. "在……上"、"在……下"、"在……中"

介词"在"经常跟由方位名词"上、中、下"等构成的方位短语组成介宾短语,表示动作、行为的时间、处所、方位、条件或范围等。例如:

⑪ 在党中央的领导下,我们一定能战胜金融风景。
⑫ 在社会主义社会中,一定要坚持按劳分配的原则。

例⑪"在……下"表示条件;例⑫"在……中"表示范围。

"在……上"、"在……下",中间插入的应该是名词或名词性短语。如"在数量上"、"在这种情况下"。"在……下"跟"在……上"不完全一样。放在"在……下"这个格式里的必须是偏正结构,如"在大好形势下"、"在这种条件下"等。"在共产党领导下"、"在正确路线指引下",看上去其中的"共产党领导"、"正确路线指引"好像是主谓短语,其实是偏正关系的名词短语,等于说"在共产党的领导下"、"在正确路线的指引下"。

下边句子用"在……上"、"在……下"都有错误:

* ⑬ 在如何发挥潜力上,工人们提出了许多建议。
* ⑭ 在不增加人数下,争取提前完成工作任务。

例⑬"在……上"中间插入的是动词性短语,应该改为名词性短语,要在"如何发挥潜力"后边加上"这个问题"或"的问题",使它转化成名词性短语。例⑭"在……下"插入的是动词性短语,应改为"在不增加人数的条件下",使插入成分变成名词性短语。

"在……中"中间如果插入动词或动词短语,则表示该动作、行为正在进行。如"宝钢在建设中","在"是动词,方位短语"建设中"是宾语。

（二）连词的运用

和、或

"和"、"或"都是连词,但两者有区别。"和"表示并列,"或"表示选择。

一般说来,"和"前后并列的各项不应有互相包含的概念（包括多项并列结构之间不用"和"的）;连接并列成分还要分清层次,否则容易造成层次不清。例如:

* ⑮ 批判个人主义、自由主义和各种非无产阶级思想。
* ⑯ 奶皮子是内蒙古自治区呼伦贝尔盟或锡林郭勒盟牧区的名产。
* ⑰ 在日本访问的中国法律工作者代表团、中国歌舞团和中国五金进出口公司和中国矿产公司代表团,今天乘船启程回国。

例⑮"和"的前后有互相包含的概念,应把"和各种"删改为"等";或在"各种"之前加上"其他"。例⑯"或"应改为"和",因为两个盟都有奶皮子。例⑰ 由于连用两个"和",使得句子层次不清。"和"连接三项以上时放在最后两项之间,前几项用顿号连接,可将句中第一个"和"改为顿号。

三、词的兼类和活用

（一）词的兼类

现代汉语的各类词,从总的方面看,词性是固定的,但是,也有少数的词,有两类或两类以上的语法功能。这就是词的兼类现象。例如:

① 我们必须在这次会议上选出三名代表。（名词）

② 他们没有资格代表我们。　（动词）
③ 党和人民的关系很密切。　（形容词）
④ 密切了党和人民的关系。　（动词）
⑤ 他的态度非常端正。　（形容词）
⑥ 大家认为他已经端正了态度。　（动词）
⑦ 这是一种崇高的革命精神。　（名词）
⑧ 这孩子大大的眼睛，怪精神的。　（形容词）

词的兼类，不是指在具体的语句中同时兼有两类词的语法特点，而是指在不同场合具备不同的语法功能。如"端正"是形容词兼动词。但是在"态度很端正"中，它只能是形容词，不能说既是形容词，又是动词。同样，在"要端正态度"中，它只能是动词，不能说成既是动词，又是形容词。

词的兼类还要与词的同音同形现象区分开来。兼类词意义相通，互有联系，而同形同音词则无意义的联系。如"把住门"、"把灯点上"、"一把刀"，这三个"把"同音同形，但它们是三个词，而不是兼类现象。有时把某一个词临时借作另一类词，也不是兼类，如"踢一脚"，"脚"是名词，这是借作动量词。

常见的兼类词的情况有以下几种：

兼名、动的：病　锈　决定　工作　报告　申请
　　　　　　教授　武装　指示　批评

兼名、形的：左　红　科学　经济　道德　矛盾
　　　　　　困难　秘密　标准　原则　规则

兼形、动的：怪　破　忙　丰富　明确　明白　团结　健全　充实

虚词也有兼类现象，如"在、为、跟、向、比、朝、往、让、用、由"，兼属介词与动词；"和、跟、同、与"兼属介词与连词。

（二）词的活用

某一类词在特定的条件下，为了表达上的需要，临时用作另一类词，这叫"词的活用"。如鲁迅的《药》里写刽子手康大叔说的一句话："吃了么？好了么？就是运气了你！……"这句话中的"运气"是名词临时活用为动词。再如毛主席《沁园春·长沙》中的"粪土当年万户侯"，也是将名词"粪土"当作动词用。

这些都是为了表达上的需要而临时改变其词性，赋予它新的意义，属于修辞手段，不同于词的兼类现象。兼类现象是词兼有两类或两类以上词的语法特点，经常作为不同的两类词使用；而词的活用，则是在特定条件下，为了表达的需要，偶尔用作另一类词。

第四节 短 语

一、短语的类别

短语是词和词按照一定方式组合起来的、没有句调的语言单位。短语可以从不同的角度进行分类，一是从结构上分，即根据其内部结构类型或结构特点来加以分类；二是从功能上分，即根据它整体包含在一个更大的语言单位里的语法功能来划分类型。

（一）短语的结构类型

从构成要素来说，短语有实词和实词的组合，也有实词和虚词的组合，具体可以分为12类：主谓短语、述宾短语、偏正短语、补充短语、联合短语、复指短语、连谓短语、兼语短语、指数量短语、方位短语、介宾短语、助词短语。

1. 主谓短语

主谓短语由主语和谓语两部分组成，两部分之间是陈述和被陈述关系，也就是主谓关系。例如：

  水稻‖丰收 学生‖学习 阳光‖灿烂 情绪‖稳定
  学习‖认真 谦虚‖是美德 今天‖星期一 他‖花白头发

2. 述宾短语

述宾短语由动词和它的宾语组成，宾语是动词所支配或关涉的对象，或动作行为的结果，两部分之间的关系是支配和被支配或关涉和被关涉的关系。例如：

  学文化 看足球赛 写文章 影响声誉 防止中毒 下决心
  喝大碗 晒太阳 看医生 听见他唱歌 觉得他老实 希望你努力

3. 偏正短语

偏正短语由修饰成分和中心词两部分组成，前一部分（偏）修饰后一部分（正），它们之间的关系是修饰与被修饰关系。偏正短语有三种情况：

（1）定＋名　名词是中心词，名词前面的修饰成分是定语，定语可以由名词、形容词、动词、代词、数量词等充当。例如：

  （祖国）大地 （散文）流派 （清新）的空气 （遥远）的地方
  （前进）的步伐 （流动）状态 （我）的故乡 （这篇）小说

（2）状＋动　动词是中心词，动词前的修饰成分是状语，一般由副词或形容词充当。例如：

  ［大力］支持 ［独立］思考 ［已经］完成 ［再三］道谢
  ［都］去 ［一定］实现 ［到处］是 ［批判地］继承

（3）状＋形　形容词是中心词，形容词前的修饰成分也是状语，状语也由副词和形容词充当。例如：

[非常]刻苦　[特别]勇敢　[真]美丽
[慢慢地]安静了　[猛烈地]跳动起来

还有一种偏正短语，中心词是动词或形容词，修饰语常常是名词或代词，也可能是形容词。定语和中心词之间一般要用助词"的"，如："经济的发展"、"问题的产生"、"心里的高兴"、"他的精明"、"美妙的渲染"。

4. 补充短语

补充短语由动词或形容词与其补语组成，它们之间是被补充和补充的关系。补充语通常由动词或动词性短语、形容词或形容词性短语、数量词、代词、副词、主谓短语和介宾短语充当。补充短语有动补短语和形补短语，例如：

（1）动补短语：

救〈活〉　坐〈好〉　看得〈入了迷〉　看〈一次〉　做成〈这样〉
跑得〈满头大汗〉

（2）形补短语：

好得〈很〉　热得〈发了狂〉　鲜艳得〈多〉　亮得〈耀眼〉
闷得〈心烦意乱〉

5. 联合短语

由两个或几个部分组成，各个部分之间有并列、顺承、递进或选择关系。所并列的各项，词类是相同或相近（指名词或代词的组合）的，可用连词"和"表示并列，"而"表示递进，"或者"表示选择。例如：

科学技术　　语法、修辞和逻辑　　我、你、他　　爸爸、妈妈和我
调查研究　　酸甜苦辣　　　　　　细致而深刻　　升学或者就业

6. 复指短语（又叫同位短语）

由两部分组成，前后两部分语法地位一样，所指内容相同，作同一个成分，意义上前后有复指关系，结构上是同位关系。例如：

我们大家　　你们渔民　　首都北京　　船长老张
焦裕禄同志　刘胡兰烈士　春秋两季　　美丽这个词

7. 连谓短语

由两个或两个以上动词或动词性短语组成，连用的几个部分大多表示连续发生的几个动作，是连续关系，中间没有停顿，不用关联词语。例如：

去看　上街买菜　去图书馆查资料　打电话通知他
去找朋友打听消息　坐下来读英语　轻轻地走过去把门关上

8. 兼语短语

这种短语有一个兼语，兼语既是前一个动词的宾语，又是后一个谓语的主语，有宾语兼主语双重身份。也可以说，兼语短语是由一个动宾短语套上一个主谓短语组成的。充当这类短语的前一个动词一般表示使令或表喜爱、厌恶等

心理活动,也可以用动词"有"、"是",后一部分说明动作的目的、结果或原因。有时候,兼语后面的成分也可能是个形容词。例如:

　　请他们去　　有人不赞成　　带领大家前进　　通知他来开会
　　选小李当代表　　是我不对　　嫌这筐苹果小　　使祖国富强
　　喜爱这里的环境清静　　派人请医生

9. 指数量短语

这种短语由指示代词、数词和量词组成。例如:

　　一个　五套　三斤　四里　（数量）
　　这次　那个　这条　那颗　（指量）
　　这两种　那五本　（指数量）

10. 方位短语

方位短语由名词、名词性短语、主谓短语或动词性短语加上方位词构成,表示处所、范围或时间。例如:

　　操场上　教室里　月光下　晚饭后　三年前　出厂后
　　开会以前　眼皮底下　树林东边　他们之间　长城内外　黄河以东
　　全国解放以后　学校放假以前

单纯方位词"上、中、下"有一种引申用法,表示方面义或界限义。例如:

　　经济上　感情上　面子上　生活中　人生中　想象中

11. 介宾短语

介宾短语由介词和它的宾语组成,介词的宾语一般由名词、代词或名词性短语充当。例如:

　　从现在（起）　按计划（去做）　（生）于1986年　（写）在黑板上
　　在墙上（挂着）　当黎明到来的时候　关于课堂纪律问题　由于种种原因

12. 助词短语

这种短语包括"的"字短语、"所"字短语和比况短语。

（1）"的"字短语　这种短语由结构助词"的"附着在名词、动词、形容词或短语后面,表示人或事物意义。"的"字短语可以看作是带"的"的定语隐去了后面中心词或者不需要说出中心词而形成的。隐去的中心词总是名词,所以"的"字短语起着名词性短语的作用,具有名词的功能。例如:

　　学校的　图书馆的　自己的　大家的
　　吃的　用的　硬硬的　新鲜的
　　捡来的　三斤的　这样的　刚做好的
　　朋友送的　大会通过的　港澳同胞的

（2）"所"字短语　这是由结构助词"所"附着在动词前面组成的名词性短

语,指称动词所支配或关涉的对象。例如:

　　　所见　所闻　所写　所得　所想　所需

　　　所认识　所发明　所有　所企求　所亲眼目睹

"所"字是个文言词,"所"字短语多见于书面语。"所"字短语之后如果不出现有关的名词,实际是隐去了动词之后的宾语而形成的。因此,"所"字短语也具有名词性短语的功能。

"所"字短语跟"的"字短语不同,不能单说,而且在句子里一般要借助"的"字组成"的"字短语,或者借助"的"字修饰名词,组成偏正短语。例如"所引用的只是一些文献资料"、"所起的作用很大"。不加"的"字而独用为主语或宾语的情况仅见于一些惯用语,或者用在动词"有、无"等后面,如"所答非所问"、"各尽所能"、"有所体会"、"无所用心"、"无所不在"。

(3) 比况短语　这是由比况助词"似的、一样、一般"附在名词(名词性短语)或动词(动词性短语)之后组成的形容词性短语。例如:

　　　狮子似的(凶狠)　有功劳似的

　　　暴风雨般的(掌声)　死一般的(寂静)

　　　飞也似的(跑了)　亲兄弟一般的(友情)

比况短语前头可出现"像、好像、跟"等词。例如:

　　　像朵花似的　像小老虎似的

　　　像根芦柴棒一样　跟猫一样　好像飞一样

比况短语一定要有一个比况性的助词直接附着在短语后面。"(乱蓬蓬的头发)像冬天的枯草",尽管也是比况,但它是一个述宾短语;"像冬天的枯草似的"才是比况短语。比况短语相当于一个形容词性短语。

(二) 短语的功能类型

短语按结构分类,有利于掌握短语的内部结构关系和层次。为了掌握短语的语法特点,还可以按照其功能,把短语分成三大类。它们是名词性短语、形容词性短语和动词性短语。

1. 名词性短语

以名词为中心词的、或者功能和名词相同的短语,都属于名词性短语。常见的名词性短语包括:

　　偏正短语(定+名):紧急任务　奔驰的列车

　　指数量短语:这位　那一次　十几片

　　方位短语:田野间　黎明前　书柜内

　　复指短语:首都北京　咱们教师

　　的字短语:集体的　他们的　劳动用的

　　所字短语:所见　所发现　所说

　　联合短语(名+名):师生员工　个人和集体　他和同学

名词性短语的功能主要是充当主语、宾语,也可以充当定语,有些还能充当谓语。例如:

① 现代汉语是一门基础课。(主语)
② 淡淡的朝阳刚把树梢照亮。(主语)
③ 这里的高山、密林、城镇、村落,哪里没写过可歌可泣的故事呢?(主语)
④ 大家要学习好现代汉语。(宾语)
⑤ 这是一次激烈的战斗。(宾语)
⑥ 每一个人都有他自己的理想。(主语、宾语)
⑦ 这所学校的师资力量非常强。(定语)
⑧ 眼睛是人和动物的重要感觉器官。(定语)
⑨ 这位老人花白头发,黑黑的脸。(谓语)
⑩ 一元钱三斤西红柿。(谓语)
⑪ 他中国籍。(谓语)

表示时间的方位短语可以充当句首状语,例如:

⑫ 抗战胜利以后我们才重新见面。(状语)
⑬ 昨天晚上双方战斗得很激烈。(状语)

2. 动词性短语

以动词为中心词、或者功能和动词相同的短语,都是动词性短语。常见的动词性短语包括:

述宾短语:发现人才　欢迎参观　需要什么
动补短语:写完　唱得好　坚持下去
偏正短语(状+动):日夜奋战　热烈地欢迎　对大家诉说
连谓短语:拿钱买书　买自行车骑　上教室做作业
兼语短语:命令他们转移　称他是老师
联合短语(动+动):批评指教　讨论并通过
主谓短语:红旗飘扬　千帆竞发

动词性短语的功能主要是充当谓语,也可以充当定语、补语、主语、宾语或状语。例如:

⑭ 分离、话别的忧伤情感在网络上肆意泛滥着。(谓语)
⑮ 我们发了三本学习材料。(定语)

⑯ 他们高兴得直拍手。(补语)
⑰ 劳动光荣。(主语)
⑱ 他从小就爱好研究自然。(宾语)
⑲ 工作必须有计划地进行。(状语)

3. 形容词性短语

以形容词为中心词、或者功能和形容词相同的短语,都属于形容词性短语。常见的形容词性短语有:

偏正短语(状+形):最早　多么可爱

形补短语:好得多　冷起来了　轻一点儿

联合短语(形+形):雄伟壮丽　伟大而艰巨

比况短语:鲜花似的(衣裙)　像箭一样(窜出来)

形容词性短语的功能主要是充当谓语,也可作定语、状语、补语、主语、宾语。例如:

⑳ 这里的山路狭窄崎岖。(谓语)
㉑ 晚来的海风,清新而凉爽。(谓语)
㉒ 同志,这是个光荣而又艰巨的任务。(定语)
㉓ 是一个非常幽美的海滨的夏夜。(定语)
㉔ 任务非常紧迫地摆在我们眼前了。(状语)
㉕ 这篇文章写得好极了。(补语)
㉖ 一切都办得十分神速。(补语)

二、短语的扩展与分析

(一)短语的扩展

短语按层次分可以分成简单短语和复杂短语。只有一个结构层次的短语叫做简单短语;不止一个结构层次的短语叫做复杂短语或多层短语。复杂短语是多层组合起来的,即一层套一层,每一个结构层次都有一定的结构关系。根据表达的需要,短语可以由简单的扩展成为复杂的。

(二)短语的分析

复杂短语的层次分析就是句法分析,分析出来的短语的组成成分叫句法成分。句法分析包括短语的层次分析和结构关系分析。

句法分析的基本要求有三个:

1. 一个语言片断里切分出来的各个成分都必须具有意义。不能有任何一个成分没有意义。例如"一个古老的故事",切分图解如下:

①    

2. 一个语言片断里切分出来的各个成分都必须具有语义搭配的可能性。例如"他的话很有道理",切分图解如下:

② 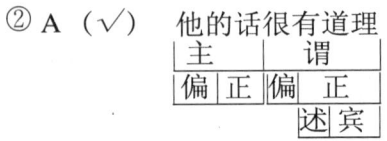   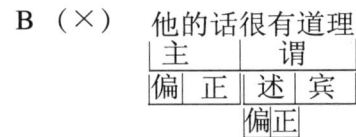

程度副词可以修饰少数动宾关系的短语,这里的状语"很"修饰的是动宾短语"有道理",不是光修饰"有"。因为"很有"不能构成一个独立表义的短语。因此,切分谓语时,应先切出状语,后切出宾语。

3. 一个语言片断中切分出来的各个成分在语义上的搭配必须和整个语言片断的原意相符。如"劳模们胸前戴着大红花",其中"大红花"的意思是"大"的"红花",而不是"大红"颜色的"花"。所以只能切分成:

大红花
| 偏 | 正 |
    | 偏 | 正 |

但是,在"买一条大红被面"中的"大红被面"是指"大红"颜色的"被面",因而须切分成:

大红被面
| 偏 | 正 |

短语的多义现象可以看作是两个或两个以上不同意义与不同结构的短语交叉在一起,用同一种词序形式来表现。与词的多义现象一样,只要放在一定的语境中,它们都只表示一种意义和结构关系。

(三)层次分析法

分析复杂短语结构层次关系的方法就叫做"层次分析法"。它的正式学名叫做"直接成分分析法",由于这种方法在分析时尽可能地采取二分(只有少数联合短语或连谓短语需要多分),所以俗称"二分法",平时则通称"层次分析法"。

层次分析法的目的是揭示一个句法结构隐藏在线形排列背后的固有的层次结构关系。其方法是采用逐层依次找出各层次的直接成分,并进一步说明直接成分之间的结构关系。例如:

③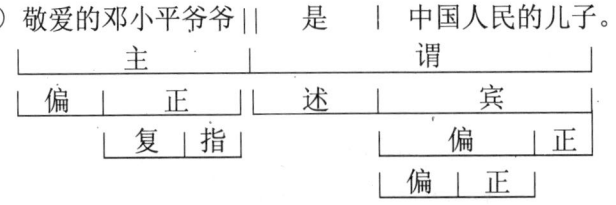

对复杂短语"敬爱的邓小平爷爷是中国人民的儿子"进行分析,得到"敬爱的邓小平爷爷"和"是中国人民的儿子"两个直接成分,然后再分出"敬爱的"和"邓小平爷爷"两个直接成分,以及"是"和"中国人民的儿子"两个直接成分,然后再分出"中国人民的"和"儿子"两个直接成分。直接成分之间有一定的结构关系,第一层是主谓关系,第二层分别是偏正关系和述宾关系,第三层是复指关系和偏正关系,第四层只有偏正关系。

短语中的各个成分如果不构成直接成分,那么就是非直接成分,例如"敬爱"和"是"或者"中国人民"和"是"之间,非直接成分之间没有句法结构关系,大多数情况下也没有语义上的关系。但是,句法关系不等于语义关系,语义关系可以超越句法结构的制约,因此也有可能在非直接成分之间存在某种语义上的联系。例如"邓小平爷爷"跟"中国人民的儿子"之间存在着领属语义关系。

1. 层次分析法的步骤

对一个句法结构进行层次分析,首先要理解该句法结构的意义,明白它的结构是如何一步一步地组合起来的,把握了全局,才有可能进行准确的切分。切分的第一刀最为重要,因为第一刀切分错了,后面便可能全都错了。我们凭自己的语感,参考语气自然的停顿,会比较容易发现最佳切分点。层次分析出来以后,第二步还要分别注明每个层次的结构关系。因为汉语很少严格意义的形态变化,光有次序的排列以及词类的确定并不能说明它们之间的句法结构关系。例如"学习园地"和"学习英语",这两个句法结构的词序排列都是"动词+名词",但是,"学习园地"是偏正关系,而"学习英语"是述宾关系。

在作层次分析时,必须注意以下几点:

第一,必须逐层分析,不能随意跳过某个层次。例如:

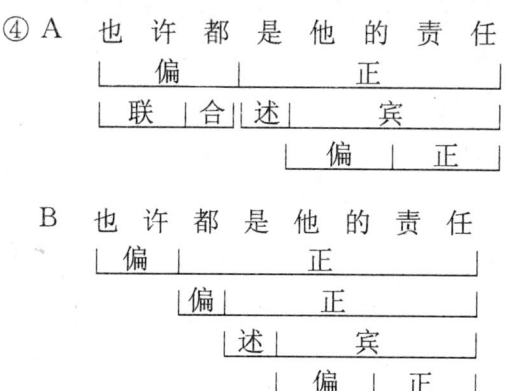

"也许"跟"都"都是状语,但是它们处于不同的层次上,"也许"跟"都"不构成一个句法结构,因此,例④A的分析是错误的,例④B的分析才是正确的。也就是说,层次分析好像剥笋似的,要一层一层地剥离,不能好几层一起剥离;否则就搞不清楚里边的关系。

第二,切分的终点是分析出每个实词,但是不需要切分到语素。例如:

⑤ 我 国 选 手 在 比 赛 中 取 得 了 史 无 前 例 的 成 就

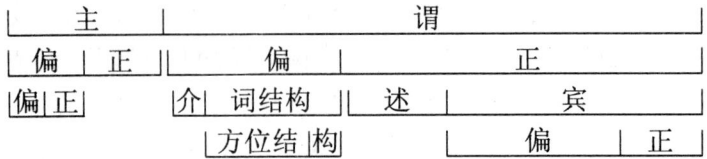

这里要注意几点：

(1)"我"和"国"是两个实词，必须切分开来；要特别当心忽略单音节词。
(2)"在/比赛中"，首先分析为介词结构，再分析"比赛/中"是方位结构。
(3)"选手"、"比赛"、"取得"和"成就"都是双音节词，不必再切分。
(4)凡是助词"了"、"着"、"过"、"的"、"地"、"得"以及语气词，都可以不切分。
(5)"史无前例"是成语，凡是成语、熟语、固定短语一律不再切分。

第三，由于层次分析法操作时基本上采用二分法，为了不使切分有所遗漏，最好是采取从左到右，从上到下，逐块切分。每一次切分以后，还要标上该短语的结构关系，即上两节所介绍的十四种基本短语类型。

2. 层次分析法的图解

层次分析法在使用的时候，可以采用多种图解法，这里主要介绍以下五种：

(1) 切分法：这是最常用的方法，即把要分析的短语作为一个整体，从大到小，依次逐层切分，有一点像切豆腐。例如：

⑥ 他 弟 弟 喜 欢 中 国 小 说

(2) 组合法：先把要分析的短语切分为一个个单词，然后从小到大，依次逐层组合起来，有一点像滚雪球。例如：

⑦ 他 弟弟 喜欢 中国 小说

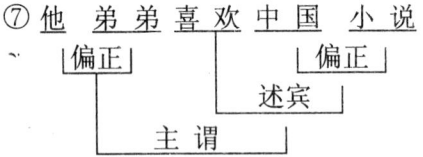

(3) 树形图：即把有关的结构分析用竖线条或斜线条连接起来，从而显示出短语内部的结构关系，这类线条就好像一株树的主干和分枝似的。例如：

⑧

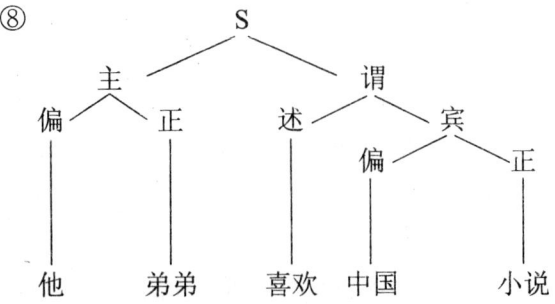

(4)括号法：即利用数学的大、中、小括号来显示句法结构中的不同层次。这有一点像数学公式。例如：

⑨（他弟弟）［喜欢（中国小说）］
　　　偏正　　主谓　述宾　偏正

(5)划线法：即第一层次用一根竖线来表示，第二层次用两根竖线来表示，第三层次用两根竖线来表示，其余以此类推。例如：

他 ‖ 弟弟 ｜ 喜欢 ‖ 中国 ‖ 小说
　偏正　　主谓　　述宾　　偏正

这五种图解法各有它们的优缺点。一般地说，通常对短语进行层次分析时，多数采用"切分法"，因为短语比较短，可以一目了然，把握全局；对复句进行层次分析时，因为复句内部往往由好几个分句构成，句子比较长，不容易把握全局，则多采用组合法；更为简便的方法是"划线法"。"树形图"在分析汉语时比较少用，"括号法"由于括号种类的限制，往往只是作为一种辅助手段。

第五节　单　句

一、句子的类型

句类是句子按照不同用途和语气功能划分出来的类型。一般分为四类：陈述句、疑问句、祈使句、感叹句。每种句类在结构形式上有特殊的标志，在语用功能上也有特殊的作用。

(一)陈述句

用来述说一件事情的句子叫陈述句。陈述句末尾的语调是平调，可以带语气助词"的、了、呢、罢了、嘛、啊"等，也可以不带语气词，书面用句号表示。

陈述句可分为三种表达方式：

1. 肯定的陈述，往往无标志，如："天晴了。""明天星期天。""假期里游览了许多名胜古迹。"肯定的陈述可用判断动词"是"。例如：

① 王英老师是我过去的班主任。
② 举世无双的秦兵马俑是我国享誉世界的珍贵历史文物。

2. 强调的陈述，用语气副词"是"，或用双重否定。例如：

③ 原来爸爸是去上电脑培训班。
④ 的确是我搞错了。
⑤ 从前线回来的人说到白求恩，没有一个不佩服……
⑥ 小王的情况，你又不是不了解。

3. 否定的陈述,用否定副词"不"、"没有(没)"。例如:

⑦ 这天李凝不在家。
⑧ 一直到七岁,他(爱因斯坦)还没有学会说话。

(二)疑问句

用来向别人提出问题的句子叫疑问句。末尾的语调是升调,可以带语气助词"吗、么、呢、吧、啊"等,书面用问号表示。

按照结构特点,疑问句可以分为四类:

1. 特指问。用"谁、什么、怎么、哪"等疑问代词表示疑问,要求针对这些疑问代词来回答问题。句末可用语气助词"呢、啊",不用"吗"。例如:

⑨ 亲爱的狼先生,我怎么会把您喝的水弄脏呢?
⑩ 水乡什么多?——水多。
⑪ 云房子哪儿去了?

2. 是非问,又叫"然否问"。要求对提出的问题作肯定或否定的回答。句末用语气助词"吗、吧",不能用"呢"。例如:

⑫ 这石阶你能跳上去吗?
⑬ 亲爱的乌鸦,您的孩子好吗?

3. 选择问。提出两种或几种看法,希望对方选择一项来回答,常用"是……还是"、"……还是……"的格式。常用语气词"呢、啊",不用"吗"。例如:

⑭ 你是去南京,还是去上海呢?
⑮ 明天你乘飞机还是坐火车?

4. 正反问,又叫"反复问"。用肯定和否定相叠的方式说出来,要求作肯定或否定的回答。常用语气词"呢、啊"。例如:

⑯ 你学没学钢琴?
⑰ 他是不是扬州人?
⑱ 明天开会不开会?

⑲ 人来了没有？

此外，还有反诘疑问句和测度疑问句。
反诘疑问句又叫"反问句"，是无疑而问。肯定的反问句表达否定的意思，否定的反问句表达肯定的意思。反问句也有上述四种格式。例如：

⑳ 姐姐（缠了脚），还能下地干活吗？（是非问）
㉑ 你为啥要让姐姐受那份罪呢？（特指问）
㉒ 你是来帮忙呢，还是来拆台呢？（选择问）
㉓ 你说是不是很有意思？（正反问）

测度疑问句是带语气词"吧"的表示猜测的疑问句。采用这种句子时，说话人对事情已有初步看法，但是还不能十分肯定，因此用猜想的语气，希望对方证实自己的说法。这种句子的特点是常用降语调和"吧"，有时还用猜度词语。例如：

㉔ 图书馆有这份杂志吧？
㉕ 妈妈已经回来了吧？

（三）祈使句

用来要求别人做什么或制止别人做什么的句子叫祈使句。祈使句末用降语调，语气较强的书面用感叹号，语气较弱的用句号，可用语气词"吧"。例如：

㉖ 我们先来学习《汉语拼音字母表》吧！
㉗ 禁止攀折花木！
㉘ 场内请勿吸烟！
㉙ 再跳一下！

（四）感叹句

用来表示惊讶、感叹等强烈感情的句子叫感叹句。句末语调是降语调而稍长，书面必须用感叹号。常用的语气助词是"啊（哇、呀）、了"。
感叹句的构成有以下三种情况：

1. 由叹词非主谓句构成的感叹句

这种感叹句只表达感情，不陈述事情。例如：

㉚ 哎呀！

㉛ 嗬！
㉜ 啊！

2. 由主谓句构成的感叹句

这种感叹句往往在陈述事情中发出感叹。例如：

㉝ 原来世界这么美丽呀！
㉞ 九寨沟真是个充满诗情画意的人间仙境啊！
㉟ 中国加油！

3. 由其他非主谓句构成的感叹句

例如：

㊱ 多么美的花纹！
㊲ 2008，北京！
㊳ 天哪，这么高的山！

按照结构分类，可以把句子分为单句和复句。

单句又可以根据它的结构分为主谓句和非主谓句两种句型。

主谓句是最常见的句型，根据其谓语的不同特点，还可以分成各种句型。

从谓语的性质看，主谓句可分为动词谓语句、形容词谓语句、名词谓语句和主谓谓语句。

例如：

㊴ 秋风刮起来了。（动词谓语句）
㊵ 五颜六色的礼花映亮了北京的夜空。（动词谓语句）
㊶ 从此，蜗牛得意洋洋。（形容词谓语句）
㊷ 十月一日国庆节。（名词谓语句）
㊸ 这部电影我们班看过了。（主谓谓语句。）

从主语所表示的人或事物对谓语是施事还是受事来看，句子还可分为主动句和被动句。主语是施事的，即主语是谓语动作行为的发出者的，叫"主动句"；主语是受事的，即主语受谓语动作行为支配的，叫"被动句"。

句子还可以从其他角度来分。比如从句子成分是否有完整性来看，可分成完全句和省略句；从句子成分是否有正常顺序来看，分成常式句和变式句等等。

总之，句子的类型，是就句子整体的格式来观察分析的。句类和句型是两个不同的概念。句类是按句子用途和语气分析出来的类型;句型是按结构归纳出来的句子类型。句类和句型的划分是根据句子的结构特点和说明句子结构规律的需要。一个句子从不同的角度看便可以属于多种句型。比如"窗户纸都打湿了。"是主谓句、动词谓语句,又是被动句。

二、主谓句

主谓句是由主谓短语加上一定的语调构成的。主谓句有主语和谓语,主语和谓语可以是一个词,也可以由一个短语充当。不同的词或短语充当谓语,就形成不同的主谓句。

从表达的角度看,主谓句中谓语的表达作用更重要,谓语的性质也更值得重视。根据谓语的性质,主谓句的句型有名词谓语句、动词谓语句、形容词谓语句和主谓谓语句。

(一) 名词谓语句

名词谓语句的谓语由名词或名词性短语充当。

名词谓语句结构简单,表意明快,可以用来表示数量的情况,谓语用数量短语。例如:

① 学生三十八名。

名词作谓语,一般多用于说明日期、节日和天气等。例如:

② 今天星期六。
③ 明天春节。
④ 南京市区晴。

名词性短语作谓语,一般用来说明人的籍贯、年龄,描写人的容貌、特点,以及事物的价值、构造、所属。例如:

⑤ 鲁迅浙江绍兴人。
⑥ 新来的老师三十来岁。
⑦ 这个小姑娘红红的脸蛋,大大的眼睛。
⑧ 那个人好脾气。
⑨ 一枝钢笔三块钱。
⑩ 新音响四个音箱。
⑪ 这本书图书馆的,那本我的。

（二）动词谓语句

动词谓语句的谓语由动词或动词性短语充当。它的主要作用是叙述、说明和判断。

动词谓语句形式灵活多样，结构复杂，表意丰富。主要有下列格式：

⑫ 南沙是祖国巨大的蓝色宝库。（谓语是"是＋宾"）
⑬ 你们调查研究了吗？（联合关系的动词性短语作谓语）
⑭ 我多么向往外面那明媚的春光啊。（动词＋宾）
⑮ 张老师教我们语文。（动词＋双宾）
⑯ 每天上午和下午，医生都要给桑兰进行两小时的康复治疗。（动词作宾语）
⑰ 你必须放掉这条鱼！（能愿动词＋动词＋宾）
⑱ 我们都认为这个办法很好。（主谓短语作宾语）
⑲ 得胜的吴王非常骄傲。（状＋动）
⑳ 依山而建的布达拉宫显得更加雄伟、壮丽。（动＋补）
㉑ 越王勾践时刻不忘报仇雪恨。（状＋动＋宾）
㉒ 他把大家逗得哈哈大笑。（状＋动＋补）
㉓ 苏格兰军队经过激烈的战斗赶跑了外国侵略军。（状＋动＋补＋宾）
㉔ 我狠狠地教训了他一顿。（状＋动＋宾＋补）
㉕ 他找你两次了。（动＋宾＋补）
㉖ 那眼睛流露出喜悦的神情。（动＋补＋宾）
㉗ 司马光躲在屋里一遍又一遍地高声朗读。（连谓短语）
㉘ 宙斯派天神用沉重的铁链把普罗米修斯锁在高加索山的悬崖绝壁上。（兼语短语）

（三）形容词谓语句

形容词谓语句的谓语由形容词或形容词性短语充当。它的主要作用是描写。例如：

㉙ 天气晴朗。（形）
㉚ 天安门广场一片辉煌。（形）
㉛ 这里的风沙真讨厌。（状＋形）
㉜ 稠密的树叶绿得发亮。（形＋补）
㉝ 每棵树的叶子都密得不透缝。（状＋形＋补）
㉞ 凡尔赛宫宏伟、壮观。（联合的形容词短语）

（四）主谓谓语句

主谓谓语句是由主谓短语充当谓语的句子。这是汉语特有的句式。
例如：

㉟ 他‖体重增加了一倍。

为了分析和称说的方便，把主谓谓语句的主语称做大主语，如"他"；谓语中主谓短语的主语称做小主语，如"体重"。

从大主语是施事或受事来看，主谓谓语句大体有下面三种：

第一种，大主语是受事，小主语是施事，全句的语义关系是：受事‖施事—动作。例如：

㊱ 这样的傻事情‖谁肯干？
㊲ 我的讲义，‖你能抄下来吗？

第二种，大主语是施事，小主语是受事，全句的语义关系是：施事‖受事—动作。例如：

㊳ 他‖哪儿都去过。
㊴ 他‖一口水都不喝。
㊵ 他‖任何困难都能克服。

这种句子把受事放在动词前面，表示受事有周遍性（所说无例外）。这种句子结构上有下述特点：第一，受事前可能有任指性词语，如"哪"、"任何"，后面有"都"或"也"相呼应，有往大里夸张的意味。第二，有"一"同"不"或"没有"相呼应，有往小里夸张的意味。

第三种，大主语既非受事也非施事，这又有三种情况：

其一，小主语代表的事物隶属于大主语所代表的事物。例如：

㊶ 祖国的宝岛台湾‖气候温暖。
㊷ 蜻蜓和苍蝇等的复眼，‖角膜具有一种奇特的成像特点。

其二，大主语前边隐含着"对于"、"关于"或者"无论"的意思。例如：

㊸ 这个问题‖他心里有底。

㊹ 什么事情‖他都抢在前头。

这种句子的大主语,如果加上"对于"、"无论",就变成句首状语了。
其三,大主语和谓语中某个词语在意义上有复指关系。例如:

㊺ 你的那个同学,‖我也认识他的。
㊻ 童年,‖这是多么美好的时光啊!
㊼ 他的两个姐姐,‖一个是医生,一个是演员。
㊽ 这些石刻狮子,‖有的母子相抱,有的交头接耳,有的像倾听水声。

例㊺㊻句后面的主谓短语中有一个代词复指前面的词或短语(非主谓短语),这是称代复指。例㊼㊽句这类主谓谓语句,是前面的名词或名词性短语先总说,然后分说,分说部分的主语和总说部分是复指关系,这是总分复指。

三、非主谓句

分不出主语和谓语的单句叫非主谓句。它由主谓短语以外的短语或单个词形成。非主谓句可以分为名词非主谓句、动词非主谓句、形容词非主谓句和叹词非主谓句。

(一) 名词非主谓句

名词非主谓句由一个名词或名词性偏正短语形成。常常用于以下几个方面:

1. 表示呼唤或疑问。例如:

① "阿 Q!"秀才只得直呼其名了。
② 小猫呢?

2. 表示突然发现的事物,或者引起对方注意某种事物。例如:

③ 蛇!
④ 卫星!
⑤ 水沟!

3. 表示赞叹或感叹事物的属性。例如:

⑥ 多么壮丽的山河啊!
⑦ 多么可爱的小生灵啊!

4. 用于剧本里说明时间、地点、背景。例如：

⑧ 一九四九年春天。
⑨ 上海外滩。
⑩ 小巧玲珑的一座公馆。

(二) 动词非主谓句

动词非主谓句由动词或动词性短语形成。常常用于以下几个方面：

1. 说明自然现象，叙述日常生活情况或突然发生的事物。例如：

⑪ 下雨了！
⑫ 突然响起了枪声。

2. 表示一般的要求或禁止。例如：

⑬ 随手关门。
⑭ 给我一个机会吧！

3. 用于应对，构成敬语、谦语。例如：

⑮ 不必了！
⑯ 谢谢！
⑰ 请坐！
⑱ 行不行？
⑲ 是的。

4. 用于公文、章程。例如：

⑳ 严禁刑讯逼供。(《中华人民共和国刑法》)
㉑ 推广全国通用的普通话。(《中华人民共和国宪法》)

5. 谚语、口号。例如：

㉒ 长得真有创意！
㉓ 节约用水！

动词非主谓句不同于省略句子成分的句子。省略成分的句子由于一定的语言环境（书面上是上下文）省略了某个成分，如果需要，可以补出来。而动词非主谓句并不是省略了主语，不需补出，甚至无法补出。它不需要特定的语境就表达完整而明确的意思。

（三）形容词非主谓句

形容词非主谓句由形容词或形容词性短语形成。常常用于以下几个方面：

1. 表示事物的性状、程度。例如：

㉔ 慢！
㉕ 好得很！

2. 表示一般的祈使、制止。例如：

㉖ 多一点吧！
㉗ 别小气嘛。

3. 表示应对。例如：

㉘ 好吧。
㉙ 明白了。

这种句子要在一定的语境里才能成立。

（四）叹词句

叹词句由叹词形成。常用于表示感叹、应答、呼唤。例如：

㉚ 啊！华山真高哇！
㉛ 嗯。
㉜ 喂！起来了！

此外，拟声词也可形成非主谓句。例如：

㉝ 呼！一阵风从窗前刮过。

四、几种特殊句式

句式是根据句子的局部特点划分出来的句子类型。由于主谓句中，动词谓语句复杂多样,有些常见句式在结构上和表达语义上比较特殊,所以在这里专门作出说明。

(一) 双宾句

双宾句是一个述宾短语再带一个宾语的句子。有的及物动词所表示的动作既涉及人、又涉及事物,因而可以带双宾语。例如:

① 我赢你两个球。
② 他告诉我们一个好消息。
③ 王老师教我们英语。
④ 首长的话给了他很大的启示。

离动词近的宾语一般指人,叫"近宾语",也叫"间接宾语",如例①中的"你";离动词远的一般指事物,叫"远宾语",也叫"直接宾语",如例①中的"两个球"。其他几句也都是近宾语指人,远宾语指物。

也有两个宾语都指人,或都指物的。例如:

⑤ 教育局派给我们两位女教师。
⑥ 他送给资料室五本线装书。

远宾语也可以是主谓短语和动词性短语。例如:

⑦ 她问我什么办法最好。
⑧ 水生没告诉妻子自己要去打仗。

例⑦、例⑧远宾语是主谓短语。

能带双宾语的动词,常见的是予夺性动词,如"取、给、送、送给、赠、奖、罚、赔、买、偷、抢、赢、赚、收、教、问、告诉、通知"等。

(二) 把字句

把字句就是用介词"把"(或"将")将动词的支配、关涉对象放在动词之前的一种句式。是汉语主谓句中很有特点的一种句式。试比较:

⑨ 我们一定要治好黄河。(有宾主谓句)
⑩ 我们一定要把黄河治好。(把字句)

从结构上看,把字句用"把+宾语"的介宾短语充当状语,比如"把黄河"是"治"的状语。从语义上看,把字句一般都有表示处置作用的意思,即谓语的动词所表示的动作行为对"把"字介引的对象施加影响,使它产生某种结果,发生某种变化,处于某种状态,如例②"把黄河治好"中的谓语"治"对于介引对象"黄河"加以处置,使它变"好"。

一般的说,当主语是施事,并且表示处置或影响某一种人和事物的时候,常常使用把字句。并非一切有宾语的主谓句都能变换成把字句。把字句的运用要受一定条件的限制。这些条件大致有以下几项:

1. "把+宾"作状语,谓语的中心词必须带有处置或影响事物的意味,如"打、放、扔、搞、送、取、消灭、打扫"等。

2. 把字句的谓语,不能是光杆儿动词,尤其不能是个单音节动词。换句话说,把字句的谓语要求是复杂的动词性短语。既然动词谓语有处置的意思,那么就要产生结果,因此动词谓语前面往往带状语,后面常常带补充成分,借以补充语义。把字句的结构类型主要有四种,另外还有两种特别情况:

(1) 带补语:普罗米修斯小心翼翼地把火种带到人间。
(2) 带宾语:母亲把花生做成好几样食品。
(3) 带状语:把毛衣往包里塞。
(4) 带"了"、"着":把苹果吃了/把盘子端着。
(5) 动词重叠:把课文读读。
(6) 双音动词:把事态扩大/把双脚固定。

3. 否定副词("不"、"没有")和能愿动词("愿意"、"敢")只能置于"把"字前。如:"为什么不把消息告诉他。""没有把衣服弄脏。""愿意把青春献给祖国的教育事业。""祁黄羊敢把儿子推荐给晋悼公。"

4. 动词前有范围副词(都、全)时,动词后有较复杂的短语作补语时,动词后带双宾语而其中一个或两个比较复杂时,都必须用把字句。例如:

⑪ 我把一大束茉莉花插进瓶里。
⑫ 阳光把飞船的太阳能帆板照得格外明亮。
⑬ 结果,我便把这封最后通牒式的信退还了他。

例⑪动词后有补语和宾语,例⑫补语是个偏正关系的形容词性短语,例⑬双宾语中远宾语较复杂。

(三) 被字句

主语是受事,而用介词"被"引进施事,或将"被"直接附于动词前以表示被动的句子叫被字句。它是动词谓语句中表示被动关系的一种特殊句式。例如:

⑭ 蜻蜓被孩子捉住了。
⑮ 1971年,迪斯尼乐园的路径设计被评为世界最佳设计。

从结构上看,被字句中有"介词'被'＋宾语"的介宾短语充当的状语。从语义上看,被字句表示被动的意思,主语常常接受不如意的事情,有时也用来表示如意的事情,或者无所谓如意不如意的。例如:

⑯ 我国这一园林艺术的瑰宝、建筑艺术的精华(圆明园),就这样被化为灰烬。
⑰ 地中海沿岸被称为西方文明的摇篮。
⑱ 门被风吹开了。

在书面语中,还有"被……所"、"为……所"的格式。例如:

⑲ 一切困难都将被全国人民所战胜。
⑳ 他为风雨所阻。

这里的"为"相当于"被",是介词;"所"是助词。"所"在单音动词前,不可少;在双音动词前,可有可无。

在口语中,可以用"让"、"叫"表示被动,还可以用"被(叫、让)……给"的格式表示被动,也属被字句。例如:

㉑ 地上的水叫太阳晒干了。
㉒ 篮子叫城管给没收了。

这里的"给"可有可无,有了它,口语色彩更鲜明。

把字句和被字句是两种语义上有差别的句式。比较两种句式的结构:

㉓ 我们把买来的衣服退了。(施事主语)
㉔ 买来的衣服被我们退了。(受事主语)

例㉓把字句是主动句,强调施事主语的主动性;例㉔被字句是被动句,强调受事主语的被动性。两句句式的语义各有所侧重。

被字句并非可以由任何带宾语的主谓句变换而成。构成被字句有一定的限制条件:

1. 谓语中心词动词必须是表示动作意义的及物动词,如"堵"。"一瞬间,我的喉咙被心中激起的强烈感情堵住了。"如果是非动作动词,如"是、有"等,就不能构成被字句。

2. 主语表示的受事,不能是泛指的而必须是定指的人或事物。例如可以说:"那本书被他弄丢了。"不可以说:"一本书被他弄丢了。"即使说:"书被他弄丢了。"也是在一定的语境中有所定指,说的听的双方都明白,指的是弄丢的那本书,而不是其他任何的书。

3. 被字句的谓语必须是复杂的动词性短语,动词前有状语,或后有宾语、补语,或带动态助词。例如:

㉕ 天空被暗灰色的云块密密层层地布满了。(前有状语,后有补语)
㉖ 大海被这霞光染成了红色。(后有补语和宾语)
㉗ 在朝鲜的每一天,我都被一些事情感动着。(动词后带动态助词)

4. 表示否定、时间等的副词以及能愿动词要放在"被"字前。如:"他没有被困难吓倒。""这件事已经被人传出去了。""一切丑恶的现象应该被消灭。"

(四)连谓句

由连谓短语充当谓语的句子叫连谓句。连谓短语中的动词或动词性短语在句子中处于谓语的地位,它们在意义上各自都能跟同一主语发生主谓关系。例如:

㉘ 我们站在人民英雄纪念碑前向南眺望。

连谓句中作谓语的动词或动词性短语之间通常有下列几种意义关系:
1. 先后关系。前后动词或动词性短语之间有一定的时间顺序。例如:

㉙ 她用勺子盛了一碗饭倒在妈妈碗中。
㉚ 老班长转身朝两个小同志睡觉的地方看了一眼。

2. 目的关系。后一个动作行为是前一个动作行为的目的。例如:

㉛ 鲁班上终南山拜师学艺。
㉜ 那个人跳下水救孩子。

3. 方式、手段关系。前一动作行为是后一动作行为的方式、手段。例如:

㉝ 郑和双手抱拳向岸上的人群告别。
㉞ 鲁班拿着斧子和刨子进屋去见师傅。

4. 情态关系。前一动作行为是后一动作行为的情态。例如：

⑮ 他笑着说："小妹，玩儿去吧！"

5. 从正反两方面说明主语。例如：

⑯ 总理抓住他的手不放。

6. 前一动词是"有"（或"没有"），后一动词或动词性短语表示具体的动作。例如：

⑰ 同学们有能力搞好这次汇报演出。
⑱ 我实在没有勇气再回去找丢失了的鞋子。

7. 因果关系。例如：

⑲ 大家听了中国女排胜利的消息很高兴。

有时候，一句话也可以出现两种关系。例如：

⑳ 勇士们又用轻重武器组织严密的火力压向敌人。

"用轻重武器"表示方式，"组织严密的火力"与"压向敌人"，又是一先一后。连谓句结构紧凑，表义丰富，可以用来叙述一个主语连续发出的几个动作。例如：

㉑ 将军扭回身抓住绳子往前移过来。

（五）兼语句

由兼语短语充当谓语或独立成句的句子叫兼语句。所谓兼语短语是由一个动宾短语套接一个主谓短语构成的，即一个动宾短语中的宾语兼作主谓短语中的主语。如"请他来"，"他"既是"请"的宾语，又是"来"的主语，叫做"兼语"。

根据兼语前动词的性质，兼语句大致有以下几种情况：

1. 兼语前的动词是使令性的动词。例如：

㉒ 学校派了几位年轻教师出国进修。

㊸ 我们选他当班长。

㊹ 护士提醒他该打针了。

㊺ 老师鼓励我学好英语。

㊻ 后世的人都尊他为木工的祖师。

2. 兼语前的动词表示感情活动，它是由兼语后的动词、形容词所表示的动作、状态引出来的。例如：

㊼ 我感谢你告诉我这个好消息。

㊽ 他埋怨我没给他办成这件事。

3. 兼语前的动词用“有”字。例如：

㊾ 他有个妹妹在银行工作。

非主谓句中也有兼语句，兼语前的动词用“让、有、没有、是”。例如：

㊿ 让暴风雨来得更猛烈些吧！

(51) 有人敲门。

(52) 是你救了我的命。

兼语句与连谓句不同：连谓句所有谓语都是陈述全句主语的；兼语句兼语后面的谓语不是陈述全句主语的，而是陈述兼语的。兼语句和连谓句往往套用，形成更加复杂的句式。例如：

(53) 他们派人来传我去。

(54) 鲁迅先生派人叫我明天早晨打电话托内山先生请医生去看病。

兼语句同主谓短语作宾语的句子形式相似，应注意区别。例如：

(55) 我希望他去。（主谓短语作宾语）

(56) 我派他去。（兼语句）

这两种句式有两点不同：

第一，两种句式中的第一个动词不同。兼语中第一个动词一般是表示使令、要求的，它所支配的对象是人物；主谓短语作宾语句的第一个动词一般是“想、希望、知道”等表示心理活动或感知的，或者是“证明、表明、说明、标志”等非动作动词，它所支配的对象是一件事（人物连同他的动作行为）。

第二，兼语句第一个动词后即兼语前不能有停顿，也不能插入状语，如不能说"我派明天他去"，只能说"我派他明天去"。主谓短语作宾语的句子，可以在第一个动词后停顿或插入状语，也可以在第二个谓语前停顿或加状语，"我希望明天他去"，也可说成"我希望他明天去"。

（六）存现句

句首是表示处所的词语，全句表示何处存在、出现或消失了什么人或物的句子叫存现句。

存现句可以分两类：

1. 存在句　表示在什么地方存在什么人或物。根据动词的性质可以分成静态存在句和动态存在句。例如：

(57) 张家庄有个张木匠。

(58) 桥下是一条大河。

(59) 桌子上放着一个花瓶。

(60) 床上躺着一个病号。

(61) 船头上飘扬着一面五星红旗。

(62) 天空中盘旋着一架直升机。

例(57)(58)"有"、"是"都是表示存在的动词，"是"在这儿是"有"的意思，不表示判断。例(61)(62)是动态存在句。动词后边的"着"在这儿只表示事物存在的方式或姿态，不表示动作的持续。

2. 隐现句　表示什么地方出现或消失了什么人或物。例如：

(63) 突然，梨树丛中闪出了一群哈尼小姑娘。

(64) 我们班里走了两个同学。

(65) 脑海里浮现出一幅神异的图画。

存现句的宾语一般都是不确指的，也有确指的，如："北京有座天安门。"存现句的宾语表示存在的主体，常常是施事宾语。因此，存现句可以变换成一般主谓句。例如："门口站着两个解放军战士。"可以说成："两个解放军战士在门口站着。"

句首没有表处所的词语，或者在表处所的词语前加了介词的，是非主谓句。而不是存现句。例如：

(66) 从前有个白胡子老头。

⑥⑦ 风声过后,从树林里跳出一只大老虎来。

例⑥⑥ 动词前头的时间词表示人物存在、隐现的时间,有修饰性,是状语。例⑥⑦ 动词前表处所的词语加上介词,组成介宾短语,就有修饰性,并非陈述对象,也是状语。

五、句子的省略和移位

(一) 省略句

说话或写文章时,常常省去一些不说自明的成分,这是为了语言简洁。如果需要的话,可以把它们补出来,这叫句子成分省略。这种省略句子成分的句子叫省略句。

省略大致有三种情况:

1. 对话省 例如:

① 问:谁来了?
答:他。(省略谓语)
② 父亲说:"你们爱吃花生么?"
我们争着答应:"爱!"(省略主语"我们"和宾语"吃花生")

2. 上下文省
(1) 承前省。例如:

③ 她们轻轻划着船,船两边的水,哗,哗,哗。(　　)顺手从水里捞上一棵菱角来,菱角还很嫩很小,乳白色,(　　)顺手又丢到水里去。(省略主语"她们")
④ 粉色荷花箭高高挺出来,(　　)是监视白洋淀的哨兵吧。(省略主语"荷花箭")

(2) 蒙后省。例如:

⑤ (　　)越过带雪的山峰,飞机就缓缓地降落在群山环抱中的乌兰巴托了。(省略主语"飞机")

3. 自述省
写日记,写信或发言时经常省去主语。例如:

⑥ 得知你考上大学,十分高兴。(写信)
⑦ 看了影片《张思德》以后,很受教育。(发言)

(二) 倒装句

句子有一定的格式,主要表现在句子成分有一定的位置。句子成分的位置一般是固定的,如主语在前,谓语在后;定语、状语在前,中心词在后。但是,也有非经常的、特殊的变式,如主语在谓语后,定语、状语在中心词后。为了增强语言的表达效果,强调、突出某个成分,句子成分不按照一般的顺序放,前后互换,这叫倒装句,又叫变式句。

常见的倒装句有两种:

1. 主谓倒置　例如:

⑧ 起来,不愿做奴隶的人们!
⑨ 喜欢吗,你?

例⑧强调谓语,发出战斗的号召。例⑨表示心急语切。

2. 定语、状语后置　例如:

⑩ 他走了过来,悄悄地,慢慢地。
⑪ 他们应该有新的生活,为我们所未经生活过的。
⑫ 许多外国朋友来到桂林游览,从伦敦,从纽约,从巴黎,从世界各地。

例⑩⑪是定语后置。例⑫是状语后置。定语、状语后置,往往是为了突出后置成分的语义,或者是为了调整语句结构,使语言简洁有力。

六、句子的特殊成分

句子里有一种成分,它不和句子里别的成分——主语、谓语、宾语、定语、状语、补语发生结构上的关系,独立于句子结构之外,但又是句意上所必需的,这种成分叫做独立语。独立语可以是一个词或短语。它的位置比较灵活,可以在句子中间,也可以在句首或句末。

从表意作用看,独立语有下列四种:

(一) 插入语

说话人为了加强说话的分量或严密性,强调说话者的态度,表明内容的客观性或可靠性,或者为了引起听话人的注意,而插到句中的词语叫"插入语"。

1. 表示肯定或强调的语气,通常用"毫无疑义"、"十分明显"、"不可否认"、"不用说"、"特别是"等。例如:

① 民族战争而不依靠人民大众,毫无疑义将不能取得胜利。
② 十分明显,不大大提高中华民族的科学文化水平,跨入世界先进民族之林就是一句空话。

2. 表示对情况的推测和估计,通常用"算起来"、"我想"、"充其量"等。例如:

③ 其间耳闻目睹的所谓国家大事,算起来也很不少。

3. 表示消息的来源、依据,通常用"据说"、"听说"等。例如:

④ 据说,最美的城市应该在山与湖之间。

4. 表示引起对方的注意,通常用"你瞧"、"你看"等。例如:

⑤ 你看,这事儿怎么办?

5. 表示概括、归结,通常用"总之"、"总而言之"。例如:

⑥ 总而言之,长征是以我们胜利、敌人失败的结果而告结束。

6. 表示注释、补充、举例,通常用"即"、"也就是"、"包括"、"正如"等。例如:

⑦《国际歌》,正如伟大导师列宁所说,是全世界无产阶级的歌。
⑧ 社会实践的继续,使人们在实践中引起感觉和印象的东西反复了多次,于是在人们的脑子里生起了一个认识过程中的突变(即飞跃),产生了概念。
⑨ 正如人们所期待的,邓亚萍再一次夺得奥运会金牌。

(二) 称呼语
用来称呼对方的名字和称呼。例如:

⑩ 孩子,你必须把这条鱼放掉!
⑪ 放心吧,爸爸,没有人看见我们。

（三）感叹语

表示惊讶、感叹、应对等语气。例如：

⑫ 啊,多么使人心醉的绚丽灿烂的秋色,多么令人兴奋的欣欣向荣的景象啊!
⑬ 唉,太沉不住气了!
⑭ 嗯,没有。

（四）拟声语

摹拟事物的声音。例如：

⑮ 哗——哗——我循声望去,看见一个女清洁工。
⑯ 滴答,滴答,外面下雨了。

七、单句的分析

（一）单句分析的目的

单句的分析,就是指句子结构的分析、句子的基本格局（即"句型"、"句式"）的归类。分析句子的目的,就在于搞清楚句子的各个组成部分之间的结构关系和全句的基本格局,以便正确地理解句子所表达的意思,学会正确运用各种句型来表达自己的思想感情。

（二）单句分析的方法

1. 中心词分析法

传统语法在进行句子分析时,主要采用"中心词分析法"。它的主要特点是：

（1）把主谓短语看作句子,而且认为句子总是由主谓短语组成的。因此,当主谓短语在句子中充当某个成分时,就叫做"小句"或"句子形式"；而非主谓句,就叫做"无主句"。

（2）碰到偏正短语时,首先找出它的中心语,碰到述宾短语或述补短语,也要首先找出谓语中心词,即把主语和谓语看做句子的主干成分。

（3）设立句子六大成分,并且分为三个层面：主语、谓语是主要成分；宾语、补语是次要成分；定语和状语是附加成分。

（4）每个实词都跟句子成分一一对上号,只承认联合短语和主谓短语可以直接充当句子成分。

由于这种句子分析法用六大成分来命名,所以"中心词分析法"又叫"句子成分分析法"。两种名称,角度略有区别,其实质是相同的。在长期的语文教学

过程中,还形成了一套中心词分析法的图解方法和相应的符号。例如:

(我们)国家‖[已经]迎〈来〉了|(一个)(山花烂漫)的春天。
　定　主　　状　谓 补　　定　　定　　　　　宾

中心词分析法进行分析时的步骤是:

第一步,用两根竖线首先把句子分为"主语部分"和"谓语部分"两大块。

第二步,再找出谓语中心词以及后面跟着的宾语和补语。

第三步,在主语部分找出主语中心词及其修饰的定语,在谓语部分找出谓语中心词及其修饰的状语。

第四步,宾语如果有定语修饰的话,继续寻找。如果主语或宾语的修饰语有好几个,则必须一一标明。

第五步,一些比较特殊的成分,例如"兼语"、"独立成分"和"复指成分",也有相应的符号。例如:

听　说　校　长　‖〈要〉请　新　生　提　意　见
△　△　　　　　　　　　　　
　　　独　　主　　　状 谓 兼　　　谓　　宾

中心词分析法的优点是:

第一,方法简便,易于操作。一个句子,特别是一些较长、结构比较复杂的句子,可以很快分出句子的主干和枝叶,从而便于提纲挈领,主次分明。

第二,有利于归纳句型,因为经过中心词分析法分析以后,句子的格局比较清楚了,因此可以归纳出汉语的句型系统,对语文教学有一定的帮助。

第三,有利于修改病句,检查语法错误经常使用的"紧缩法"就是从"中心词分析法"演变而来的。

但是,中心词分析法的缺点也是非常明显的:

第一,缺乏"层次"观念。句子中所有的词语一举多分,致使句子内部的结构相当混乱。它的层次只是句子六大成分的层次,是固定不变的;不是句法结构真正的层次。

第二,缺乏"关系"观念。每个词语虽然都按照六大成分对号入座,但是,它们都是孤立的个体,不讲究词语与词语之间的关系,致使多个定语、多个状语甚至多个宾语或补语在一个层面上出现。

第三,"联合短语"和"主谓短语"可以直接做句子成分,而其他短语却不行,必须以词的身份进入句子,致使句子成分有的是词,有的是短语,这在理论上就显得不一致。

第四,由于强调寻找中心词,把修饰成分看做附加的、不重要的,致使在语义理解时会出现偏误。例如:

① 他(不)是坏人。
② 上海队(把天津队)打败了。

③ 他死了(爷爷)。
④ 哭(红)了眼睛。

如果没有了定语或状语,前面两个例子就可能理解错了;如果没有了宾语或补语,后面两个例子也会造成语义的误解或无法理解。

(二)层次分析法

层次分析法来自美国的结构主义学派。它的最大优点就是能够显示句子结构的层次性。这种析句法分析句子,总是先一分为二,一层一层分析下去,分析到全部都是词为止,所以也简称为"二分法"(遇到并列的多项,就要多分)。相对而言,层次分析法由于讲层次,又讲关系,这就弥补了中心词分析法的不足。在分析短语结构或复句关系时,作用特别大。但是,它也有缺点,就是切分的手续有时候太烦琐,特别是碰到有些结构比较复杂的短语往往很难把握全局。

本教材的析句法是综合分析法,即综合了两种析句法的优点,采取"基本两分,然后多分"的方法。所谓两分,指的是把句子分成主语部分和谓语部分。所谓多分,指的是经过基本两分后再作句法分析,直至所有成分都剖析出来,并配上多分后的句法成分名称。"基本两分"是为了明确句子结构的层次;"然后多分"是为了明确句子结构的格局。

成分分析法用符号表示,又可叫符号法;层次分析法用图解表示,又叫框式图解法。框式图解法在短语部分已介绍过了,这里不再重复。下面介绍符号法。

用符号法分析句子,是在综观全句后,确定其是否为主谓句。如果是主谓句,便先用双竖线"‖"划开主语和谓语,然后在主谓两个部分中分别确定主语和谓语。各种成分的表示符号如下:

‖ 划开主语部分与谓语部分
＿＿ 主语
＿＿ 谓语
～～ 宾语
(　) 定语
[　] 状语
〈　〉 补语
＿＿ 兼语

某些短语以整体结构作句子成分的标记:
△ 独立语
- 省略的句子成分标记,在省略的相应位置标出
⌒ 介词的标记
· 连词或其他关联词语的标志

符号分析法的步骤可以用一个口诀表示：

综观全句，主谓认清；主剖定中，谓分动宾；先切状中，宾里找定；后划中补，四层分清。主干清楚，枝叶亦明。（"定中、状中、中补"的"中"指中心词）。

下面按这一口诀表明的过程来试析一个单句：

第一步，综观全句，主谓认清。

乌鸦的翅膀‖绝遮不住太阳的光辉。

第二步，主剖定中，谓分动宾。

（乌鸦的）翅膀‖绝遮不住太阳的光辉。

第三步，先切状中，宾里找定。

（乌鸦的）翅膀‖[绝]遮不住（太阳的）光辉。

第四步，后划中补，四层分清。

（乌鸦的）翅膀‖[绝]遮〈不住〉（太阳的）光辉。

这样就主干清楚，枝叶亦明了。

第六节　复　　句

一、什么是复句

（一）复句的构成

复句是由两个或两个以上的单句组成的，它们在意义上有联系，在结构上互不作句子成分。构成复句的单句叫分句。一个复句只能有一个句调，句末有较大停顿，书面上用句号、叹号、问号表示。分句间的停顿，书面上用逗号或分号表示。例如：

① 自然是伟大的。
② 人类更伟大。
③ 自然是伟大的，然而人类更伟大。

例①②是两个单句。例③是由两个分句组合而成的有转折关系的复句。两个分句在结构上互不包含，但说的是自然和人类的比较问题，分句之间意义上有联系。

单句组合成复句，一靠语序，称为意合法；二靠关联词语，称为形合法。靠语序，就是靠分句排列的先后顺序；靠关联词语，就是用关联词（大都是连词，还有少量副词，如"也"、"又"）、关联短语（如"还是"、"不是"、"一方面"、"另一方面"等等）把单句组合起来，语义上形成一定的逻辑关系。例如：

④（茅坪）一条清澈的小溪围绕在村前，高大的原始樟木林成为村后的翡翠屏障。

⑤庄稼的敌人，给植物的生命以严重的威胁，给农业生产带来了莫大的灾害和损失。

⑥（井冈翠竹）它们滑下溪水，转入大河，流进赣江，挤上火车，走上迢迢的征途。

⑦数学不只是演算，也包括逻辑的推理。

例④⑤⑥属于意合法。例④由村前的小溪说到村后的樟木林，例⑤说庄稼的敌人给植物和农业生产带来的危害，这两例都是并列关系。例⑥五个分句表达了竹子运出的先后过程，各分句之间是顺承关系，不能调换次序。例⑦属于形合法，用副词"也"组成并列关系复句。

（二）单句和复句的区别

语言结构是语言的形式，而语言的形式是离不开语言的内容的，所以区分单句和复句，要把结构和意义两方面结合起来作为区分的标准。从结构上看，一个单句只包含一个造句单位（主谓句或非主谓句），复句则包含两个以上的造句单位，其中一个造句单位不作另一个造句单位的成分，即分句之间没有主谓、动宾等结构关系。从意义上看，单句中尽管语法单位不止两个，但彼此或发生修饰和被修饰、支配和被支配的关系，或是同一个句法成分里的多个并列项目；复句则是各个分句之间存在意义上的逻辑联系，每个分句虽然在结构上同一般单句相同，但是从表意功能和语调上说，却失去了独立性，必须几个分句结合起来并共有一个统一全句的语调，才能表达一个完整的意思。

辨别单句和复句，具体地说，涉及结构关系、语音停顿和关联词语三个因素。

1. 从结构关系上辨别

从结构关系上看，要注意三点：

（1）复句的各分句是相对独立的，分句之间结构上互不包含，即互相不作句子成分。因此，主谓短语或复句形式充当句子成分的句子是单句，不能认为是复句。例如：

⑧历史的经验使我们深信：我们这个党是有希望的。

⑨科学史上许多重要发现，往往同时为几个人所独立完成，就充分证明了这种必然性的存在。

⑩他从心里感到，没有毛主席和共产党的领导，就没有劳动人民的彻底解放。

上面三例都是单句。例⑧主谓短语作"深信"的宾语。例⑨主谓短语作句子的主语。例⑩由假设复句充当"感到"的宾语。

由上可知：凡一个主谓短语或复句形式被包含在另一个更大的主谓短语里，作为它的一个成分而存在时，这样构成的句子是单句。

(2) 由一套主谓短语组成的句子是单句；包含两套或两套以上独立的主谓短语的句子是复句。例如：

⑪ 内容好而且旋律美的歌曲是大家欢迎的。
⑫ 灿烂的朝霞升起在金色的北京，庄严的乐曲报道着祖国的黎明。

例⑪是单句，包含一套主谓短语，例⑫是复句，包含两套主谓短语。

(3) 复句的分句不一定是主谓句，它可以由非主谓句组成；因此，复句的分句不一定都要有主语。句子只有一个谓语形式的，是单句；句子有两个以上谓语形式的，是复句。谓语形式包括主谓短语、动词性短语、形容词性短语以及具有陈述性的名词性短语。例如：

⑬ 让高山低头，叫河水让路。
⑭ 把信揣在怀里，脱了鞋，卷起腿，我从那漫天漫地的芦苇里穿过。
⑮ 蓝天，远树，金黄色的麦浪，云影在丰饶的大地上飘动，果树满开着灿烂的花朵。
⑯ 探亲，访友，做客，谈天，大碗的米酒，放声的说笑。

例⑬是复句，由两个非主谓句构成（无主兼语句）。例⑭是复句，由一个主谓句和三个省略句（蒙后省略主语"我"）构成。例⑮是复句，由两个主谓句和三个非主谓句（名词性短语）构成。例⑯是复句，由六个非主谓句构成，前四个是动词非主谓句，后两个是名词非主谓句。

必须注意复句中分句主语的异同和隐现。一般而言，复句中的分句主语，经常承前省略或蒙后省略。例如：

⑰ 周恩来同志的一生是为中国革命的胜利英勇奋斗的一生，[　]是为共产主义事业光辉战斗的一生。
⑱ [　]不清理地面，[　]不砌好地基，我们就建造不起高楼大厦。

例⑰两个分句，后一个分句的主语承前省略。例⑱三个分句，前两个分句的主语蒙后省略。

有时，复句中后面分句的主语省略，不一定是承前面分句的主语而省。

例如：

⑲ 我活着，只有一个目的，〔　〕就是做一个对人民有用的人。

⑳ 革命时期情况的变化是很急速的，如果革命党人的认识不能随之而急速变化，〔　〕就不能引导革命走向胜利。

例⑲后面分句的主语承前一分句的宾语"目的"而省。例⑳三个分句，第三个分句的主语承第三分句的定语"革命党人"而省。

2. 从语音停顿上辨别

从语音停顿上看，分清是分句后停顿，还是单句中停顿。若是分句之后停顿的，就是复句，否则是单句。例如：

㉑ 对于发展我国科学技术作出重大贡献的许多科学家，包括已故的李四光、竺可桢等同志，人民是怀着深深的敬意的。

㉒ 他的魁伟的身影，温和的脸，明净的额，慈祥的目光，热情而有力的声音，时时出现在会场上，课堂上，杨家岭山下的大道边。

㉓ 历史经验证明，任何力量都不能阻挡我国人民前进的步伐。

㉔ 他告诉我们，一月九日他将参加公司技术展示汇报会。

㉕ 书籍，这是人类进步的阶梯。

㉖ 几个小顽童，有的嬉皮笑脸，有的抹着眼泪向二妹子告饶。

以上 6 例都是单句。例㉑为了强调科学家的贡献，用介宾短语作句首状语，并且用插入语独立成分加以注释，所以主语"人民"前需要停顿。例㉒主语是五个名词性短语构成的联合短语，结构较长，是为了突出革命领袖的光辉形象，所以在主语和谓语之间有停顿，联合短语内部又有停顿。例㉓宾语是较长的主谓短语，在它之前需要停顿一下。例㉔远宾语是一个较长的主谓短语，在它之前，一般可以停顿。例㉕主语"书籍"跟作谓语的主谓短语中的小主语"这"有称代复指关系。例㉖充任谓语的两个主谓短语的小主语"有的"，跟全句主语"几个小顽童"是总分复指关系。

分辨复句与连谓句单句的主要标准是看语音停顿。例如：

㉗ A 郭全海慌忙从柱子上解下青骒马，撑玉石眼去了。

B 郭全海慌忙从柱子上解下青骒马撑玉石眼去了。

例㉗A、B 两句同样描写了连续的动作行为，但 A 句中间有语音停顿，是复句。B 句中间无语音停顿，是连谓句，单句。

从上可知,复句的各分句之间总是有一定的语音停顿的,书面上通常用逗号或分号隔开;但有语音停顿的却不一定都是复句。为了表达的需要,长单句内部有时需要停顿。复句的特殊形式紧缩复句中间也不需停顿,这一点后面再作介绍。

3. 从关联词语上辨别

从关联词语来看,要分清关联词语的作用是强调还是关联。凡连接分句和分句的关联词语,它所在的句子是复句;形似关联而实则并不关联,只起强调作用的关联词语,它所在的句子是单句。例如:

㉘ A 只有亲眼去看,你才知道游艺会是多么热闹。
　　B 只有人民才是创造世界历史的动力。
　　C 人类征服沙漠的远大理想,只有在社会主义制度下,才有实现的可能。
㉙ A 无论谁到哪里,都要保持谦虚谨慎的精神。
　　B 无论谁,都要遵守纪律。
　　C 辩证法的宇宙观,不论在中国,在欧洲,在古代就产生了。
㉚ A 即使他不来,这个会还得开。
　　B 即使工作有了很大成绩的人,也不要骄傲。

上述三组句子中,A 句的关联词语"只有……才"、"无论……都"、"即使……还"都是连接分句的,它们所在的句子都是复句。B 句的关联词语只是连接主语和谓语,起强调、突出句子主语的作用。C 句中的关联词语只是连接句子的状语和谓语,起强调、突出状语的作用,因而它们所在的句子都是单句。

某些兼属连词和介词的词,如"由于"、"为了"、"因为"等。它们的后置成分如果是名词性短语,就组成没有表述性的介宾短语,作单句的成分;如果它们的后置成分不是名词性短语,具有表述性,即为复句中的一个分句。例如:

㉛ A 由于大家一致努力,我们提前完成了任务。
　　B 由于大家的一致努力,我们提前完成了任务。
　　C 为了整个班,为了整个潜伏部队,为了这次战斗的胜利,邱少云趴在火堆里一动也不动。

例 ㉛ A 句"由于"是连词,该句是复句;B 句"由于"是介词,该句是单句;C 句"为了"是介词,该句是单句。

二、复句的种类

复句可以根据分句间不同的意义关系来分类,主要有表示并列、承接、递进、选择、转折、因果、假设、条件、目的等各种关系的九类复句。

（一）并列复句

并列复句有两种情况：一种是平列式的，另一种是对比式的。平列式是几个分句分别说出有关的几件事，或一件事情有关的几个方面，分句之间不分主次，彼此是平行的。在这类复句里，往往可以不用关联词语。也有用"既……也"、"也……也"、"又……又"、"一边……一边"的；也有单用关联词语"也"、"又"、"还"、"同时"的。例如：

① 他白天在铁路上工作，晚上又从别处接了文件来抄写。
② 秭归是楚先王熊绎始封之地，也是屈原的故乡。
③ 桑娜一边想，一边敲了敲门。

对比式是前后分句之间的关系是相对的，即从肯定和否定两个方面对比着来说明事情。例如：

④ 人们不应该迷信古书上的道理，而应该重视客观事实。
⑤ 不是人们的意识决定人们的社会存在，而是人们的社会存在决定人们的意识。

并列关系常用意合法来表示。例如：

⑥ 清清的河水在村前流过，红红的太阳从天空照下来。
⑦ 虚心使人进步，骄傲使人落后。

并列关系的复句，可以由不止两个分句构成。各分句间通常用逗号隔开。如果分句内部有逗号，分句间可以用分号。例如：

⑧ 他们的事迹，催人泪下；他们的精神，令人钦佩。

（二）承接复句

几个分句叙述连续发生的动作，或先后发生的几件事情。分句之间在意思上是相承的，或者是时间上的承接，或者是空间上的承接。单用的关联词语有"就、便、才、于是、然后、后来、接着、跟着、继而、终于"等。成对使用的有："首先……然后"、"起先……后来"。例如：

⑨ 医生就把那颗带血的子弹头递到爹手上，然后替爹裹好了腿上的伤

口,就出去了。

⑩ 贝多芬望了望在他身旁的穷兄妹俩,借着清幽的月光,按起琴键来。

⑪ 过了那林,船便弯进了叉港,于是赵庄便真在眼前了。

⑫ 在那青青的松树丛中,树立着一块黑色大理石墓碑,上面刻着"袁和之墓"四个大字。

例⑨⑩是时间上承接,例⑪⑫是空间上的承接。表示时间或空间上承接的,可用关联词语,如例⑨⑪;也可用意合法,如例⑩⑫。表示时间空间上承接关系的复句,各分句成鱼贯排列。一般不能颠倒。

承接复句中有一种是表示解说关系的,也称解说句。解说关系的复句有两种情况:一种是后面的分句解释前面的分句;另一种是一句分句总括,其余的分句分别具体说明,或先总说后分说,或先分说后总说。例如:

⑬ 刘胡兰光荣牺牲了,那年她才十五岁。

⑭ 海底有各种颜色的珊瑚,有的像绽开的花朵,有的像美丽的鹿角。

⑮ 一种是教条主义,一种是经验主义,两种都是主观主义。

例⑬是后面的分句对前面的分句作说明。例⑭是前一个分句总说,后面两个分句分说,第一个分句与后面两个分句间是解说关系。例⑮是前两个分句分说,第三个分句总说,一、二分句与第三分句间是解说关系。

(三)递进复句

后面分句的意思比前面分句的意思更进一层。所谓进一层,包括程度(由轻到重、由浅到深、由易到难)、数量(由少到多)、范围(由小到大);反之,亦可。有些句子,后面分句的意思反向推进,先从否定或相反的方面来说,再从肯定的方面来说。

递进关系必须用关联词语。一般递进关系,单用的关联词语有"而且、并且、况且、何况、甚至、尤其是、更、还",成对使用的有"不但(不仅、不只、不光)……而且(还、也、又、反而)"。衬托递进关系常用的关联词语是"尚且……何况(更不用说、还)"、"别说(慢说、不要说)……连(就是)"。例如:

⑯ 这十多个少年,委实没有一个不会凫水的,而且两三个还是弄潮的好手。

⑰ 他们把毕生的精力献给了人民的事业,甚至献出了宝贵的生命。

⑱ 有的老太太把纺车也搬进来,还嗡嗡嗡嗡地纺线呢。

⑲ 这种桥不但形式优美,而且结构坚固。

⑳ 根瘤菌不仅能固定氮素,还能帮助豆株从土壤中吸收一些本来不能

吸收的营养物质。

㉑ 哥白尼的学说不止在科学史上引起了空前的革命,而且对人类思想的影响也是极深刻的。

㉒ 假洋鬼子尚且不足数,何况是阿Q。

例⑯⑰⑱单在后一分句使用关联词语,有承上的作用,递进的意思较弱。例⑲⑳㉑前后分句成套使用关联词语,递进的意思较强。例㉒前面的分句是后面分句的反衬,"何况"用来表示急转的语气,紧逼一步,有"前项所说的情况是如此,后项更应当是这样"的意思。这也是一种强调的说法。

递进复句有时将意思反向推进一层。例如:

㉓ 这时,我的心情不但不紧张,反而轻松多了。
㉔ 见秀不但没有露出嫌少的意思,反而说了些领情的话。

有的递进复句由三个分句组成了连续推进的句式。例如:

㉕ 在五十年代和六十年代初期,它生产的多种型号的车床,不但装备了大半个中国的机械生产,而且远销亚非拉,甚至竟开拓到欧罗巴。
㉖ (结婚?谈何容易。)现在黄花闺女还嫁不出去,何况她这离婚的四十岁的女人,更何况她还有个儿子。
㉗ 戏曲不但不回避"做戏"、"表演感情",而且强调把戏做足,还有成套的程式去表演感情。

(四) 选择复句

两个或几个分句,分别说出两件或几件事情或几种情况,表示可从中选择,这就是选择关系。选择关系一般要靠关联词语来表示。

选择复句一般由两个或数个表选择项的分句组成。从选择项的意义内容来看,选择复句可以分为未定选择和已定选择两类。

未定选择复句又分为两小类:一类是任选复句,用"还是"、"或者"、"或者(或、或是)……或者(或、或是)"、"是……还是",表示几个选择项可此可彼任选其一。一类是必选复句,用"不是……就是"、"要么(要就是)……要么(要就是)"表示几个选择项非此即彼,二者必居其一。例如:

㉘ 在清朗的月夜里,海横在天边就像一根明亮的白带,或者像一片发亮的浅色云彩。
㉙ 她是从四叔家出去成了乞丐的呢,还是先到卫老婆子家然后再成为

乞丐的呢?

㉚"你要么答应,要么拒绝——"

㉛要么我们被困难吓倒,要么我们战胜困难。

例㉘㉙都是表示任选,语气较和缓。例㉚㉛表示必选,语气则比较肯定。

已定选择也就是有取舍的选择。这种选择也有两种,一种是先说舍弃的,后说选取的,其关联词语为"与其……不如(毋宁)";另一种是先说选取的,后说舍弃的,关联词语是"宁可……也不"。例如:

㉜文章与其长而空,倒不如短而精。

㉝这责任与其让李自成来负,毋宁是应该让卖友求荣的丞相牛金星来负。

㉞宁可将可作小说的材料缩成速写,决不将速写的材料拉成小说。

㉟她宁可受点委屈,也不愿宣布自己的秘密。

例㉜㉝是先舍后取,语气比较委婉。例㉞㉟是先取后舍,语气较坚定。

(五) 转折复句

前面分句说了一个意思,后面分句的意思不是顺着前一分句意思说,而是转了一个弯,说出同前一分句相反、相对或部分相反的意思来,两个分句的这种关系是转折关系。

根据语意轻重,转折关系又分成三种:

第一种,重转。分句间的意思明显相反,转折意味重。前一分句常用"虽然、尽管、虽说",后一分句常用"但是(可是、然而)"。例如:

㊱早晨我一见便知道是闰土,但又不是我记忆中的闰土了。

㊲这些工作虽然都是一些小事,却能培养我们的责任心。

㊳战争时期虽说需要短文章,但尤其需要有内容的文章。

第二种,轻转。只在后一分句使用关联词语"但是、但、然而、可是、却",表示的转折意味比较轻些。分句间转折的意思是相对的。例如:

㊴鹰有时可能比鸡飞得低,但是鸡却永远飞不到鹰那么高。

㊵我的确时时解剖别人,然而更多的是更无情面地解剖我自己……

㊶黄河留给家乡的故道不长五谷,却长歌谣。

"但是"、"然而"、"可是"都是连词,用在前后分句的中间,是在划分转折的界线;"却"是副词,用在状语的位置上,重点标明意义上的转折。

第三种,弱转。只在后一分句使用关联词语"只是、不过、倒",转折语气较弱,往往从某个方面某个角度对前面分句作意义上的修正补充。例如:

㊷ 小赵各方面都很好,只是身体差些。
㊸ 矛盾是普遍存在的,不过按事物的性质不同,矛盾的性质也就不同。

转折关系的表达也可以不用关联词语,但前后分句之间的关系必须明确。例如:

㊹ 夜已经很深了,他还在不停地工作着。

这句的第二分句前也可以加上转折连词"可是"。

(六) 因果复句

一个或几个分句说明原因或根据,另一个或几个分句表示结果或推论。据此,因果关系的复句有两种:一种是说明因果句,另一种是推论因果句。

1. 说明因果句

这类复句前边的分句说明原因,后边的分句说明结果。这种复句常用"因为(由于)……所以(就、因而、以致)"来关联,或只在前一分句用"因为"、"由于",或只在后一分句用"所以"、"因此"、"因而"、"以致"。例如:

㊺ 由于激光发光方向集中,所以特别亮,最亮的比太阳光还要亮一百亿倍以上。
㊻ 因为马克思有广博的知识做基础,所以他能够建筑起他的学术的高塔。
㊼ 由于我们没有努力学习语言,古人语言中的许多还有生气的东西我们就没有充分地合理地利用。

前面分句说明原因,后面分句重点在说明结果;如果说明结果的分句在前,重点则在解释原因。例如:

㊽ 她邀请附近的穷人也来这个村庄上住,因为她在病中受到他们的照顾。
㊾ 目的是在绍介东欧和北欧的文学,输入外国的版画,因为我们都以为应该来扶植一点刚健质朴的文艺。

这类句子还可以用"之所以……是因为"来关联。例如：

㊿ 散文之所以比较容易写,是因为它更接近我们口中的语言。

"因此"、"因而"单用在后一分句中,作用相当于"因为……所以……",但仍有区别。用"因此"联系的分句含有"因为这样,所以……"的意思,用"因而"联系的分句所叙述的事实有连续关系。例如：

㊶ 知识的海洋是无穷无尽的,因此,学习是无止境的。
㊷ 他好不容易借到这本书,因而一口气看到天亮。

2. 推论因果句

这类复句前面的分句提出理由或根据,后面的分句是由此推出的结论。这种复句常用关联词"既然……那么（就、又、便）",或者在前一分句单用"既然",或者在后一分句单用"就"、"可见"。例如：

㊳ 我们既然是国家工作人员,就应该全心全意为人民服务。
㊴ 我们既然解决了提高和普及的关系问题,则专门家和普及工作者的关系问题也就可以随着解决了。
㊵ 既然党组织叫他联系,一定没有问题。
㊶ 寒暑表上的水银柱已经升高,可见室内气温升高了。

以上两种不同的因果关系复句,区别在于：说明因果,两个分句所说的事情是已经实现的或者已经证实的；推论因果句,表示原因的分句所说的事情是已经实现或者已经证实的,而表示结果的分句所说的不一定是已经实现的,是推论出来的。

有时候,原因和结果的关系非常明显,也可以用意合法,例如：

㊷ 今天太冷了,我连棉衣都穿上了。

(七) 假设复句

一个或几个分句提出假设,另一个或几个分句说明结论。假设关系复句有两种：一种是一致的假设关系,另一种是相背的假设关系。

1. 一致的假设关系

前面分句提出一种假设,后面的分句说出结果；假设如果实现,结果就能成立,即结果与假设是一致的。这种假设关系,用"如果（假如、倘若、若、要是,

要)……就(那么、那、便)",或者只在后一分句用"就"、"便"、"那"、"那么"。例如:

⑱ 只要我们能够研制出一种类似鹰眼的搜索、观测技术系统,就能够大大扩充和提高飞行员的视野。
⑲ 如今,你若是从井冈山许多小坳走过,便能看到一条条修长的竹滑道。
⑳ 如果早让眼睛对着激光看,就会造成严重的损伤乃至失明。
㉑ 要是你认为有必要的话,我就一定设法去办。
㉒ 倘使他能够见到姚明,那将是他一生最大的幸福。

"如果……就"还有一种新的用法,前一分句所说的是已然的事实,故意当作"假设"提出来,以便利用这种句式来强调后一分句的肯定。例如:

㉓ 如果说瞿塘峡像一道闸门,那么巫峡简直像长江上一条迂回曲折的画廊。

一致的假设,也可以用意合法。例如:

㉔ 你有更好的办法,我一定采纳。

2. 相背的假设关系

这类复句前后分句的语意是相背的,假设和结果是不一致的。前面的分句先退一步说,把假设当作事实承认下来,后面的分句则说出不因假设实现而改变的结论。这类复句常用关联词语"即使(就是、就算、纵然、哪怕)……也(总、还、总还)","再……也",或在后一分句单用"也"、"还"。例如:

㉕ 即使我们的科学技术赶上了世界先进水平,也还要学习人家的长处。
㉖ 就算你对他的批评是对的,也要注意方式方法。
㉗ 纵然不是栋梁之材,做一棵小草,总是可以的吧!
㉘ 宝石哪怕混在垃圾堆里,也仍然晶莹夺目。

相背的假设同"无论……都"表示无条件关系类似,只是表现的角度不同而已。比如例㉕改成下面的句子,实际意义不变:

无论我们的科学技术是否已经赶上世界先进水平,都要学习人家的长处。

相背的假设同转折复句相近,其区别在于相背假设前一分句所表示的是未实现的事实,转折复句前一分句表示的是已实现的事实,当然两者的关联词也不同。例如:

虽然我们有些科学技术已经赶上了世界先进水平,但是我们还要学习人家的长处。

(八) 条件复句

一个或几个分句表示条件,另一个或几个分句表示结果或推论。条件关系的复句有两种:一种是有条件的条件关系复句;一种是无条件的条件关系复句。

1. 有条件的条件复句

这种复句前面的分句提出一个条件,后边的分句说出这个条件一旦实现所要产生的结果。这种条件关系要用成套的关联词语"只要……就(都、便、总)"、"只有(唯有)……才"、"除非……才(不、否则)",例如:

㊉ 一个人,只要他对别人讲话,他就是在做宣传工作。
⑰ 我们写文章,做演说,只要像洗脸这样负责,就差不多了。
㋀ 只有在思想和思想方法上经过苦心的锻炼,才能把文章写好。
㋁ 只有我们的同志尊重群众,信任群众,群众才会尊重我们,信任我们。

例㊉⑰"只要"所关联的分句是充分条件,后边的分句说明具备这种条件,就能有相应的结果。例㋀㋁"只有"所关联的分句是必要条件,缺少了这个条件,就不能产生相应的结果。"只有"、"除非"可以互换,但意义有差别。

㋂ 除非是到春天,你才能看到这遍山的杜鹃花。
㋃ 除非各方都有合作的愿望,否则不能达成协议。

例㋂"除非"相当于"只有",从正面强调必要条件。例㋃"除非"是"除了"的意思,从突出反面结果来强调必要条件。

2. 无条件的条件复句

这种复句前面的分句表示排除性条件,后面的分句说明在任何条件下都会产生同样的结果。换言之,结果不以条件为转移。例如:

⑮ 缺乏艺术性的艺术品，无论政治上怎样进步，也是没有力量的。
⑯ 不管雄鸡叫不叫，天总会亮。
⑰ 不论是月白风清还是九级风浪的夜里，他们都全神贯注地盯着宽阔的海域。

（九）目的复句

一个或几个分句表示手段、措施，另一个或几个分句表示目的。目的关系的复句可以分为两种：一种是求取性目的关系，另一种是避免性目的关系。

1. 求取性目的关系的复句

这种复句前一分句表示实现某种目的所凭借的行动，后一分句是表示采取行动所要达到的目的。用在目的分句中的关联词语有"以便、借以、以、用以、好让、好、为的是"。例如：

⑱ 现在我们更需要加强党的团结，以便经过全党的团结达到整个工人阶级和全国各族人民的团结。
⑲ 共产党和八路军决心坚持华北的游击战斗争，用以捍卫全国，钳制日寇向中原和西北的进攻。
⑳ 不可不注意团结我们的真正的朋友，以打击我们的真正的敌人。
㉑ 我把自己的意见说出来，为的是抛砖引玉。

2. 避免性目的关系的复句

这种复句前一分句表示所采取的措施或手段，后一分句是表示采取某种行动所要避免的目的。用在这种目的分句中的关联词语有"以免、免得、省得、以防"。例如：

㉒ 我把发动机重新检查了一遍，以免中途发生故障。
㉓ 你要信得过我，骑我的车先走，免得家里担心。
㉔ 棋力占优势的人，落子更要小心谨慎，以防在疏忽大意中受到挫折。

这类句子后一分句的主语往往承前省略。"以免"等用于书面语，"省得"用于口语。

三、多重复句及其分析

（一）什么是多重复句

从层次的多少划分，复句可以分成一重复句（也叫"一般复句"）和多重复句两类。一个复句不管是包含两个分句还是多个分句,如果分句的关系只有一个层次(即一种逻辑关系),都叫"一重复句"。

三个或三个以上的分句在两个或两个以上的层次上组合起来的复句叫做多重复句。其关键是两点:第一,这个复句有三个或三个以上的分句;第二,这个复句有两个或两个以上的层次。复句有几个层次,就叫几重复句,因此,就有二重复句、三重复句、四重复句等。例如:

　　　　　　　　　　　　并列　　　　　　因果
① 因为李洼乡资源贫乏(A),‖ 交通也很闭塞(B),｜ 所以这么多年总是摘不掉贫困乡镇的帽子(C)。

　　　　　　　　　　　　　　选择
② 你如果不按人民的意志办(A),‖ 或者工作不能让人民满意(B),
条件　　　　　　　　　　　递进
｜ 人民就有权力批评你控告你(C),‖ 甚至罢免你惩办你(D)。

　　　　　　　　　条件
③ 不管父母说的多好听(A),‖ 只要自己做的不是那么回事(B),
条件　　　　　　　　　　　　　　递进
⫼ 孩子一定是照父母做的学(C),⫼⫼ 而且还多学了一手两面派(D),
因果
｜ 所以父母本身的德行很重要(E)。

(二) 划线分析法

复句分析的重点是多重复句。复句分析的目标有两个:一是确定分句之间的关系,二是划分复句内部的层次。分句与分句的组合是有层次的,因此,把层次分析法的原则运用到多重复句的分析上,并用竖线表示出来,这就是"划线分析法"。

多重复句分析的基本原则是形式和意义相结合。意义包括复句表述的内容、分句之间的关系意义、说话人的主观意义、语境意义等,形式包括关联词语、句序等。

分析多重复句可以先从形式上入手,根据形式确定复句的类型与层次,然后从意义方面加以验证;也可先从意义方面入手,根据逻辑语义关系确定复句的类型,进而决定层次,然后再从形式方面加以验证。其原理跟分析复杂短语的层次分析法实际上是一致的,只是名称、对象以及具体程序有一些区别。

具体操作的程序,可以分为四步:

第一,确定是单句还是复句;如果是复句,再确定是基本复句,还是多重复句;如果是多重复句,再分析它的层次和关系。

第二,确定这个多重复句由几个分句构成,在分句之间用一根竖线划开。

其关键是搞清楚单句与复句的界限,不要把单句内部的停顿误判断为分句之间的停顿。

第三,根据关联词语、语序以及分句之间的语义关系,确定分句两两之间的关系,并且标出它的基本复句类型。

第四,根据分句之间的逻辑语义关系确定复句内部的层次。第一层次用一条竖线,第二层次用两条竖线,其余以此类推。例如:

④ 我们结婚的时候,手电筒是唯一的家用电器。
⑤ 昨天休息,|今天复习,|明天正式考试。
⑥ 高尔基在自学过程中,既没有名师指点(A),|更没有资料可供查阅(B),|碰到的困难当然就比寻常人更多(C),|但是疑难'总是吓不倒他的(D)。
⑦ 如果将一个人关进隔离室内(A),|即使让他感觉非常舒服(B),|但没有任何感情的体验(C),|他也会很快发疯(D)。

例④虽然句中有一个停顿,但这是句内停顿,即"我们结婚的时候"是句首状语,全句是单句,不是复句。例⑤是复句,尽管有三个分句,但只有一个层次,三个分句之间是并列关系,因此,这只是一个基本复句,不是多重复句。例⑥是多重复句,但由于"高尔基在自学过程中"后面的逗号属于句内停顿,这里不能划上竖线,因此,整个多重复句由四个分句构成,分别划上三条竖线。然后根据关联词语、语序以及语义关系,确定 A 与 B 是递进关系,B 与 C 是因果关系,C 与 D 是转折关系。其中 A 跟 B 先组合,(A+B)跟 C 再组合,最后,才是[(A+B)+C]跟 D 组合,这样,就可以分别添上表示层次关系的竖线:"A‖B‖C|D"。例⑦是典型的多重复句,四个分句构成三重复句,而且由于关联词语到位,分句之间的语义关系比较清楚,层次也就相对明显:

   A | B ‖ C ‖ D
     条件 转折 假设

分析多重复句,要注意几点:

第一,由于多重复句往往比较长,为了看清楚分句内部的结构层次关系,可以把每个分句用"A、B、C、D"等编上号,然后在这上面进行分析。

第二,如果句中的关联词语比较少,以致分句之间的语义关系不够清晰,可以添加必要的关联词语,但是,这种添加,要以不违背句子原意为前提。例如:

⑧ [因为]革命精神是非常宝贵的(A),‖[所以]没有革命精神就没有革命行动(B),|但是[因为]革命又是在物质利益的基础上产生的(C),‖[所以]如果只讲革命精神(D),‖[如果]不讲物质利益(E),‖那就是唯心论(F)。

括号里的关联词语是分析时添加出来的,可以看出,添加了有关的关联词语以后,分句之间的逻辑语义关系就显得比较清楚了。

第三,层次的切分是多重分句分析的难点,原则上可以采用两种方法:

1. **切分法**。跟复杂短语的切分基本一样,采用"二分法"层层切分,即把一个由 N 个分句构成的多重复句 X 先分为 X_1 和 X_2 两个部分,如果 X_1 或 X_2 各是一个分句,就不必切分;如果是一个复句,不管是基本复句还是多重复句,都需要作进一步的切分,一直切分到分句为止。然后分别标明各层分句之间的语义关系。例如例⑧可作如下切分:

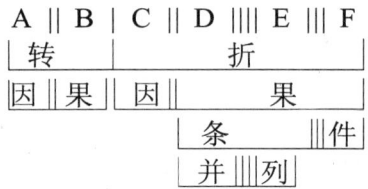

2. **组合法**。由于多重复句比较长,切分法可能会前后很难照应,因此也可以采用组合法,即把多重复句先分为若干个分句基本单位,比如一个由 N 个分句构成的多重复句可以分成 $X_1 X_2 X_3 \cdots\cdots X_N$ 等部分,然后再结合逻辑关系一层层地采用"二二组合"的方法组合起来。最后组合起来的就是第一层次,其余以此类推。

分析多重复句的难点在于确定层次,为了保证层次切分的准确性,可以利用两种辅助的方法:

第一,看切分以后的两部分语义是否相对完整,例如:

⑨ 孔乙己是这样的使人快活(A),可是没有他(B),别人也这么过(C)。

这个复句从理论上讲可以有两种切分:

A‖B|C。

A|B‖C。

如果按照上面一种切分,A 与 B 先结合,"孔乙己是这样的使人快活,可是没有他",根本就不成话。如果按照下面一种切分,B 与 C 先结合,"可是没有他,别人也这么过",意义基本上可以理解。可见上面一种切分是错的,下面一种切分是对的。

第二,运用换位的方法看分句之间的关系是否合理。例如:

⑩ 封锁虽严(A),冒险偷渡者依然不绝(B),而且十有八九是偷渡成功的(C)。

这一复句也可以有两种切分：
$$A \parallel B|C。$$
$$A|B \parallel C。$$

从语义是否相对完整来看，如果是 A 与 B 先结合，"封锁虽严，冒险偷渡者依然不绝"，语义可以理解；如果是 B 与 C 先结合，"冒险偷渡者依然不绝，而且十有八九是偷渡成功的"，意义同样也可以理解。那么，到底哪一种切分是对的呢？这就要用"换位法"来检测了。

第一，$A \parallel B|C。\rightarrow C|A \parallel B。$

而且十有八九是偷渡成功的(C)，封锁虽严(A)，冒险偷渡者依然不绝(B)。

第二，$A|B \parallel C。\rightarrow B \parallel C|A。$

冒险偷渡者依然不绝(B)，而且十有八九是偷渡成功的(C)，封锁虽严(A)。

显然，第一种换位不能成立，第二种换位可以理解，可见后面的切分是正确的。

句中的标点符号也对层次切分有帮助。例如：

⑪ 掌柜是一副凶脸孔(A)，主顾也没有好声气(B)，教人活泼不得(C)；只有孔乙己到店(D)，才可以笑几声(E)，所以至今还记得(F)。

多重复句也有"多切分"结构，即这样的切分和那样的切分都可以，而且语义基本相同。用以上两种方法来检验，结论也是一样的。例如：

⑫ 为了改进工作，我们必须虚心听取各方面的意见，即使有些意见不正确。

⑬ 倘是咬人的狗，我觉得都在可打之列，无论它在岸上或在水中。

以上两例分析成"$A|B \parallel C$"或"$A \parallel B|C$"都可以。

四、多重复句的语义关系分析

多重复句的分析，实际上也是逻辑语义的分析，因此，在进行分析时，必须结合形式标志,牢牢地把握住语义关系。

　　分句之间的并列、选择、转折、条件之类的逻辑语义关系是复句类型成立的基础,可以作为复句定类分析的参考。分句之间的逻辑语义关系,有的是对客观事实的直接反映,有的是对说话人主观评价的反映。二者有时是统一的,有时是分离的。例如:

　　① 白天,他一身素装去捡破烂;晚上,西装革履地在夜校学习日语。
　　② 白天,他一身素装去捡破烂;晚上,却西装革履地在夜校学习日语。

　　例①的两个分句分别说出两种客观情况,说话人主观上也平等地看待这两种情况,这是并列复句。例②却不同了,两个分句说的仍是两种客观情况,但说话人主观上认为后续分句与前行分句的常态语义趋势相反相对,并用"却"来表现这种对立关系。在这个句子中,客观的并列关系是潜在的,主观的转折关系是显现的。应该根据显现的关系和关联词语"却"将例②确定为转折复句。
　　有些分句之间的关系是几种关系的融合,既有此种关系,又有彼种关系。例如:

　　③ 洪水渐渐退去,人们疲惫的脸上开始露出了笑意。

　　在例③中,前行分句和后续分句表述的客观事实在时间序列上有先后关系,在客观事理上有因果关系,分句之间既有连贯关系又有因果关系。说话人如果要突出其中的某一种关系,可以采用相应的关联词语。例如:

　　④ 洪水渐渐退去,于是人们疲惫的脸上开始露出了笑意。
　　⑤ 由于洪水渐渐退去,人们疲惫的脸上开始露出了笑意。

　　例④突出了连贯、关系,例⑤突出了因果关系,因此可以根据这种语义关系和关联词语"于是"、"由于"将其分别归入连贯复句和因果复句。

五、紧缩复句

(一) 紧缩复句的性质

　　"紧缩"有两层意思:"紧"是紧凑,取消了语音停顿,"缩"是简缩,去掉了一些词语。紧缩大都是就复句的变化而言的。一般的复句在分句与分句之间的语音停顿取消了,并且省略了一些关联词语,那就变成了紧缩复句,简称"紧缩句"。例如:

　　① 无论你到哪儿,我都跟着。(一般复句)

你到哪儿我都跟着。(紧缩句)
② 你如果有意见,就说出来。(一般复句)
你有意见就说出来。(紧缩句)

(二) 紧缩复句的固定格式

紧缩句常用成对、成套的关联词语(副词)构成一些固定格式,表示各种关系。常见的有这样一些:

1. "不……不……"。表示假设关系,相当于"如果不……就不……"。例如:

③ 钟不敲不响。
④ 我不说不痛快。

2. "不……就……"。表示假设关系,相当于"要是不……就……"。例如:

⑤ 他不想去就别勉强他。
⑥ 校长不来就开不成会。

3. "不……也……"。表示让步关系,相当于"即使不……也……"。例如:

⑦ 他不说我也明白。
⑧ 这种小病不治也会好。

4. "再……也……"。也表示让步关系,相当于"即使再……,也……"。例如:

⑨ 工作再难我也不怕。
⑩ 电视再差也有人看。

5. "一……就……"。有两种作用。一是表示承接关系。例如:

⑪ 老王一吃过晚饭就散步去了。
⑫ 他一碰就觉得不对劲儿。

一是表示条件关系,相当于"只要……就……"。例如:

⑬ 我一有机会就去找他。

⑭ 老衷一闲就生病。

6. "非……不/才……"。表示条件关系。例如：

⑮ 我非做完作业不睡觉。
⑯ 你非要学几年才能干好这工作。

7. "越……越……"。表示条件关系（倚变关系），后者随着前者的变化而变化。例如：

⑰ 阿Q越想越生气。
⑱ 他越解释我越糊涂。

（三）紧缩复句的特点

1. 有一些紧缩句只使用单个的关联词语。例如：

⑲ 我找谁也没有用。
⑳ 有话哪儿都能说。
㉑ 吃完饭再走。
㉒ 那只手捏着笔却只是抖。

2. 紧缩句的主语可以相同，也可以不同；可以部分出现，还可以全不出现。例如：

㉓ 你走你就走。（前后主语相同，都出现）
㉔ 他一不高兴就发脾气。（前后主语相同，只出现前一主语）
㉕ 越干他越来劲。（前后主语相同，只出现后一主语）
㉖ 多做练习才能提高成绩。（前后主语相同，都未出现）
㉗ 你去我也去。（前后主语不同，都出现）
㉘ 天王爷来了也不怕。（前后主语不同，只出现前一主语）
㉙ 一响我吓一跳。（前后主语不同，只出现后一主语）
㉚ 不打不老实。（前后主语不同，都未出现）

当主语相同并且只出现前一主语时，紧缩复句很像单句中的连谓句，但又与连谓句不同：紧缩句几个部分之间有假设、条件、让步、转折等关系，并且常用关联词语，而连谓句几个谓词性成分之间没有这些关系，也没有关联词语。

第七节 句　　群

一、什么是句群

句群是由两个或两个以上前后衔接连贯的句子组成的、有明晰的中心意思的语言使用单位。句群也称"句组"或"语段"。句群是最大的语法单位。一个句群在意义上必须具有独立性和完整性。句群由一个相对的意义中心统摄,句子的安排、句群的构架,都受这个意义中心制约。把句群从上下文中提出来时仍能保持这种独立性,它和邻近句群在意义上有一个较为明确的分界。

①你要是踩着那些窝儿下去,到十七米的地方会发现井壁的一旁有条隧道,刚好能容一个人爬进去。约摸爬进四米,就是一条垂直的隧道,有十米长,里头有一架木头梯子。顺着木头梯子爬上去,到头儿又是一条横的隧道,有三米长,弯着腰走进这条隧道,就看见一道门。进了门,第一眼就看见一架印刷机。

例①以空间顺序为主,又结合时间顺序,使句与句连贯更紧密,凝聚成一个整体。

句群中句子和句子的组合,有的纯粹依靠意义上的联系,即所谓"意合法",借助语序依次排列,没有其他的语法手段;有的借助一定的语法手段,有形式上的标记,比如有关联词语,这是最普遍的一种;其他用处所词、方位词、时间词、代词来组合,或重复某一词语,采用排比句式、问答句式,或依靠某种语气来组合。

句群中的句子是围绕一个明晰的中心意思的有机整体。各句都是围绕着中心话题来展开的。有的句群中有一个点明中心话题、明确中心意思的句子,叫中心句;有的句群中则找不出这样一个中心句,但是可以从各句的表述中看出所欲表达的中心意思。有中心句的句群,其中心句所在位置也不固定。例如:

②种花好,种菜更好。花种得好,姹紫嫣红,满院芬芳,可以欣赏;菜种得好,嫩绿的茎叶,肥硕的块根和果实,都可以食用。俗话说:"瓜菜半年粮。"

③我们已经发现了十万万个恒星系。可是不要以为我们已经看透了整个宇宙了。要知道这十万万个恒星系仍然只是茫茫宇宙的一个极小空间。随着我们望远镜制造技术的不断提高,新仪器的不断发明,我们将会

看到更远的世界。

　　④ 一面做，一面想。做，要靠想来指导；想，要靠做来证明。想和做是紧密地联结在一起的。

例②的中心句是第一句。例③的中心句是中间的第三句。例④的中心句是最后一句。

有的句群没有中心句，中心意思要靠读者自己体会归纳。例如：

　　⑤ 要问白洋淀有多少苇地，不知道；每年出多少苇子，也不知道。只晓得每年芦花飘飞苇叶黄的时候，全淀的芦苇收割，垛起垛来，在白洋淀周围的广场上，就成了一条苇子的长城。

例⑤的中心意思可归纳为：白洋淀出的苇子非常多，多得数不清。

二、句群与复句、段落

（一）句群与复句

句群和复句是两个不同的语法单位，尽管它们在结构形式上有相似之处，但有着根本区别：

1. 构成单位不同　句群的构成单位是句子，复句的构成单位是分句。句群再简单，至少也要由两个句子构成；复句再复杂，也只能是一个句子。

2. 句末标点多少不同　句群由两个或两个以上的句子表达一个中心意思，在口语里至少有两个语调，书面上至少有两个句末标点。复句只表达一个独立完整的意思，全句只有一个语调，书面上只有一个句末标点。

3. 内部结构关系紧密程度不同　复句中的分句不是独立的句子，分句与分句间的关系是句子内部的关系，联系紧密。而句群中的句子，在语法上是独立的，虽然意义上有联系，但较为松散。

4. 关联词语的使用情况不同　句群中句子之间大都不能使用成套关联词语（选择关系句群例外），一般只在有逻辑关系的后续句里使用一个承上的关联词语。复句中关联词语可以成对使用，也可以单用在前后分句上。

但是句群与复句也有某些相似之处：

第一、句群和复句都围绕一个中心意思来表达。

第二、句群和复句的组合方式是相同的，或靠一定的语序组合，或借助关联词语组合（虽然在关联词语使用上有所不同）；句群中句与句之间的关系和复句中分句与分句之间的逻辑关系也基本一致。

第三、复句中有独立成分——插入语，句群中也有作用相同的独立成分——插入句。

需要指出的是,句群和复句的界限不是绝对的。有些句群可以改造成一般复句或多重复句;有些复句、多重复句也可以改造成句群。用哪种形式好,要根据表达需要来决定。

句群和复句一般是可以互相转换的。例如:

⑥ A 它没有婆娑的姿态,没有屈曲盘旋的虬枝,也许你要说它不美丽——如果美是专指"婆娑"或"旁逸斜出"这类而言,那么白杨树算不得树中的好女子;但是它却是伟岸,正直,朴质,严肃,也不缺乏温和,更不用提它的坚强不屈与挺拔,它是树中的伟丈夫!

B[1]它……虬枝。[2]也许……不美丽。[3]如果美……好女子。[4]但是……伟丈夫。

例⑥是茅盾《白杨礼赞》中的一段话,A 段是 1946 年发表的原文,整段是一个复句。B 段是收入初中语文课本时,通过把 A 段三个句中标点改为句末标点而转换成了句群。由此可见,语调和句末标点的运用情况,是区别句群和复句的一个重要依据。

(二) 句群与段落

句群是语言的一级单位,段落是文章篇章结构的基本单位,它们是分属不同范畴的概念。但在文章中,句群与段落则交叉重合在语言这个载体上,从形式上看,其关系有三种情况:

1. 句群与段落完全重合,一个句群正好是文章中一个自然段。如朱自清《荷塘月色》中的一段:

⑦[1]夏日荷塘的四面,远远近近,高高低低都是树,而杨柳最多。[2]这些树将一片荷塘重重围住;只在小路一旁,漏着几段空隙,像是特为月光留下的。[3]树色一例是阴阴的,乍看像一团烟雾;但杨柳的丰姿,便在烟雾里也辨得了。[4]树梢上隐隐约约的是一带远山,只有些大意罢了。[5]树缝里也漏着一两点路灯光,没精打采的,是渴睡人的眼。[6]这时候最热闹的,要数树上的蝉声与水里的蛙声;但热闹是他们的,我什么也没有。

这个句群在文章里是一个自然段,由六个句子构成,写荷塘四周。通过写荷塘四周的树,树色,树梢,树缝,树上,画出了一幅荷塘的写意图。

2. 句群小于段落,即几个句群构成一个段落。例如:

⑧ A[1]我国的石拱桥有悠久的历史。[2]《水经注》里提到的"旅人桥",大约建成于公元282年,可能是有记载的最早的石拱桥了。B[3]我国的石拱桥几乎到处都有。这些桥大小不一,形式多样,有许多是惊人的杰作。[4]其中最著名的当推河北赵县的赵州桥,还有北京附近的卢沟桥。

这一段五个句子,包含A、B两个句群。A[1][2]句组成一个句群,说明我国石拱桥有悠久的历史。B[3][4]句组成另一个句群,举例说明我国石拱桥分布广泛,形式多样。

第三、句群大于段落,即由几个自然段组成一个句群。例如:

⑨ 春天像刚落地的娃娃,从头到脚都是新的,它生长着。

春天像小姑娘,花枝招展的,笑着,走着。

春天像健壮的青年,有铁一般的胳膊和腰脚,领着我们上前去。

这是朱自清《春》的结尾,由三个自然段合成一个句群,从新、美、健三个方面说明春的个性特征。句群大于段落的情况较为少见,这种情况都是出于特定的修辞要求,比如强调、突出、表达强烈的感情等。

简单地说,句群和段落是两个不同的概念。句群是语言使用单位,是语法单位的最高一级,属于语言学范畴。段落是文章结构单位,是结构单位的最低一级,属于文章学范畴。

三、句群的类型

根据句子与句子之间的结构关系,句群可分:并列句群、承接句群、递进句群、选择句群、转折句群、因果句群、假设句群、条件句群、目的句群、解说句群。

(一)并列句群

句与句的结构关系是并列的,或者相关、相对。并列句群常常用语序来组合,有的可在各句中反复使用相同的词语,也可用关联词语。常用的关联词语有:"也、又、还、同时(同样)、另外(此外)、与此同时、除此之外、相反、恰恰相反、一则……再则、一方面……另一方面"。例如:

① 浩瀚的太空从此写下了中国人的名字,留下了中国人的脚印。中华民族千年的飞天梦想,今朝终于成真了!

② 实施义务教育的学校在教育教学和各种活动中,应当推广使用全国通用的普通话。师范院校的教育教学和各种活动应当使用普通话。

③ 您的歌声多么美妙!您真是个天才的歌唱家!您能下来让我见识

一下您那动听的歌喉吗？

（二）承接句群

几个句子一个接着一个叙述连续发生的几个动作，或者连续发生的几件事。承接句群常用语序来组合，也可用关联词语组合。关联词语有："就、于是、接着、然后、后来、从此"。例如：

④ 我再向外看时，他已抱了朱红的橘子往回走了。过铁道时，他先将橘子散放在地上，自己慢慢爬下，再抱起橘子走。到这边时，我赶紧去搀他。他和我走到车上，将橘子一股脑儿放在我的皮大衣上。于是扑扑衣上的泥土，心里很轻松似的。过一会儿说："我走了，到那边来信！"

⑤ 孩子在小的时候，父母对他们来说是万能的，是完全可以依靠的。这就是父母对孩子教育的黄金时期。等孩子一到了青少年时期，父母的"有效限期"就快到了。该说的，该教的，该做的，都应该早就做足了，是到了验收的时候了。这验收的是父母的教育方针，也是孩子对外界的应变能力。

⑥ 乡亲们很想念好心的嫦娥，在院子里摆上嫦娥平日爱吃的食品，遥遥地为她祝福。从此以后，每年八月十五，就成了人们企盼团圆的中秋佳节。

（三）递进句群

后面句子表达的语义比前面的句子更进一层，通常都用表示递进的关联词语来连接，一般关联词语在后一句单独使用。常用的关联词语有："而、而且、并且、甚至、何况、况且"。递进句群也可以靠语序直接组合。例如：

⑦ 现在，已有人发现了这条野苹果沟，开始在沟里开辟猪场，用野苹果来喂养成群的乌克兰大白猪。而且已经有人计划在沟里建立酿酒厂，把野苹果酿造成大量芬芳的美酒，让这大自然的珍品化成人们的营养，增进人们的健康。

⑧ 为了使科学研究更好地服务于生产，竺可桢并不限于在北海观察。他在七十多岁的时候，还换上耐磨的网球鞋，到野外去工作。

（四）选择句群

选择句群的句子之间是或此或彼、非此即彼的选择关系。它的组合方式通常是借用关联词语。关联词语既可以单用，又可以成套使用。常用的有："或者、要不、否则、是……还是……、或者……或者……、要么……要么……"。

例如：

⑨ 因为是熟人、同乡、同学、知心朋友、亲爱者、老同事、老部下，明知不对，也不同他们作原则上的争论，任其下去，求得和平和亲热。或者轻描淡写地说一顿，不作彻底解决，保持一团和气。

（五）转折句群

前后的句子不是顺着意思说，而是后面句子转到相反、相对或部分相反的意思上去。后续句常用的关联词语有："可是（可）、但是（但）、然而、不过"等。例如：

⑪ 别的树木容易招虫。从同一棵石榴树上，可以捉到三四种不同的虫子。它们还要养儿育女，繁衍后代，子子孙孙都寄生在树上。而樟树本身却有一种香气，而且这种香气能永久保持。

⑫ 一天，昆仑山上的西王母送给后羿一丸仙药。据说，人吃了这种药，不但能长生不老，还可以升天成仙呢！可是，后羿不愿意离开嫦娥，就让她将仙药藏在百宝匣内。

（六）因果句群

句子之间是原因和结果的关系。常在后面的句中单用关联词语"所以、因此、因为、原因是、由此可见、正是因为"等。例如：

⑫ 正式课程文本主要包括课程标准和教材。课程标准是基础教育课程的灵魂，体现了国家对不同阶段的学生在知识与技能、过程与方法、情感态度与价值观等方面的基本要求。因而，教师对正式课程文本的重构不是指对课程标准的重构，而是对体现课标的教材重构。

⑬ 哥白尼发表了地动学说，不但带来了天文学上的革命，而且开辟了各门科学向前迈进的新时代。因为他带给了人们科学的实践精神，他教给人们怎样批判旧的学说，怎样认识世界。

因果句群也有按语序直接组合的。例如：

⑭ 即使当它枝枯叶落的时候，当它已经作为木料制作成家具的时候，它的香气仍然不变。只要这木质存在一天，虫类就怕它一天。

⑮ "神舟"5号发射成功！指挥大厅里一片欢腾，每个人的脸上都洋溢着澎湃的激情、胜利的喜悦和无限的自豪。

（七）假设句群

前面的句子提出假设的条件，后面的句子表达条件实现后出现的结果。由于假设条件与其结果联系紧密，一般大都使用假设复句，因此假设句群出现较少。例如：

⑯ 你对于那个问题不能解决吗？那末，你就去调查那个问题的现状和它的历史吧！

（八）条件句群

由两个表示条件关系的句子组成，前面的句子提出条件，后面的句子表达条件实现后出现的结果。由于条件与结果关系紧密，大都使用条件复句，因此条件句群出现也比较少。例如：

⑰ 我不认为她的父母现在有资格去批评他们的女儿，因为一直以来，她的父母只顾着自己，从没重视过她的教育问题。现在才想教育已经不可能了，理由很简单，那就是因为父母的教育功效已经"过期"了。而且她的父母在"有效限期"内也没努力过。

（九）目的句群

句子之间有行为和目的关系。一般前句表示目的，后句表示为了这个目的该怎么样。后面的句子常用"为此、为此目的"等关联词语连接。例如：

⑱ 同志们，我们的大会闭幕之后，我们就要上战场上去，根据大会的决议，为着最后地打败日本侵略者和建设新中国而奋斗。为达此目的，我们要和全国人民团结起来。

（十）解说句群

解说句群是运用广泛的一种句群。在复句中，后面的分句对前面的分句进行解说、补充，分句间有总说与分说关系的并不多，所以没有单独作为一类，把有解说关系的复句放在承接复句中讲了。但在句群中，表明解释论证，或有总论、分说关系的情形甚多，而长于表达这类关系也正是句群的特点和长处。这类句群有三种类型：

1. 总分式　这是总说与分说的关系。一个句子总述一件事。其余句子则分述有关各个方面。总分式可以先总后分，也可以先分后总。在总说里常用"总之、总而言之、一言以蔽之、总起来说、综上所述"等词语。例如：

⑲ 刘家峧有两个神仙,邻近各村无人不晓:一个是前庄上的二诸葛,一个是后庄上的三仙姑。二诸葛原叫刘修德,当年做生意,抬脚动手都要论一论阴阳八卦,看一看黄道黑道。三仙姑是后庄于福的老婆,每月初一十五都要顶着红布摇摇摆摆装扮天神。

⑳ 一个人的某种活动、"做什么",不是文化;一个群体在一个时期内的共同行为、都"做什么",就成了一种文化现象。一个深埋于地下的石块不是文化,一个经过远古人群加工改造的石块作为活动产品就成了文化。显性文化反映了文化的更深层次,即一个群体在一个事情内的活动规范、方式。

2. 解说式　这是解释和被解释的关系或证明和被证明的关系。常用的关联词语有"如、例如、比如说、举例说、换句话说、这就是、就是、换言之"等。例如:

㉑ 文化是由多种层次存在和表现的复杂系统。人们首先感知到的是较浅显、具体的层次,属显性文化,包括人的社会活动及其产品。

㉒ 在"托迈"之前发现的最古老的人科动物化石分别出土于埃塞俄比亚和肯尼亚。东非大裂谷的东支出土了如此之多又如此之古老的原始人类化石,以至于有些科学家认为,裂谷起到了地理隔离作用,裂谷东边干旱、开阔的环境迫使古猿走下树,发展成为人;而在气候湿润、森林茂密的西边,猿仍然生活在树上。这种说法被称为"东边的故事"。

3. 问答式　有的是自问自答,前面的句子提出问题,后面的句子进行解答;有的是对话,有问有答。例如:

㉓ 什么是纪律?纪律就是令行禁止。

㉔ 我说:"他租了一个小房间,你知道吗?"她一面下了竹凳,一面点头说:"这几天我正帮他布置呢!你也去帮忙行吗?"

[附录五]

标点符号用法

国家技术监督局 1995—12—13 批准发布　1996—06—01 实施

1　范围

本标准规定了标点符号的名称、形式和用法。本标准对汉语书写规范有重要的辅助作用。

本标准适用于汉语书面语。外语界和科技界也可参考使用。

2　定义

本标准采用下列定义。

句子 sentence 前后都有停顿，并带有一定的句调，表示相对完整意义的语言单位。

陈述句 declarative sentence 用来说明事实的句子。

祈使句 imperative sentence 用来要求听话人做某件事情的句子。

疑问句 interrogative sentence 用来提出问题的句子。

感叹句 exclamatory sentence 用来抒发某种强烈感情的句子。

复句、分句 complex sentence，clause 意思上有密切联系的小句子组织在一起构成一个大句子。这样的大句子叫复句，复句中的每个小句子叫分句。

词语 expression 词和短语（词组）。

词，即最小的能独立运用的语言单位。短语，即由两个或两个以上的词按一定的语法规则组成的表达一定意义的语言单位，也叫词组。

3　基本规则

3.1　标点符号是辅助文字记录语言的符号，是书面语的有机组成部分，用来表示停顿、语气以及词语的性质和作用。

3.2　常用的标点符号有 16 种，分点号和标号两大类。

点号的作用在于点断，主要表示说话时的停顿和语气。点号又分为句末点号和句内点号。句末点号用在句末，有句号、问号、叹号 3 种，表示句末的停顿，同时表示句子的语气。句内点号用在句内，有逗号、顿号、分号、冒号 4 种，表示句内的各种不同性质的停顿。

标号的作用在于标明，主要标明语句的性质和作用。常用的标号有 9 种，即：引号、括号、破折号、省略号、着重号、连接号、间隔号、书名号和专名号。

4　用法说明

4.1　句号

4.1.1　句号的形式为"。"。句号还有一种形式，即一个小圆点"."，一般在科技文献中使用。

4.1.2　陈述句末尾的停顿,用句号。例如:

a) 北京是中华人民共和国的首都。

b) 虚心使人进步,骄傲使人落后。

c) 亚洲地域广阔,跨寒、温、热三带,又因各地地形和距离海洋远近不同,气候复杂多样。

4.1.3　语气舒缓的祈使句末尾,也用句号。例如:

请您稍等一下。

4.2　问号

4.2.1　问号的形式为"?"。

4.2.2　疑问句末尾的停顿,用问号。例如:

a) 你见过金丝猴吗?

b) 他叫什么名字?

c) 去好呢,还是不去好?

4.2.3　反问句的末尾,也用问号。例如:

a) 难道你还不了解我吗?

b) 你怎么能这么说呢?

4.3　叹号

4.3.1　叹号的形式为"!"。

4.3.2　感叹句末尾的停顿,用叹号。例如:

a) 为祖国的繁荣昌盛而奋斗!

b) 我多么想看看他老人家呀!

4.3.3　语气强烈的祈使句末尾,也用叹号。例如:

a) 你给我出去!

b) 停止射击!

4.3.4　语气强烈的反问句末尾,也用叹号。例如:

我哪里比得上他呀!

4.4　逗号

4.4.1　逗号的形式为","。

4.4.2　句子内部主语与谓语之间如需停顿,用逗号。例如:

我们看得见的星星,绝大多数是恒星。

4.4.3　句子内部动词与宾语之间如需停顿,用逗号。例如:

应该看到,科学需要一个人贡献出毕生的精力。

4.4.4　句子内部状语后边如需停顿,用逗号。例如:

对于这个城市,他并不陌生。

4.4.5　复句内各分句之间的停顿,除了有时要用分号外,都要用逗号。例如:

据说苏州园林有一百多处,我到过的不过十多处。

4.5 顿号

4.5.1 顿号的形式为"、"。

4.5.2 句子内部并列词语之间的停顿,用顿号。例如:

a) 亚马孙河、尼罗河、密西西比河和长江是世界四大河流。

b) 正方形是四边相等、四角均为直角的四边形。

4.6 分号

4.6.1 分号的形式为";"。

4.6.2 复句内部并列分句之间的停顿,用分号。例如:

a) 语言,人们用来抒情达意;文字,人们用来记言记事。

b) 在长江上游,瞿塘峡像一道闸门,峡口险阻;巫峡像一条迂回曲折的画廊,每一曲,每一折,都像一幅绝好的风景画,神奇而秀美;西陵峡水势险恶,处处是急流,处处是险滩。

4.6.3 非并列关系(如转折关系、因果关系等)的多重复句,第一层的前后两部分之间,也用分号。例如:

我国年满十八周岁的公民,不分民族、种族、性别、职业、家庭出身、宗教信仰、教育程度、财产状况、居住期限,都有选举权和被选举权;但是依照法律被剥夺政治权利的人除外。

4.6.4 分行列举的各项之间,也可以用分号。例如:

中华人民共和国的行政区域划分如下:

(一)全国分为省、自治区、直辖市;

(二)省、自治区分为自治州、县、市;

(三)县、自治县分为乡、民族乡、镇。

4.7 冒号

4.7.1 冒号的形式为":"。

4.7.2 用在称呼语后边,表示提起下文。例如:

同志们,朋友们:

现在开会了:……

4.7.3 用在"说、想、是、证明、宣布、指出、透露、例如、如下"等词语后边,表示提起下文。例如:

他十分惊讶地说:"啊,原来是你!"

4.7.4 用在总说性话语的后边,表示引起下文的分说。例如:

北京紫禁城有四座城门:午门、神武门、东华门和西华门。

4.7.5 用在需要解释的词语后边,表示引出解释或说明。例如:

外文图书展销会

日期:10月20日至11月10日

时间：上午8时至下午4时

地点：北京朝阳区工体东路16号

主办单位：中国图书进出口总公司

4.7.6　总括性话语的前边，也可以用冒号，以总结上文。例如：

张华考上了北京大学，在化学系学习；李萍进了中等技术学校，读机械制造专业；我在百货公司当售货员：我们都有光明的前途。

4.8　引号

4.8.1　引号的形式为双引号""""和单引号''''。

4.8.2　行文中直接引用的话，用引号标示。例如：

a）爱因斯坦说："想象力比知识更重要，因为知识是有限的，而想象力概括着世界上的一切，推动着进步，并且是知识进化的源泉。"

b）"满招损，谦受益"这句格言，流传到今天至少有两千年了。

c）现代画家徐悲鸿笔下的马，正如有的评论家所说的那样，"神形兼备，充满生机"。

4.8.3　需要着重论述的对象，用引号标示。例如：

古人对于写文章有个基本要求，叫做"有物有序"。"有物"就是要有内容，"有序"就是要有条理。

4.8.4　具有特殊含义的词语，也用引号标示。例如：

a）从山脚向上望，只见火把排成许多"之"字形，一直连到天上，跟星光接起来，分不出是火把还是星星。

b）这样的"聪明人"还是少一点好。

4.8.5　引号里面还要用引号时，外面一层用双引号，里面一层用单引号。例如：

他站起来问："老师，'有条不紊'的'紊'是什么意思？"

4.9　括号

4.9.1　括号常用的形式是圆括号"（）"。此外还有方括号"[ ]"、六角号"〔〕"和方头括号"【 】"。

4.9.2　行文中注释性的文字，用括号标明。注释句子里某些词语的，括注紧贴在被注释词语之后；注释整个句子的，括注放在句末标点之后。例如：

a）中国猿人（全名为"中国猿人北京种"，或简称"北京人"）在我国的发现，是对古人类学的一个重大贡献。

b）写研究性文章跟文学创作不同，不能摊开稿纸搞"即兴"。（其实文学创作也要有素养才能有"即兴"。）

4.10　破折号

4.10.1　破折号的形式为"——"。

4.10.2　行文中解释说明的语句，用破折号标明。例如：

a) 迈进金黄色的大门,穿过宽阔的风门厅和衣帽厅,就到了大会堂建筑的枢纽部分——中央大厅。

b) 为了全国人民——当然也包括自己在内——的幸福,我们每一个人都要兢兢业业,努力工作。

4.10.3　话题突然转变,用破折号标明。例如:

"今天好热啊!——你什么时候去上海?"张强对刚刚进门的小王说。

4.10.4　声音延长,象声词后用破折号。例如:

"呜——"火车开动了。

4.10.5　事项列举分承,各项之前用破折号。例如:

根据研究对象的不同,环境物理学分为以下五个分支学科:

——环境声学;

——环境光学;

——环境热学;

——环境电磁学;

——环境空气动力学。

4.11　省略号

4.11.1　省略号的形式为"……",六个小圆点,占两个字的位置。如果是整段文章或诗行的省略,可以使用十二个小圆点来表示。

4.11.2　引文的省略,用省略号标明。例如:

她轻轻地哼起了《摇篮曲》:"月儿明,风儿静,树叶儿遮窗棂啊……"

4.11.3　列举的省略,用省略号标明。例如:

在广州的花市上,牡丹、吊钟、水仙、梅花、菊花、山茶、墨兰……春秋冬三季的鲜花都挤在一起啦!

4.11.4　说话断断续续,可以用省略号标示。例如:

"我……对不起……大家,我……没有……完成……任务。"

4.12　着重号

4.12.1　着重号的形式为".。"

4.12.2　要求读者特别注意的字、词、句,用着重号标明。例如:

事业是干出来的,不是说出来的。

4.13　连接号

4.13.1　连接号的形式为"—",占一个字的位置。连接号还有另外三种形式,即长横"——"(占两个字的位置)、半字线"-"(占半个字的位置)和浪纹"～"(占一个字的位置)。

4.13.2　两个相关的名词构成一个意义单位,中间用连接号。例如:

a) 我国秦岭—淮河以北地区属于温带季风气候区,夏季高温多雨,冬季寒冷干燥。

b) 复方氯化钠注射液,也称任一洛二氏溶液(Ringer-Locke solution),用于医疗和哺乳动物生理学实验。

4.13.3　相关的时间、地点或数目之间用连接号,表示起止。例如:

a) 鲁迅(1881—1936)中国现代伟大的文学家、思想家和革命家。原名周树人,字豫才,浙江绍兴人。

b)"北京—广州"直达快车。

c) 梨园乡种植的巨峰葡萄今年已经进入了丰产期,亩产 1000 公斤~1500 公斤。

4.13.4　相关的字母、阿拉伯数字等之间,用连接号,表示产品型号。例如:

在太平洋地区,除了已建成投入使用的 HAW-4 和 TPC-3 海底光缆之外,又有 TPC-4 海底光缆投入运营。

4.13.5　几个相关的项目表示递进式发展,中间用连接号。例如:

人类的发展可以分为古猿-猿人-古人-新人这四个阶段。

4.14　间隔号

4.14.1　间隔号的形式为"·"。

4.14.2　外国人和某些少数民族人名内各部分的分界,用间隔号标示。例如:

列奥纳多·达·芬奇　爱新觉罗·努尔哈赤

4.14.3　书名与篇(章、卷)名之间的分界,用间隔号标示。例如:

《中国大百科全书·物理学》《三国志·蜀志·诸葛亮传》

4.15　书名号

4.15.1　书名号的形式为双书名号"《 》"和单书名号"〈 〉"。

4.15.2　书名、篇名、报纸名、刊物名等,用书名号标示。例如:

a)《红楼梦》的作者是曹雪芹。

b) 你读过鲁迅的《孔乙己》吗?

c) 他的文章在《人民日报》上发表了。

d) 桌上放着一本《中国语文》。

4.15.3　书名号里边还要用书名号时,外面一层用双书名号,里边一层用单书名号。例如:

《〈中国工人〉发刊词》发表于 1940 年 2 月 7 日。

4.16　专名号

4.16.1　专名号的形式为"_____"。

4.16.2　人名、地名、朝代名等专名下面,用专名号标示。例如:

司马相如者,汉蜀郡成都人也,字长卿。

4.16.3　专名号只用在古籍或某些文史著作里面。为了跟专名号配合,这类著作里的书名号可以用浪线"〜〜〜〜〜〜〜〜"。例如：

屈原放逐，乃赋离骚，左丘失明，厥有国语。

5　标点符号的位置

5.1　句号、问号、叹号、逗号、顿号、分号和冒号一般占一个字的位置，居左偏下，不出现在一行之首。

5.2　引号、括号、书名号的前一半不出现在一行之末，后一半不出现在一行之首。

5.3　破折号和省略号都占两个字的位置，中间不能断开。连接号和间隔号一般占一个字的位置。这四种符号上下居中。

5.4　着重号、专名号和浪线式书名号标在字的下边，可以随字移行。

6　直行文稿与横行文稿使用标点符号的不同

6.1　句号、问号、叹号、逗号、顿号、分号和冒号放在字下偏右。

6.2　破折号、省略号、连接号和间隔号放在字下居中。

6.3　引号改用双引号"『』"和单引号"「」"。

6.4　着重号标在字的右侧，专名号和浪线式书名号标在字的左侧。

第六章 修 辞

第一节 修辞概说

一、修辞的含义

修辞作为语用行为自古有之。早在周代的《周易·乾·文言》中就把"修辞"作为一个广义的概念加以使用:"子曰:'君子进德修业。忠信,所以进德也;修辞立其诚,所以居业也。'"

唐代孔颖达《周易正义》云:"修辞立其诚,所以居业者,辞谓文教,诚谓诚实也。外则修理文教,内则立其诚实。内外相成,则有功业可居,故云居业也。"后来多指为文要表达真实意图。到了齐梁时代,刘勰在《文心雕龙》中提到"建言修辞",其含义才和我们现在所讲的大致相当。

清末以后,有人把西方修辞学著作从日本介绍到中国。20世纪30年代,陈望道先生《修辞学发凡》的出版为我国的修辞学奠定了基础。陈望道先生科学而精辟地指出:"修辞不过是调整语辞使达意传情能够适切的一种努力。"

在现代,"修辞"这一术语通常有三个含义:

第一,指修辞活动。如:"修辞应该遵循一定的原则,切合一定的语境。"

第二,指修辞规律。如:"不懂得修辞,就不能完美地表情达意。"

第三,指修辞学。如:"研究修辞的大有人在。"

修辞活动是人们依据情境(包括内容、时间、地点、对象、具体的上下文等),对语言进行选择、加工以增强表达效果的言语活动。修辞规律指提高语言表达效果的方法、技巧或规律。修辞学是语言学的一个分支学科,是研究修辞行为和规律的科学。这三者既有区别又有联系。修辞活动和修辞规律是修辞学研究、探索的对象;而修辞学所进行的研究又不断揭示、归纳和丰富修辞规律,从而促进修辞活动更有效而完美地为语言交际服务。

本章主要根据修辞学研究的成果,揭示修辞规律、技巧、方法,以指导修辞活动,提高表达效果。

二、修辞的特点与原则

修辞学是研究修辞行为和规律的科学,是主观和客观统一的产物。它具有综合性、开放性、民族性。

所谓综合性是指修辞学的研究对象涉及语言所有的组成部分。修辞要讲究声音的协调、词语的锤炼、句式的选择,就毫无疑问地与语音学、词汇学、语法学发生关系,并从语言运用的动态中总结归纳传情达意的规律。而语言学的其他分支学科大都是以语言的某个组成部分作为研究对象的,比如语音学研究语言的物质外壳,词汇学研究语言的建筑材料,语法学则研究语言的结构规律。它们都是语言结构系统内某个方面的局部描写。

所谓开放性是指修辞学实际上超越了纯语言学的界限,借鉴了其他学科的理论和研究方法。它与文艺学、美学、心理学、社会学、民族学等联系十分密切。比如,修辞是对语言的美化,以获得尽善尽美的表达效果;而美学是研究人对现实、特别是艺术的审美,因而美学理论对修辞学的研究具有一定的指导作用。从某种角度说,修辞学也可以称为"语言的美学"。又如,修辞中的许多现象都与心理学有关,如比喻、对偶、双关、夸张、拟人等修辞现象就与想象、联想有关。总之,修辞学是一门开放的边缘学科。

所谓民族性是指修辞学与汉民族文化息息相关。修辞是汉民族文化的结晶,浸润着汉民族的文化营养,是传播民族文化的载体之一。如对偶和回环,在古今的汉民族义化中比比皆是,既充分体现了汉民族文化的特色,又不断强化了汉文化的民族性。汉语中的许多修辞,如谐音双关,"杨柳青青江水平,闻郎岸上踏歌声。东边日出西边雨,道是无晴(情)却有晴(情)。"(刘禹锡《竹枝词》)不但是在汉语语言文字的基础上产生的,从某种意义上说,也是汉民族语言文字游戏的工具,是许多具有民族特色的文化现象产生的条件和基础。

修辞的基本原则简言之就是两个字"得体"。得体指的是语言材料对语言环境的适应程度,换言之,即一种社会群体的文化心理的价值评价。所谓得体主要表现在两个方面:

一是不同交际对象的得体性。

话语交际是交际对象相互之间的活动,交际对象对话语交际起着十分重要的制约作用。不同的出身、年龄、性别、职业、职位、经历、生活环境,不同的信仰、性格、爱好、兴趣、心境、文化水平等,构成了不同的人物角色及其话语表达的习惯和特点。如:

蔷薇:有人说,生活像条江,它是美丽的,可以说,因为它总是曲折的,所以才是美丽的!你说呢?

付尔:……要我说,生活就像马路一样,它是美丽的,又总是需要打

扫的。 (剧本《付尔》)

蔷薇是电视女演员,生活浪漫,言语华丽;付尔是男清洁工,生活平淡,言语朴实。但从不同交际对象所指向的话语目的看,无论是以江河作比还是以马路作比,都是有效的、生动的、得体的。

二是不同话语场景的得体性。

交际都是在一定的场合进行的,不同的交际地点、景物,不同的交际人物、话题,交际的不同媒介、时间、气氛等便构成了各具特点的话语场景。因此要做到得体就必须讲究切情切景,充分考虑场景因素。比如在餐桌上大谈洗手间会招人反感,给年长者祝寿时说"人总是要死的",肯定会遭人白眼。美国的西点军校有一个久远的传统,就是学生遇到长官问话时,只能有四种回答:"报告长官,是!"、"报告长官,不是!"、"报告长官,不知道!"、"报告长官,没有任何借口!"如果将这种表达方式移植到中国的任何一所普通高校,结果只能是啼笑皆非。因为在这所特殊的军校,从其办学宗旨出发采取这种对话方式,就是为了让学生建立严格的上下级关系,学会适应压力,懂得失败是没有任何借口的。

三、修辞与语音、词汇、语法的关系

修辞与其他学科的关系是多元的,与表达效果有关联的,有美学、写作、逻辑、社会学等;与语言的其他要素有关联的,有语音、词汇、语法等。当然,修辞并不研究这些语言因素本身,修辞对语音、词汇、语法的研究只是探究这些因素与提高表达效果有关的元素,研究语言诸因素在提高语言表达效果方面的一般规律。换言之,修辞是从综合运用的角度,从提高表达效果的角度研究语音、词汇和语法的。

语音学以语音系统为研究对象。修辞则是运用语音学的有关原理、规律及语音因素来增强语言的表达效果的。主要包括声、韵、调在修辞中的运用,音节节律的调整,以及利用汉语特有的双声、叠韵、叠音、儿化等语音现象增强修辞效果,使之更具韵律美、抒情性和民族特色。

词汇是表情达意的基本构件,是语言的建筑材料。词汇学研究词汇系统的规律,如汉语构词的特点、词义的发展、词义的构成等。修辞则以词汇学原理为依据,主要从词义的联系方面来研究词汇。如研究如何利用词的同义、近义、反义关系,以及词的感性意义来提高语言的表达效果;研究不同来源的词,如文言词、方言词、外来词、新造词及词类活用的修辞作用。

语法研究语言的结构规律,是语言的基础,也是修辞的基础。语法讲"通不通",研究表达是否清楚明白,是表达的第一个层次;修辞讲"好不好",研究表达的优劣、好坏,是表达的第二个层次。语法研究句子的结构本身,修辞更注意表达中的语境、上下文等所形成的不同效果;语法是原理的抽象,而修辞主要是动

态分析。修辞是以语法为基础的,它在语句符合语法规范的基础上进而研究句式的选择和句子的巧妙组合。因此,修辞作为语言运用的规律与语法作为语言结构的规律是不一样的,但两者的关系是相当密切的。例如在语言发展的过程中,某些修辞现象可以转化为语法现象。如成分的省略,原先是一种修辞手段,由于经常使用,形成了一些固定格式,就转化为一种语法现象了。例如"上海,国际大都市","诺贝尔,瑞典科学家"。出于修辞在特定语境中简约明了的需要,都省略了谓语动词,又逐渐形成了由名词短语直接充当谓语的固定格式。

第二节 声音的调谐

汉语语音的突出特点是音乐性强。与印欧语相比较,它的音节中元音占优势,声音显得响亮悦耳。音节简短而明朗,声调的高低升降使音节抑扬有致。声音的调谐就是充分利用汉民族语音的特点来达到鲜明的修辞效果。

一、音节匀称

音节的调配,往往以音节整齐匀称为基本要求。在现代汉语里,双音节词占优势,三音节词较少,四音节词主要是成语。所谓匀称,主要是选择单音节或双音节词语,组成整齐匀称的语言形式。而调节音节的长短组合是语音修辞的重要手段之一。例如:

① 但见梦里见它千百回的世界第一黄色大瀑布,由五百米的河面迅速收拢成二百米的河道,再追打挤压进五十米的瀑布"喉咙口",你推我搡,若千军恶战、万马嘶鸣,跌、打、翻、飞、冲、撞、奔、突,咆哮着、呼喊着、狂怒着、搏杀着,骤然拧为一束,舍身向三十米落差,距涧底一百米的壶口深潭"扑去"……

(徐荐《守望壶口》)

② 撒种、发芽、吐叶、开花、结实。
孕育、诞生、长大、挫折、成熟。
天地万物,人间万事,无一不贯穿这个共同的过程。

(袁鹰《枫叶如丹》)

例①短句部分的音节由四音节词语"你推我搡"、"千军恶战"、"万马嘶鸣"到八个单音节词"跌、打、翻、飞、冲、撞、奔、突"的连续排列,再到四个三音节词的连续排列,姿态各异、气势贯通。节律富于变化,音节也很匀称。

例②十个双音节词分别独立成小节,形式稳妥、匀称,内容逐渐递升。紧接着的两个四音节词语两两相对,工整和谐,由物及人,点明题旨。

注重音节调配,除了在形式上使声音和谐,产生音乐美,还可以使表意更为

顺畅,文气更为贯通,情感更为细腻。例如:

③ 出凉州,经张掖,过酒泉,漫漫长途,古城的绿洲与绿洲之间,没有河、没有泉、也没有牛。　　　　　　　　　　　　　　　（张抗抗《海市》）

④ 我迷恋她的静静动动、颦颦笑笑;尤其迷恋那些簪簪钗钗、环环佩佩,真的以为那就是辉煌。　　　　　　　　　　　　　（霍小语《水袖》）

⑤ 从前的人吃力地过了一辈子,所作所为,渐渐蒙上了灰尘;子孙晾衣裳的时候又把灰尘给抖了下来,在黄色的太阳里飞舞着。回忆这东西若有气味的话,那就是樟脑的香,甜而稳妥,像记得分明的快乐;甜而怅惘,像忘却了的忧愁。　　　　　　　　　　　　　　　　　（张爱玲《更衣记》）

例③用三音节词组成排比,语气连贯,以示漫漫长途的荒漠、干旱以及心绪的寂寞。例④从总体看是由整句和散句结合而成的片段,从细部看短语与短语之间、句与句之间的配合十分匀称。一连串的由叠音词组成的四音节词语,既加强了声音的节奏感,又增添了咀嚼不尽的情味。末了的双声词"辉煌"稳妥而婉转。例⑤四音节组成的整句少而散句居多,但作者以独特的笔调和情思,别致而亮丽的比喻,表达了联想的智慧和感悟的奇妙。这些从一个侧面表现了汉语语音的丰富性和音乐感。

需要注意的是,调节音节一定要合乎口语呼吸停顿的规律。调节音节,协调节奏,只是语言形式的调配,是语言产生节奏,而不是节奏产生语言。

二、声韵和谐

我们在遣词造句时注意选用双声叠韵词,这是和谐声韵的一种方法,其修辞效果十分明显,前人早有过评论。李重华《贞一斋诗说》云:"叠韵如两玉相扣,取其铿锵;双声如贯珠,取其婉转。"王国维《人间词话》认为:"余谓苟于词之荡漾处多用叠韵,促结处用双声,则其铿锵可诵,必有过于前人者。"

双声是指两个音节的声母相同,比如:伶俐、芬芳、参差、恍惚。

叠韵是指两个音节的韵母相同,比如:沧桑、从容、叮咛、徘徊。

双声叠韵是汉语语音的一个突出审美特征,为词与词之间的音律谱写了一种应和美。但也应避免片面追求双声叠韵,否则会十分拗口。因此,我们在运用双声叠韵时,要善于作适当的调节和呼应:

① 撑着油纸伞,独自
　　彷徨在悠长、悠长
　　又寂寥的雨巷,
　　我希望逢着

　　　　一个丁香一样地
　　　　结着愁怨的姑娘　　　　　　　　　　　　　　　（戴望舒《雨巷》）
　　② 河面各只彩船上，无数五颜六色的霓虹灯、日光灯齐放光华，闪烁迷离，和水中的倒影连成一片。　　　　　　　　　　（何忠苑《乐山龙舟》）

　　例①仅用一个表动作的叠韵词"彷徨"，似乎少了些，但作者用看似写雨巷的形容词"悠长"、"寂寥"相搭配，顿觉人物的叹息、茫然之情从荡漾的声音中传递出来。例②将双声词"闪烁"与叠韵词"迷离"连用，婉转而又铿锵。

三、声调协调

　　声调也称字调，也就是声音的高低、升降。汉语声调有四声，按语调的平缓曲折，分为平仄两类。古汉语的声调为"平、上、去、入"，"上、去、入"为仄声，"平"为平声。平、仄是汉语声调中最低限度的区别，平仄的排列是诗文声律最基本的法则。

　　现代汉语的声调分为"阴平、阳平、上声、去声"。"平"包括"阴平、阳平"，"仄"包括"上声、去声"。声调调值调类的不同决定了平仄的不同效果，平声字"扬"，声音绵长，声感强烈；仄声字"抑"，声音短促，声感顿抑。

　　诗歌创作，尤其是格律诗讲究抑扬和错落，并形成了格式化的规定：讲平仄使诗句的声调抑扬起伏；讲粘对，使得句与句之间错落有致。例如：

　　① 白日依山尽，（仄仄平平仄）
　　　　黄河入海流。（平平仄仄平）
　　　　欲穷千里目，（仄平平仄仄）
　　　　更上一层楼。（仄仄仄平平）

　　　　　　　　　　　　　　　　　　　　　　　　　　　（王之涣《登鹳雀楼》）

　　四句之中，平仄抑扬交替；每联的上句和下句则平仄错落相对；两联之间也往复变化。新诗一般讲究句末音节的平仄，而不必强调句中的平仄。

　　声调协调，要讲究平仄交错，平仄交错主要表现在句末。

　　② 我送你一个雷峰塔影，
　　　　满天稠密的黑云与白云；
　　　　我送你一个雷峰塔顶，
　　　　明月泻影在眠熟的波心。

　　　　　　　　　　　　　　　　　　　　　　　　　（徐志摩《月下雷峰影片》）

"影"(仄)—"云"(平)—"顶"(仄)—"心"(平),平仄交错,抑扬有致。

至于散文,也要适当注意平仄的协调,避免平声或仄声连成一片,读起来拗口,听起来别扭。

③ 阅读,使人变得懂事、文明;阅读,让人变得高尚、完美;阅读,使人类走出了蛮荒;阅读,使人类有了自己的历史……人类文明与阅读密不可分,一部文明史便是一部阅读史。　　　　　　（何心乐《人在阅读的姿态》）

这段文字句末平仄同样错落有致;"文明"(平平)—"完美"(平仄)—"蛮荒"(平平)—"历史"(仄仄)。

第三节　词语的锤炼

词语的选择和锤炼,是话语表达的基础环节。所谓词语的锤炼就是通过对词语的选择、琢磨、加工和调整,使之准确、鲜明、生动、简练的修辞过程,是对古人"炼字"艺术的继承和发展。古人有时"为求一字稳,耐得半宵寒",或者"吟成一个字,拈断数茎须",都是重视锤炼词语的真实写照。

词语锤炼的总要求是:准确、鲜明、生动、简练。在实际运用中,词语的锤炼主要包括两个层面:一是选准词语,用最妥帖的词表情达意;二是锤炼词语,用最传神的词增强感染力。

选准词语,是锤炼词语的基本前提。要做到准确,一是要掌握词语的意义、用法;二是要有相当数量的词语积累供选用;三是善于从表达需要出发,选择最佳词语。

① 艺术创作是一种生命转换的过程,即把最深刻的生命——心灵,有姿有态、活喷喷地呈现出来。这过程是宣泄、是倾诉、是絮语、是呼喊,又是多么快意的创造!　　　　　　　　　　（冯骥才《表白的快意》）

作为著名的作家、艺术家,无论是词语的量的积蓄还是质的积淀,都堪称典范。这里选用"宣泄"、"倾诉"、"絮语"、"呼喊"等词语,把快意的心灵"表白"这一特定含义的艺术创作行为,表现得准确而又细腻,丰厚而又人性化。

锤炼词语是高层次的要求。它是在妥帖的基础上经过再推敲,把词语锤炼得更巧妙,更富表现力,以增强语言的魅力和神韵。这个境界里的用词,有不少已成为佳话,如王安石的"春风又绿江南岸"中"绿"字的敲定,宋祁的"红杏枝头春意闹"中"闹"字的创意等,已为大家熟知。"苏小妹出题作对联"的故事更是形象地讲述了"锤炼"的过程:有一天,苏东坡的好友黄庭坚到苏家做客。东坡的妹妹苏小妹给两位诗人出了一副对联："清风细柳,淡月梅花",要求他们给上下联各加一个动词,仍成对联。黄庭坚添了"舞、隐"二字,成"清风舞细柳,淡月隐梅花"。苏东坡添"摇、映"二字,成"清风摇细柳,淡月映梅花"。苏小妹均不满意,改成"清风扶细柳,淡月失梅花"。总之,锤炼词语的最高境界应该是"平字见奇、常字见险、陈字见新、朴字见色"。(沈德潜《说诗晬语》)

词语的锤炼有多种途径,我们主要介绍以下三种:

一、一般词语的选用

所谓一般词语即普通词语,如名词、动词、形容词等。在遣词造句中,若能根据特定的题旨、语境用心选择,就会平中见奇,淡中见新。我们以动词的选用为例。

动词大都是表示动作行为的,具有较鲜明的动态感,是语言中最活跃、最敏锐的。阿·托尔斯泰说过:"在艺术语言中,最重要的是动词,因为全部生活都是运动的。""要是你找到了准确的动词,那你就可以安心地写你的句子。"

动词的常规用法——求准

① 童年的夏夜永远是美妙的。暑热散去了,星星出齐了,月亮升起来了,柔和的月色立即洒满了我们的篱笆小院。　　(孙友田《月光启蒙》)

② 骑兵俑上身着短甲,下身着紧口裤,足蹬长筒马靴,右手执缰绳,左手持弓箭,随时准备上马冲杀。　　(《秦兵马俑》①)

例①选用了"散"、"出"、"升"、"洒"几个动词,看似轻松,其实颇用心思。如果不用"散"而用"退",则不能准确表现夏天白昼燥热夜渐凉爽的特点;如不用"出"而用"来",则又不能恰当地表现夜色渐浓、星光渐亮的特征,且"出"的动态感更强。例②还注意选用与所介绍的秦代兵马俑的悠远、厚重相吻合的具有文言色彩的词语,"着"、"执"、"持"看似寻常,却颇见功力。

动词的超常规用法——求新

所谓超常规用法,是指有些动词在与其他词语的搭配中改变了一般的常规用法,从而收到了新颖生动的修辞效果。这从一个侧面充分体现了汉语的词汇在形式上具有较强的适应性。

③ 愿你的心灵悄悄地开花。　　(赵丽宏《心灵是一棵会开花的树》)

④ 当我们面临诱惑的时候,优美纯真的思想会像仁慈的天使一样,纯洁并保卫我们的灵魂。　　(斯迈尔斯《书友》)

---

① 本部分例句未注明出处者均选自小学语文教材。

⑤ 我们要把火一样的诗句塞在您的枕下,让您在睡梦中也能感受到我们炽热的心跳。　　　　　　　　　　　　　　(《明天我们毕业》)

例③④"心灵开花"与"保卫灵魂",前者的主语"心灵"和后者的宾语"灵魂"都是抽象名词,而"开花"一般用于描写植物,"保卫"的对象也常常是具体的事物,如"家园"、"祖国"等等。作者采用超常规的主谓搭配和动宾搭配,赋予这些动词新的意蕴,文意也就变得摇曳多姿了。例⑤的"塞"与"感受"所搭配的词语都是超常规的,新颖而生动地传达了六年级毕业班孩子们的纯真、赤诚及对老师的深深依恋之情。

二、同义词语的选用

在我们的交际活动中,无论是同义词语的选用还是反义词语的选用,都是为了在一定的语境中实现最佳修辞效果的需要。因此必须遵循一定的原则:(1)准确性——力求准确表现人或事物的本质特征;(2)鲜明性——力求突出题旨或重点;(3)得体性——力求用最佳的词语搭配、组合形式使表达自然得体。这样,才能使情感得以强调、文采得以丰沛。这就要求我们在同义词语和反义词语的选用中准确掌握词语的意义、用法,否则会弄巧成拙或引起歧义,如:"叔叔走了两天了。""走"可以作"离开"讲,也可以作"行走"、"步行"讲,甚至还可以作"离开人世"讲。一般说来,多义词在句中受上下文的限制,只能表达一种意义,选用不当便会产生歧义。因此,必须在准确理解的基础上选择最恰当的词语。

汉语的同义词特别丰富,少则几个、十几个为一组,多则几十个甚至上百个为一组。如:"确信"的同义词就有"坚信"、"宠信"、"相信"、"听信"、"轻信"、"深信"等等。小学语文教材中有一篇题为《说"信"》的课文运用同义词连缀成篇,既琅琅上口,又便于记诵、理解、辨识:

说 "信"

确实地相信叫"确信"。
非常地相信叫"深信"。
坚决地相信叫"坚信"。
忠实地相信叫"笃信"。
对自己怀有信心叫"自信"。
履行自己的诺言叫"守信"。
取得别人的信任叫"取信"。
讲究诚实和信用叫"诚信"。

尽管汉语的同义词十分丰富,但在特定的语境里,只有一个是最恰当的。例如:

① 那里水绿、岛翠、山青,因此人们都叫它绿色千岛湖。

(黄传惕《绿色千岛湖》)

② 此时此地此刻,我们也完全沉醉了,如痴、如迷。 《黄果树听瀑》

③ 虽然我们的风筝,也曾有过瞬间的跌落,但这小小的挫折,并没有让我们的希望坠落。

(单思羽《放飞的心情》)

例①的"绿"、"翠"、"青"是一组同义词,分别与"水"、"岛"、"山"组成主谓短语,搭配得十分妥帖。如果随意组合成"水青"、"山绿"或"岛绿"、"山翠",既不符合语用习惯,也不能准确传神地表现出千岛湖湖水的澄净、群岛的青翠和山色的浓郁。例②的"时"、"地"、"刻"与"痴"、"迷"相呼应,人与景已融为一体,不分彼此了。例③"跌落"指往下掉,语意较轻;"坠落"书面色彩较浓,虽然也指"落、掉",但语意稍重。

三、反义词语的选用

修辞上反义词语的选用,除有成对的固定反义词外,更多的是按照反义关系的构成原理在一定语境下组成的临时反义关系的词语。例如:

① 吃了苦的,
   才知道有甜的;
   吃了甜的,
   才知道有苦的。

(艾青《绿·神秘果》)

② 愈锤愈烈! 痛苦和欢乐,现实和梦幻,摆脱和追求,都在舞姿和鼓点中交织,旋转,凝聚,升华!

(刘成章《安塞腰鼓》)

例①"苦"与"甜"是一组反义词。例②的"痛苦和欢乐"等则是在特定的语境中组成的三组临时反义关系的词语。

正确使用反义词语,可以更深刻地形成对比,揭示事物的本质特征。例如:

③ 真正的善良存在于念起念灭的倏忽之间。祖祖辈辈以杀人为生的职业刽子手,若是在行刑前磨快屠刀,让受刑者少一点死前的痛苦,那一念就是善;普通人在日常生活中见到不幸的人而生比较之心而不是同情之心,那一念就是恶。

(尚存善《善良是一种能力》)

反义词语选用得当还能蕴含深刻的哲理,这在我们的成语、俗语、谚语中可见一斑:

④ 兼听则明,偏听则暗。
⑤ 多看事实,少听虚言。
⑥ 满招损,谦受益。
⑦ 差之毫厘,失之千里。

第四节　句式的选择

现代汉语不仅词汇丰富,而且拥有大量的句式资源。论句子的用途或语气,有陈述句、疑问句、祈使句、感叹句;论句子的结构类型,有单句和复句,单句中又有主谓句和非主谓句;论句子的长短有长句和短句;论句子的形态,有整句和散句等等。句式的多种资源既说明了选择句式的重要性,也为句式的调配提供了广阔的空间。所以自古就有"百炼成字,千炼成句"的说法。人们在交际活动中,也十分注重句子的选择和调配,以增强语言的表现力。例如:

① 表姑在外婆家里养病,她被闹得坐不住了。一天,她对我们说:"你们怎么就不知道累呢?"我和世香相互看看,没名堂地笑起来。是啊,什么叫累呢?我们从没想过。累,离我们多么遥远啊!　　(铁凝《一千张糖纸》)

这是铁凝回忆"孩童时代"在外婆家过暑假时的趣事片段。一共六句话,既有主动句,也有被动句;既有陈述句,也有疑问句、感叹句。语气、语调变化多姿。大人的一本正经与孩子的天真无邪对比鲜明。一句感叹,充溢着作者对"七岁八岁狗都嫌"的孩童时代的留恋、回味,又夹杂着几分感慨的丰富情感。

② 老人引我进了他的小屋,为我沏了一杯浓茶。茶,很热,很香,仿佛一股暖流,很快沟通了我们俩的心灵。
"如今游客多,您老工作挺累吧?"
"不累,不累,我每天早晨扫上山,傍晚扫下山,扫一程,歇一程,再把好山好水看一程。"他说得轻轻松松,自在悠闲。　　(《天游峰的扫路人》)

这段文字,无论问答还是描述,基本上是短句。问者简短,答者简洁。话语中透出的是老人的豁达开朗,自信达观。

一、长句与短句

就句子的外部形式而言,分为长句和短句,两者是相对而言的。长句是指形体长、词语数多、结构较复杂的句子,主要表现在修饰成分多、联合成分多、结构层次多。短句是指形体短、词语数少、结构较简单的句子。

长句内涵丰富,表意周密、严谨、细腻,节奏较舒缓。它多用于书面语,尤其适用于政论文、科学论著以及文艺语体的集中描写和抒情性议论。

① 当学业一团糟的时候,当生活举步维艰的时候,当失败接踵而至的时候,当烦恼挥之不去的时候,当苦痛无法排遣的时候,你要相信,这个世界上,总有一扇门为你打开。 （马德《总有一扇门为你打开》）

② 英雄之所以称之为英雄,并不在于我们颂赞的语言,而在于他们始终以高度的事业心、自尊心和锲而不舍地对神奇而美妙的宇宙进行探索的责任感去实践真正的生活以至献出生命。 （里根《真正的英雄》）

③ 读了这些书,我们就能很形象地知道什么是美什么是丑,什么是真什么是假,什么是善什么是恶,什么样的人生才是有价值的,什么样的感情才是美好的…… （《读书要有选择》）

例①是一个长句,由五个并列的介宾短语充当状语,内容详尽而语气舒缓,为强调"总有一扇门为你打开"作了有力铺垫。例②是美国前总统里根沉痛悼念七位宇航员时所作演讲中的一段话。这是一个很长的因果二重复句,强调了之所以称他们为英雄的根本原因所在,一系列的状语严密而有层级地讴歌了宇航员们至高无上的事业心、责任感和崇高的献身精神,令人肃然起敬。例③是选自六年级小学语文教材中的一篇说明文。作者用了一个假设关系的复句,后一分句由一个长达47个字的复句结构充当谓语"知道"的大宾语,从五个方面详尽地说明了阅读中外名著对于人的思想熏陶和精神感染的积极作用。同时由于作者善于运用整齐的排比和鲜明的对比,丝毫没有冗长累赘之感,便于小学高年级学生理解。

短句简洁明快,活泼灵便,一般用于口头语言和文学作品。对话、演说、新闻报道、诗歌、儿童文学作品、寓言等多用短句。

④ 他的一生是短促的,然而也是饱满的,作品比岁月还多。
哎！这强有力的、永不疲倦的工作者,这哲学家,这思想家,这诗人,这天才,在我们中间,过着暴风雨的生活,充满了斗争、争吵、战斗,一切伟大人物在每一个时代遭逢的生活。今天,他安息了。他走出了纷争与仇恨。他在同一天步入了光荣,也步入了坟墓。

......

　　我就不疲惫地再说一遍吧：不，不是夜晚，而是光明！不是结束，而是开始！不是空虚，而是永生！　　　　　　　　　　（雨果《巴尔扎克葬词》）

　　慷慨激昂是雨果在巴尔扎克下葬时对着冒雨送葬的人发表的入土葬词的主旋律。因此，在例④中多用短句，多用排比、对比，引吭高歌了巴尔扎克的伟大人格和不朽功绩。同时，从另一个侧面展示了雨果作为19世纪法国著名的浪漫主义代表作家的语言风格和魅力。

　　《现代快报》2009年1月9日刊登了一篇题为《一篇新闻10个字》的文章："2008年6月14日，国足世界杯兵败天津，中国足球再次和世界杯说再见。第二天，全国所有报纸、网站都大幅报道国足的耻辱性溃败，但吉林《新文化报》的编辑们只是悲痛地写下了10个大字'国足再败，我们无话可说'作为对国足的报道。"这篇被称为"最有个性的报道"只用了两个短句，10个字，却字字千钧，力透纸背，表达了一种怒其不争的情绪。

　　寓言和儿童文学作品中多用短句，既体现了作品的文体特点，又符合读者的阅读习惯。例如：

　　⑤他的朋友看见了，叫住他问："你上哪儿去呀？"
　　　他回答说："到楚国去。"
　　　朋友很奇怪，提醒他说："楚国在南边，你怎么往北呀？"
　　　他说："没关系，我的马跑得快。"
　　　　　　　　　　　　　　　　　　　　　　　　　　　　（《南辕北辙》）

　　⑥春天的脚步悄悄，
　　　悄悄地，她笑着走来——
　　　溪水唱起了歌儿——丁冬丁冬
　　　绿草和鲜花赶来报到。
　　　夏天的脚步悄悄，
　　　悄悄地，她笑着走来——
　　　金蝉唱起了歌儿，
　　　——知了，知了，
　　　给世界带来欢笑。
　　　......
　　　　　　　　　　　　　　　　　　　　　　　　　　　　（《四季的脚步》）

　　⑦春天又来了！春天又来了！
　　　我们几个孩子，脱掉棉袄，冲出家门，奔向田野，去寻找春天。
　　　春天像个害羞的小姑娘，遮遮掩掩，躲躲藏藏。我们仔细地找啊，

找啊。 （经绍珍《找春天》）

短句常用非主谓句。如：

⑧ "砰！砰！砰！"一个匆匆而来的路人急切地敲打着一扇神秘的门。
（《谬误与真理之门》）

"砰！砰！砰！"三个拟声词构成非主谓句。

⑨ 杏花。春雨。江南。六个方块字，或许那片土就在那里面。
（余光中《听听那冷雨》）

例⑨三个名词构成非主谓句。地域、时令、景致全包含其中。总之，由非主谓句组成的短句，明快、活泼而干净，增强了形象性和情态感。

在表达中，总是长短句相间，形成变化，使语流有节奏感，这也是与作者所表达的题旨相切合的。

⑩ 这时候，她出现了。因为正巧是星期天，她没有着警服，看上去和别的年轻姑娘没有什么两样。很潇洒，很文静，如果说多了一些什么的话，我从她走向那个歹徒的镇定和义不容辞的责任感，感到她有别的同龄女孩所没有的一股英武之气。 （李国文《无人的街》）

写人物的出场和外貌，一连用几个短句勾勒，简洁清晰，以示其普通；而写人物的独特气质不惜用长句，以示其不普通——干练、镇定，强烈的职业敏感和特殊的女民警的英武之气。

二、整句与散句

句子以其是否整齐匀称分为整句和散句。整句是由两个或两个以上结构相同或相似的短语、句子连接组成的语句体式。散句是由一组长短参差、形式不一的短语、句子交错组合而成的语句体式。

"整"与"散"是相比较而言的，同一个意思可以用整句表述，也可以用散句表述，但修辞效果有别。整句结构严谨，形式整齐，音节匀称，语势贯通，语意显豁。它与反复、排比、对偶等辞格关系密切，诗歌、文艺性散文、演说等语体中常用整句。散句结构自由，形式多样，音节参差，活泼灵动，因此，使用频率高，口语和一般的记叙文、说明文及公文语体、科学语体和政论语体等多用散句。

① 由于世界人口的急剧增长,加上土地沙化等生态环境恶化,人类正面临食物匮乏的威胁。科学家们早就呼吁:人类应该向海洋索取食物!可以预料,21世纪人类的餐桌上,将会有越来越多的高蛋白食物来自海洋。

(金涛《海洋——21世纪的希望》)

② 守着自己,便保护住自己的完整;守住自己的秘密,便保存一份自豪的生命内容。心灵是躲避时间风雨的伞,是洗刷自己和使灵魂轻装的忏悔室,是重温人生的唯一空间,是自己的梦之乡。　　(冯骥才《表白的快意》)

例①选自一篇有关海洋的说明文,有因果关系的二重复句的形式,也有动词谓语句的单句形式,最后一句则是动词非主谓句。自由而松散的结构,参差的音节,步步深入地揭示了海洋确实是人类新世纪的希望。例②这一小节全是整句。先用对偶形式组成,后用排比兼暗喻的形式组成,语势凌厉,节律分明。

整散句各有不同的修辞效果,我们在交际中应注意整散搭配,舒缓与急促相间。

③ 上国画课,教授说:

"画柳,要表现顺风的美;画松,要表现逆风的美;画牛,要顺风而走;画马,要逆风而奔。"

"那么画人呢?"学生问。

"王维的'请留盘石上,垂钓将已矣',以顺风为佳。

文天祥的'风檐展书读,古道照颜色',以逆风为好。"

"有没有又顺又逆的?"

"陶渊明的'登东皋以舒啸,临清流而赋诗',前一句逆风,后一句顺风。"

(刘墉《顺风与逆风》)

这段对话,写问话用散句,写答话用对比式的整句。以整为主,整散相间,急缓有致,学生不紧不慢步步深入,教授从容不迫对答如流,点石成金而富有哲理。

④ 如眼前一亮,我猛然看到了著名旅美画家陈逸飞先生所画的那幅名扬海外的《故乡的回忆》。斑驳的青灰色像清晨的残梦,交错的双桥坚致而苍老,没有比这个图像更能概括江南小镇的了,而又没有比这样的江南小镇更能象征故乡的了。我打听到,陈逸飞取像的原型是江苏昆山县的周庄。陈逸飞与我同龄而不同籍,但与我同籍台湾作家三毛到周庄后据说也热泪滚滚,说小时候到过很多这样的地方。看来,我也必须去一下这个地方。

(余秋雨《江南小镇》)

作者娓娓道来,以散句为主,整句为辅,句式的摇曳多姿与作者神往荡漾的情绪十分吻合。

三、口语句式与书面语句式

根据人们交际方式的不同,句式可分为口语句式和书面语句式。经常在口语中运用的句式叫口语句式,经常在书面语中运用的句式叫书面语句式。

两种句式的区别及其特点主要表现在:

(一)口语句式具有较强的随意性。这种句式多用于较随意的交际场合,尤其在口头对话中,对生活语境的依赖性较强。因此形式简短,较少用关联词语,修饰和并列成分少。句式松散而多变,表述通俗而自然。相对而言,书面语句式多使用关联词语,修饰与并列成分多,以增强逻辑性。有时还较多地使用文言句式。

① 我们站在路边的柳树下等了半个小时,那位警察终于下岗了,我领着女儿走到他的面前。"什么事?"他问。"我要谢谢你,你指挥交通太辛苦了。"女儿说。警察愣愣地看着我们,许久,他"噢"了一声,笑道:"你看,你看,这有什么,这有什么,天天这样的,天天这样的。"(乔叶《天使的声音》)

面对小女孩天真而真诚的道谢这一生活场景,警察叔叔的问与答很随意、简单,随意得有点语无伦次又不断地反复,但却很生活化,真实可爱。

② 何谓经典?凡是圣洁的、美感的、雅致的、庄重的、忧郁的、悲悯的、富有意境的东西,便是经典。经典是经过一代代汰洗和沉淀的,经典是一种至高无上的东西。阅读经典才是高尚的阅读。

(何心乐《人在阅读的姿态》)

浓郁的文言风格及由七个并列短语构成的长定语,使我们领会到书面语的庄重、细腻、严密。

(二)口语句式具有较强的互动性。一般表现为说、听双方的互动。所以,应答、称呼、感叹、疑问等词语用得多。独词句、独立语也多。交谈、对话、广播、电视中的访谈类、生活类、综艺类节目中都具有这些口语句式特点。而书面语的活动双方不在一个共同的时间、空间,他们的活动与交流应该是间接的。因此书面语通常是使用经过提炼了的句式,相对而言,少有上述口语句式的特点。例如:

③ 一次体育课后,同桌没有带纯净水。她很自然地把自己的水递了过去。

"喂,你这水不像是纯净水啊。"同桌喝了一口,皱皱眉,咂咂舌说。

"怎么不是?"她的心跳得急起来,"是我妈今天刚买的。"

几个同学围拢过来:"不会是假冒的吧? 假冒的便宜。"

"瞧,生产日期都看不见了。"

一个同学拿起来尝了一口:"咦,像是凉白开呀!"

(乔叶《母亲的纯净水》)

④ 朱军:你现在到大街上,人管你叫许三多的多还是王宝强的多?

王宝强:叫许三多的多,哈哈,叫许三多的多。

朱军:听到他们管你叫许三多,什么样的心情啊?

王宝强:开心呐!

朱军:人家都不叫你真名你还开心? 干什么,还那么傻啊?

王宝强:对,许三多多好啊,这名字,三多。

朱军:哪三多?

王宝强:三多,快乐多,健康多,幸福多。

朱军:还爱情多呢!

(中央电视台《艺术人生》栏目《士兵突击》专访)

这两段对话集中体现了口语句式互动性强的特点,对话紧凑,节奏明快,词语、句式的选用生活化、个性化、情感化,收到了积极的修辞效果。

(三)口语句式具有简约性。这种句式在特定的语境里常常省略附加成分甚至主语,形成了口语化的十分简约而又明了的非主谓句形式的短句、散句。而书面语句式以主谓句居多,有时也用省略句,但在上下文里有一定的交代、提示。

⑤ 我用颤抖的声音说出了几年来一直想说,但又不好意思说出的一句话:"妈,您来吧,我好想你。"

电话那端的继母吓了一跳,随即高兴地大叫:"好啊! 好啊! 儿啊,我的儿,妈明天就去,需要什么? 想吃什么……"

母亲语无伦次,泣不成声。

(雷东和《继母》)

电话的对话语言应该是口语化的句式,这段特殊的对话中继母的应答仅一句主谓句,"妈明天就去",其他都是非主谓句和省略句。

⑥ "缘分啊,谢谢啊!" (2001年春节晚会小品《卖拐》)

一句流行语,两个非主谓句,两个语气词。小品等语言类节目口语化、生活化,常有幽默而出彩的口语化句式让人们口耳相传,津津乐道,时尚地流行着。

口语化句式常常与短句、散句配合使用。杨绛的散文《老王》开篇就是如此:"我常坐老王的三轮。他蹬,我坐,一路上我们说着闲话。"寻常而自然,却又别有风味。老舍的散文《想北平》的结尾:"好,不再说了吧,要落泪了。真想念北平呀!"十六个字,质朴而传神地呈现了老舍先生内心深处欲罢不能的故乡情结,真真切切的思念之情。

⑦ 牡丹没有花谢花败之时,要么烁于枝头,要么归于泥土,它跨越委顿和衰老,由青春而死亡,由美丽而消遁。它虽美却不吝惜生命,即使告别也要展示给人最后一次的惊心动魄。　　　　　(张抗抗《牡丹的拒绝》)

这段典雅的文字集中体现了以上所说的书面语句式的特点:较多使用关联词语,并列成分多;没有互动性的应答、感叹等;主谓句多。

从上述三个方面的比照中,我们可以看出两种句式的区别和联系:口语句式自然活泼,明快简约;书面语句式整洁严谨,关联密切。书面语句式总是来源于口语句式,而书面语句式又指导并规范着口语句式。

第五节　常用辞格

修辞格简称"辞格",又叫"辞式"或"修辞方式"。辞格是人们在长期的语言实践中创造出来并加以特殊组合使其相对稳定的话语表达方式。它萌芽久远,魅力深厚,独具效果。1932年陈望道《修辞学发凡》的问世成为中国修辞学的奠基之作。他对辞格作了研究整理,初步建立了由38个辞格组成的较为完整的辞格体系。辞格的特定功能一般包括四个方面,"一是给人们以生动的形象感;二是在词句方面,不是在声音、形体方面给人们以形式上的美感或新奇感;三是给人们弦外之音的婉曲感;四是具有左右人们心灵的力量感。"(吴士文《修辞格论析》)汉语的辞格有几十种,我们只是把最常用的十六种辞格作一些介绍。

一、比喻

(一)·比喻及其作用

比喻又叫譬喻,就是打比方。比喻是最常见的使用最广的辞格。通常利用事物之间的相似点,用具体的、熟知的、浅显的事物去描写说明抽象的、生疏的、深奥的事物或事理。例如:

① 生活如椅子，删繁就简，撤掉多余的部分，你的生活就简朴、简洁、简练而且丰富、深邃了。　　（王清铭《生活如椅子》）
　　② 我说人的心灵是一棵树，你是不是觉得奇怪？真的，心灵是一棵树。
　　　　　　　　　　　　　　　　　　（赵丽宏《心灵是一棵会开花的树》）

　　例①用"椅子"的简单构造这一浅显比方，说明"简单生活"这一较深奥的道理。例②用形象具体的事物"树"说明抽象的事物"心灵"。
　　恰当使用比喻，能给人鲜明深刻的印象，正如老舍所说："印象扩大增深，用两样东西的力量来揭发一件东西的形态或性质，使读者心中多了一些图像。"可见，借助比喻写人状物，能使之形象生动；借助比喻说明事理，能使之具体可感。
　　（二）比喻的结构及其基本类型
　　一般说来，比喻有三要素：本体——被比喻的事物；喻体——用来打比方的事物；喻词——连接本体和喻体的词语。构成比喻必须符合两个基本条件：
　　第一，本体和喻体必须是本质不同的两类事物。例如："痛苦的抉择似一条苦难巷道，弯弯曲曲伸向远方。"本体"抉择"和喻体"巷道"即为本质不同的两类事物。
　　第二，本体和喻体之间必须具有相似点。这是比喻的灵魂。比喻的相似点一般不直接点明。例如："新的空气，就像清新的酒，使她陶醉。"本体"空气"和喻体"酒"在"新鲜纯净"这一点上是相似的。
　　比喻的基本类型有三种：
　　1. 明喻。本体、喻体、喻词都出现，常用"像、好像、就像、如、如同、宛如、犹如、仿佛、好比、好似"等喻词，有时后面用"一样、一般、似的"等词语呼应。一般说来，明喻的本体和喻体结合得较松。例如：

　　③ 湖波上
　　　荡着红叶一片，
　　　如一叶扁舟
　　　上面坐着秋天。

　　　　　　　　　　　　　　　　　　　　　　　　　　　　　　　（沙白《秋》）
　　④ 我安静下来，突然发现周围此时很安静。人们在清醒地选择之后，明白了自己意志的支点，便像婴儿一样，单纯而明朗了。
　　　　　　　　　　　　　　　　　　　　　　　　　　　　（毕淑敏《我的五样》）

　　2. 暗喻。本体、喻体、喻词都出现，常用"是、成为、成了、变为、变成、当作、等于"等喻词。本体和喻体结合得较紧密。从句子表面看来是判断、说明或叙述，但暗中显示的是比喻关系。

⑤ 离别后
乡愁是一棵没有年轮的树
永不老去

（席慕容《乡愁》）

⑥ 书，被人们称为人类文明的"长生果"。

（叶文玲《我的"长生果"》）

为了突现比喻的效果，常常把明喻和暗喻连用，亦紧亦松，形象丰满，语感绵长。

⑦ 融化的雪水，从高悬的山涧、从峭壁断崖上飞泻下来，像千百条闪耀的银链，在山脚下汇成冲激的溪流，浪花往上抛，形成千万朵盛开的白莲。

（碧野《七月的天山》）

3. 借喻。本体、喻词都不出现，而是借喻体直接代替本体，以突出本体的某些特点。例如：

⑧ 据有幸飞上太空的飞行员介绍，他们在天际遨游时遥望地球，映入眼帘的是一个晶莹透亮的球体，上面蓝色和白色的纹痕相互交错，周围裹着一层薄薄的"纱衣"。 （《只有一个地球》）

⑨ 罗布淖尔荒原上的大地和天空，混沌一片，灰蒙蒙的，那枚硬币的边缘，也不太清晰。因此，太阳的存在甚至被我们遗忘了。

（高建群《西地平线上》）

例⑧借"纱衣"比喻朦朦胧胧的地球表层——大气层；例⑨借"硬币"比喻荒原上的落日。借喻文字简洁，且含蓄深刻，耐人寻味。

以上三种类型比喻的特点，可用下列表格比较说明：

类型	典型形式	本体（甲）	喻词	喻体（乙）
明喻	甲像乙	出现	像、好像、好比、如、如同、犹如、宛如、好似……	出现
暗喻	甲是乙	出现	是、成为、变成……	出现
借喻	乙（代甲）	不出现	无	出现

（三）比喻的变式

除了上述三种比喻的基本类型外，还有一些组合形态上的变体形式，这里介绍主要的几种：

1. 引喻

利用上下文的关系,由喻体引出本体的一种比喻。引喻只出现本体和喻体,而无喻词。例如:

⑩ 黄河里流凌冰连冰,
　我和哥哥心连心。
　三九天长起了小白菜,
　你才是妹妹心上的爱。

(段骏《黄河谣》)

⑪ 东方太阳,
　正在升起,
　人民共和国正在成长!

(《歌唱祖国》)

⑫ 灯不点不亮,话不说不明。　　　　　　　　　　　(谚语)

这种比喻因带有"兴"的意味,即"先言他物以引起所咏之词"(朱熹语),故称为"引喻";又因在形式上本体和喻体自成分句,平行对照,被称为"对喻"。民歌、谚语、新诗(包括歌词)常用这种比喻形式起兴。

2. 简喻

省去喻词的比喻。例如:

⑬ 水花,欢乐的音符
　　波纹,轻盈的步履

(苏文河《小溪,我认识了你》)

⑭ 弯弯的月儿小小的船,
　　小小的船儿两头尖。

(《小小的船》)

⑮ 地球的外衣——大气。

(余音《地球的外衣——大气》)

例⑬⑭省略了喻词,可以明确地补出来。例⑮用破折号将本体和喻体巧妙相连,又称为"注释式"比喻。"——"可视作喻词"是"。

3. 同位喻

不用喻词,本体和喻体是复指短语,又叫同位短语。本体、喻体分别充当同位短语的两个成分。例如:

⑯ 千声万声呼唤你，
　　母亲延安就在这里。

（贺敬之《回延安》）

⑰ 三峡，这部上接苍冥，下临江底，近四百里长的硕大无朋的典籍，是异常古老的。　　　　　　　　　　　　　　　　（王充闾《读三峡》）

例⑯是喻体在前，本体在后。例⑰是本体在前，喻体在后。

4. 修饰喻

用偏正短语形式构成的比喻。本体作定语，是修饰语，喻体作中心词。例如：

⑱ 有时简直形成歌的河流，歌的海洋。　　　　（吴伯箫《歌声》）
⑲ 思念的小河荡荡悠悠。
　　时间的帆船在上面飘过。

（林子《给他》）

这种比喻结构紧凑，故又称"缩喻"。

引喻、简喻、同位喻、修饰喻都是没有喻词的比喻，从这点看都属于暗喻。

5. 反喻

用否定形式构成的比喻。反喻从否定方面说明本体，采用"本体——不是（不像）——喻体"的格式，以强调本体和喻体的差异。

⑳ 历史不是一张白纸，你想涂成什么颜色就可以是什么颜色。
　　历史不是一块橡皮泥，你想捏成什么模样就可以是什么模样。

（《历史》）

㉑ 秋并不是名花，也不是美酒，那一种半开半醉的状态，在领略秋天的过程中，是不合适的。　　　　　　　　　　　（郁达夫《故都的秋天》）
㉒ 幸福绝大多数是朴素的。它不会像信号弹似的，在很高的天际闪烁红色的光芒。　　　　　　　　　　　　　　　（毕淑敏《提醒幸福》）

6. 较喻

就是用比较的方式进行比喻。本体和喻体不但相似而且存在可比性，以突出事物的特征。例如：

㉓ 清醇的水沁人肺腑，这是比甘露还要甜、比美酒还要香的天山雪水。

（袁鹰《戈壁水长流》）

㉔ 桃花潭水深千尺,不及汪伦送我情。　　　　（李白《赠汪伦》）

7. 博喻

"博喻"的说法古已有之。周振甫在《诗词例话》中将它单独列出。这是比喻的一种铺陈格式,连续运用两个或两个以上的喻体从不同角度描绘说明同一个本体。又称"多项喻"、"复喻"。例如:

㉕ 它是一潭清水,它是一抹朝霞,它是无边的平原,它是沉默的地平线,多一点儿,再多一点儿喜悦吧,它是翅膀,也是归巢。它是一杯美酒,也是一朵永远开不败的莲花。　　　　（王蒙《喜悦》）

例㉕接连用几个暗喻形象地描绘了"喜悦"这种心理活动和愉悦境界给人们带来的无穷生命元素和精神动力。博喻强调特征,启幽发微,可增强气势,强化情感。

（四）比喻的运用

第一,比喻要贴切。

贴切是指本体和喻体之间的相似点要贴近、吻合。要做到这一点必须注意以下三个方面:

一是不能用相同的事物设喻。例如:"碧绿的荷叶上露珠滚滚,粉红色的荷花似出水芙蓉般亭亭玉立。""荷花"和"芙蓉"属同种植物,不可设喻。

二是不能用无相似点的事物设喻。相似点是比喻的灵魂,有了相似点,两个本属不同类别的事物产生了临时联系,通过联想,建立了形似或神似的修辞效果。例如:"潺潺的溪水,就像飘在蓝天上的白云。""溪水"与"白云"虽属异类,但两者无相似点。

三是不能用生僻的事物设喻。有的人片面追求新鲜感,用绝大多数人较生疏的事物作为喻体,效果适得其反。例如:"这篇论文选题好立意新,结构严谨,犹如神经网一般。"

第二,比喻要新鲜。

要使比喻新鲜,首先要善于在符合相似点的事物中选择最恰当的作为喻体,既新鲜又不落俗套。例如:

㉖ 我喜欢在春风中踏过窄窄的山径,草莓像个精致的红灯笼,一路殷勤地张结着。　　　　（张晓凤《我喜欢》）

与"草莓"有相似点的事物还有许多,作者则选择了"红灯笼",既为大家所熟知,又能生动体现山径两边草莓的形状、色泽——下圆上尖,红里透亮,使得两者的相似点极富联想性。

要使比喻新鲜,还要注意喻体的民族性、时代性和审美性。例如:

㉗ 春天,秀水涨满,桥的两孔像是一对微笑的眼睛。细雨如烟,桥上不时有人打着雨伞走过。　　　　　　　　　　　　（董药眠《祖国山川颂》）

在作者的笔下,秀水、拱桥、细雨、行人构成了独具民族特色的动静相映的山村美景。桥的两孔像是"一对微笑的眼睛",别致而亲切,给人以独特的美的享受。

第三,要辨别比喻与非比喻。

具体的比较不是比喻。例如:"它没有了光焰,颜色就像我们写春联时用的那种红纸,柔和、美丽、安谧,甚至给人一种不真实的感觉。"（高建群《西地平线上》）

猜度、推测不是比喻。例如:"后人为了纪念法布尔,在为他建造的雕像上,把两个衣袋做得高高地鼓起,好像里面塞满了许许多多昆虫。"（《装满昆虫的衣袋》）

例证也不是比喻。例如:"对于一个在北平住惯的人,像我,冬天要是不刮风,便觉得是奇迹。"（老舍《济南的冬天》）

二、比拟

（一）比拟及其作用

比拟是通过想象,把物当作人,把人当作物,或把甲事物当作乙事物来描写的一种修辞格。

比拟往往借助想象,从一个事物跳跃到另一个事物,从而激发读者的联想,形成特有的情趣,营造新颖风趣、寄情于物的表达效果。

（二）比拟的类型

1. 拟人

把物当作人来描写,赋予物以人的行为情感等,使之人格化。

拟人的方法有三种:

第一种是用描写人的词语描写物。例如:

① 等到快日落的时候,微黄的阳光斜射在山腰上,那点儿薄雪好像忽然害羞,微微露出点儿粉色。　　　　　　　　　　　（老舍《济南的冬天》）

② 单是周围的短短的泥墙根一带,就有无限趣味。油岭在这儿低唱,蟋蟀们在这里弹琴。　　　　　　　　　　　（鲁迅《从百草园到三味书屋》）

③ 有一年,十月的风又翻动安详的落叶。　　　　（史铁生《我与地坛》）

例①赋予"雪"人的情感,传神地描绘了落日的余晖在"薄雪"上折射出的奇特效果,"薄雪"似乎一下子活了起来。例②看似用普通的写人的词语来写"油蛉"、"蟋蟀"的鸣叫,实则表现了孩子们的纯真和幻想的天性。例③动词"翻动"、形容词"安详",既有动态的摹拟,又有神情的描绘,神形毕现,如在眼前。

第二种是临时把物当作人,并与之"交流"。例如:

④ 我问美丽的鲜花:怎样才能芳香醉人?鲜花轻轻地回答,请展开自己的心。　　　　　　　　　　　　　　　　　　　　　（金秉荣《我问》）

⑤ 又是"小老鸹"跑得最快,它挤到我跟前,跳起来抢食吃。我一边赶它一边说:"急什么,你就贪吃,批评你多少次了,还不改!"（《今天我喂鸡》）

例④"我"与"鲜花"的一问一答,亲切自然,又饱含诗意。例⑤"我"对"小老鸹"的嗔怪富有浓郁的生活气息,同时透出深深的喜爱之情。

第三种是让物变成人,使之具有人的行为情感。例如:

⑥ 一群杂草把小稻秧团团围住,气势汹汹地嚷道:"快把营养交出来!"小稻秧望着这群蛮不讲理的杂草,说:"我刚搬到大田来,正需要营养,怎么可以交给你们呢?"　　　　　　　　　　　　　　　　　（《小稻秧脱险记》）

⑦ "哈",小星星笑了笑说,"我是第三代气象卫星,人们叫我时刻跟踪你,监视你,直到消失为止。"

"小东西",台风狂怒地嚷道,"你可知道我的厉害?鱼儿见我钻入深水,船儿见我避进港湾,树儿见我把腰弯。嘿嘿……"（《跟踪台风的卫星》）

例⑥富有个性的生动对话,让孩子们喜闻乐见,同时懂得了禾苗生长需要营养的道理。例⑦抽象的科普知识通过拟人化的故事情节、人物对话变得通俗易懂。因此,童话、寓言、科普文艺作品中常用这种方法。

2. 拟物

把人当作物描写,使之物性化,或把甲事物当作乙事物来描写。

第一种是把人当作物来描写。例如:

⑧ 我到了自家的房外,我的母亲早已迎了出来,接着便飞出了八岁的侄儿宏儿。　　　　　　　　　　　　　　　　　　　　　（鲁迅《故乡》）

⑨ 如果把自己浸泡在积极、乐观、向上的心态中,快乐必然会占据你生活的每一天。　　　　　　　　　　　　　　　　　　（《态度创造快乐》）

⑩ 学生被挂在黑板上两个小时,据说还不是最高记录。

（理由《高山与平原》）

例⑧把宏儿当作会"飞"的鸟儿来描写。例⑨把人当作可以"浸泡"的东西来描写。例⑩则把学生当作可以"挂"起来的物品描写。总之,把人当作物来描写,使之具有动物、植物及无生命的事物的属性,新颖别致。

第二种是把甲事物当作乙事物来描写。例如:

⑪ 时光总是把过去的日子冲洗得熠熠闪光,引人回望。

(韩少功《我心归去》)

⑫ 罗马经过战争、流血,唯物主义战士——布鲁诺的思想在自由的人民中翱翔。 -(郑文光《火刑》)

例⑪把"时光"当作有动态感的流水来描写,化静为动。例⑫把"思想"比拟成鸟类动物,化抽象为具体。这种方法增强了事物的形象性和深刻性。

(三)比拟的运用

1. 要把握被比拟事物的特征

比拟是想象的产物,这种想象是建立在本体与拟体具有相似点的客观基础之上的,因此必须在某一特征上确有相似之处。例如鲁迅先生把"宏儿"比作小鸟,欢快地飞出来,用得恰到好处。如果我们牵强地用在中年或老年人身上肯定不合适。

2. 要适合一定的语言环境

拟体的选择要与作品的环境气氛、人物心情相协调,切忌矫揉造作。如:"新建成的斜拉索长江公路大桥张开双臂向来往的车辆打招呼。"斜拉索主要起固定作用,怎能"张开双臂"?岂不是生造比拟,弄巧成拙。

3. 要注意比喻和比拟的区别

比喻和比拟的相同点都是两事物相比,但两者的区别很明显。从内部关系看:比喻的本体、喻体各自独立,本体与喻体是不同质却又具有某种相似点的两类事物;比拟的本体和拟体彼此交融。从外部形式看:比喻可以不出现本体,但必须出现喻体;比拟则不必出现拟体,但必须出现本体及拟体的情状或行为。这一点是两者的根本区别所在。从侧重点看:比喻重在"喻",它是通过事物间的相似点将本体和喻体相联系,以激发人们的联想从而进一步感知事物;比拟重在"拟",它是对本体事物所不具备的另一事物的特点加以描写。

三、借代

(一)借代及其作用

借代,就是不直接说出人和事,而借用与它密切相关的事物的名称来替代的一种修辞方式。例如用"红领巾"替代"少先队员"。被替代的"少先队员"称为本体,用来替代的"红领巾"称为借体。借代也叫"换名",即将本体换成一种代称,只有能代称本体而不引起人们误解的借体才可用来代替。

借代是利用客观事物之间的种种关系巧妙形成一种语言上的艺术换名。运用借代,可以突出事物的本质特征;使语言富有张力和变化,从而增强形象性和幽默感。

(二) 借代的主要方式

借代是一种传统辞格。古代汉语里使用较广泛。在现代汉语中,以文艺语体中最为多见。根据借体和本体的关系,借代的主要方式有以下几种:

1. 用特征、标志代本体

① 花白胡子恍然大悟似的说。　　　　　　　　　　　(鲁迅《药》)
② 这幅照片发表后,"大眼睛"很快成为"希望工程"的形象标志。这双忧郁而渴望的大眼睛激起了海内外千百万人的爱心,无数援助之手伸向了渴望求学的孩子们。　　　　　　　　　(《渴望读书的"大眼睛"》)
③ 先生,给现钱,袁世凯,不行么?　　(叶圣陶《多收了三五斗》)
④ 不怕,有钱,有的是票子,一本本的大团结! 真的嘛,怕啥!
(张辛欣、桑晔《北京人·万元户户主》)

例①借"花白胡子"代长着"花白胡子"的人;例②借"大眼睛"代长着"大眼睛"的贫困小姑娘,都是以特征代本体。例③用银元上的袁世凯头像代替当时流通的货币银元。例④用人民币上印有民族大团结的图案代替人民币。都是以标志代本体。

2. 用具体代抽象

⑤ 鲁迅的骨头是最硬的,他没有丝毫的奴颜和媚骨,这是殖民地半殖民地人民最可宝贵的性格。　　　　　　　(毛泽东《新民主主义论》)
⑥ 他没有见识,没有胆量,只晓得饭碗! 饭碗! 饭碗就是他们的终生唯一的目的! ……　　　　　　　　　　　　　　(叶圣陶《抗争》)
⑦《富了口袋富脑袋》　　　　　　　(《江海晚报》2009 年 2 月 10 日)

例⑤借"骨头"代鲁迅先生百折不挠的民族气节。例⑥借"饭碗"代替职业。例⑦是文章的标题,用"口袋"、"脑袋"代替农民对物质和精神生活的共同追求。

3. 用部分代整体

⑧ 沉舟侧畔千帆过,病树前头万木春。

(刘禹锡《酬乐天扬州初逢席上见赠》)

⑨ 当五大洋倾听东方声音的时候,我骄傲,我是中国人。

(王怀让《我骄傲,我是中国人》)

例⑧借"帆"代船。例⑨借"五大洋"代"全世界"。

4. 用工具代本体

⑩ 雨来刚到堂屋,见十几把雪亮的刺刀从前门进来。

(管桦《小英雄雨来》)

⑪ 老麦为避开这些四个轮子,把自己的两个轮子随手一拐,进了一条小马路。

(林斤澜《头像》)

这两例都是借工具代本体。例⑩用"刺刀"代日本鬼子,例⑪用"四个轮子"代替汽车,"两个轮子"代替自行车。

5. 用作者、产地代本体

⑫ 从鲁迅学得批判精神,从托尔斯泰学得道德的执著。

(谢冕《读书人是幸福人》)

⑬ 喝一杯茅台,品一杯龙井。

例⑫以作者鲁迅、托尔斯泰分别代他们的著作。例⑬是以茅台和龙井分别代酒和茶。

6. 用牌号、数字等代本体

⑭ 最终,他选了一辆"安琪儿",红色的。红色代表希望,女儿一定喜欢。

(丁一珊《礼物》)

⑮ 村里的青壮年都外出打工了,种菜养猪的是一支"三八六一部队"。

例⑭用品牌"安琪儿"代自行车。例⑮"三八六一"代称"妇女儿童"。

(三) 借代的运用

第一,借体要具有代表性。这种代表性既要有思想性和情感性,又要有一定的时代感。

第二,借体要具有明确性。借体与本体应该有密切关联,有的则需要在上下文中有所交代,否则会使人不知所云。

第三,要注意区别借代和借喻。借代和借喻的相同之处是本体都不出现,都是用一个事物代替另一个事物。借代和借喻的不同之处也是显而易见的:一是构成条件不同。借喻的构成条件是本体和喻体之间的"相似性";借代的构成条件是借体和本体之间的"相关性"。二是作用不同。借喻是喻中有代,以喻为主,以相似为目的;借代是代而不喻,以称代为目的。三是变换形式不同。借喻常常可以变换成明喻或暗喻的形式,借代则不能。例如:

⑯ 队伍虽然出罗网,
　　韩英不幸入铁窗。

(歌剧《洪湖赤卫队》)

⑰ 领导是否执政为民,群众心里自有一杆秤。
⑱ 撞了人还想开溜,路人纷纷指责那个啤酒肚。

例⑯"罗网"是借喻,以乙喻甲,形象说明了反动派搜捕之严密,可改成明喻。"铁窗"是借代,以乙代甲,两者只具有相关性,不能改成明喻。例⑰的"一杆秤"是借喻,而例⑱的"啤酒肚"是借代,以特征代替本体。

四、夸张

(一) 夸张及其作用

为了表达的需要,故意言过其实,对事物进行扩大、缩小或超前的强调或渲染的修辞方式叫夸张,又叫"夸饰"、"铺张"。

夸张是丰富想象的结果,但这种想象必须建立在客观真实的基础之上。如李白夸饰庐山瀑布"飞流直下三千尺",人们坚信不疑;而如果现代人对公园的人造瀑布景观也这样渲染,一定会使人瞠目。夸张是一种艺术化的语言表达手段,是作者情感的放纵和倾泻,以突出事物的某种特征,抒发激越而强烈的情感,同时给人以丰富的想象。

(二) 夸张的类型

1. 扩大性夸张

故意把事物往大、多、快、高、长、强等方面说。例如:

① 满山峰都是奇形怪状的老松,年纪怕都有上千岁了,颜色竟那么浓,浓得好像要流下来似的。(杨朔《泰山极顶》)
② "慈母手中线,游子身上衣",这根线的长度,足够绕地球三匝(周),随卫星上天。(柯灵《乡土情结》)
③ 在拉萨,人们说话的声音能碰到蓝天,伸出手来能摸到蓝天。

(宗仁《拉萨的天空》)

例①用"流下来"极言松树的古老、苍劲、浓郁。例②是作者激情碰撞的产物,使得"这根线"既有长度又有高度,这便是浓浓的思乡之情、恋母之情。例③

这样的夸张使人们对"日光城"拉萨的特征一清二楚。

2. 缩小性夸张

故意把事物往小、少、慢、矮、短、弱等方面说。例如：

④ 五岭逶迤腾细浪，乌蒙磅礴走泥丸。　　　　　　　（毛泽东《长征》）

⑤ 汪先生的脸开始发红，客人都局促地注视各自的碗筷，好几秒钟，屋子里静寂得应该听得见蚂蚁在地上爬——可是当时没有蚂蚁。

（钱钟书《围城》）

例④是对偶兼夸张，五岭山脉高耸峻峭绵延千里，乌蒙山海拔二千三百多米，山势挺拔。毛泽东却极言其细小，在红军战士的脚下成了"细浪"和"泥丸"，有力衬托了中国工农红军英勇无畏，举世无双。例⑤极言其静，是为了突出客人们的局促、尴尬。

3. 超前夸张

故意把现实生活中后出现的事说成是先出现或是同时出现的。例如：

⑥ 吃过了茶，摆两张桌子杯箸……随即每桌摆上八九个……叫一声"请！"

一齐举箸，却如风卷残云一般，早去了一半。　　（《儒林外史》第二回）

⑦ 嚄，中国名酒——茅台，我一见就醉了。（郑锡同、陈建《血泪樱花》）

例⑥通过比喻超前夸张，活灵活现。例⑦直接超前夸张，突出茅台酒的独特魅力。

（三）夸张的运用

第一，夸张要"夸"而有节。

为了达到一定的修辞效果，从表面看，夸张确实是"言过其实"，但从本质上看，夸张必须尊重客观事实，合乎情理。鲁迅先生曾说过："'燕山雪花大如席'是夸张，但究竟有雪花，就含有一点诚实在里面，使我们立刻就知道燕山原来有这么冷，如果说'广州雪花大如席'，那就变成笑话了。"因此，夸张一定要"夸"而有节，不是真实胜似真实。

第二，夸张要明确、显豁。

心理学证明，强烈或新异的刺激最能抓住人们的审美注意力。因此，夸张要达到强烈而刺激的审美效果必须显豁，不能模棱两可，既像夸张，又像事实。例如：形容一个人饿极了，可以夸张地表述为："他饿极了，眨眼间一桌菜就一扫而光。"这是明显的夸张。如果说："他饿极了，十分钟不到，一桌菜就一扫而光。"这就很难说是夸张还是事实。

第三,夸张要注意语体。

夸张并不适合任何语体。它多用于文学作品,而新闻报道、科技论文、调查报告、情况汇报等不宜用夸张,以免破坏庄重、严肃的风格。

五、对偶

(一) 对偶及其作用

对偶又叫"对仗",俗称"对子"。就是把字数相等或相当、结构相同或基本相同的短语或句子对称地排列,表示相近、相关、相反或相对意思的修辞格。

对偶是汉语的传统表达方式。汉字是方块字,汉语的音节整齐上口,这些特点很适宜构成两相对称的对偶句来表情达意。从形式上看,整齐匀称,和谐悦耳;从内容上看,集中凝练,联系紧密,含意深远。

(二) 对偶的类型

从内容上看,对偶有正对、反对、串对三种类型。

1. 正对

上下联意思相似、相近,从两个角度、两个侧面说明同一事理。

① 日沐阳光,夜饮甘露,与野草为友,与树木为邻;看白云悠悠,听小鸟啁啾。风来了,携手共舞,雨来了,仰首共淋。(肖寿仁《野菊》)

② 我之所以坚定地相信未来,
　　是我相信未来人们的眼睛——
　　她有拨开历史风尘的睫毛,
　　她有看透岁月篇章的瞳孔。

(食指《相信未来》)

例①连用四组对偶,一气呵成,相得益彰,从不同侧面歌咏了野菊的淡泊自在。例②聚焦于"眼睛",从"睫毛"和"瞳孔"形象地展示其深邃、坚毅。

2. 反对

上下联意思相反或相对,通过正反对照、比较,突出事物的本质。例如:

③ 年轻人没有什么可回忆,于是就展望。老年人没有什么可展望,于是就回忆。(周国平《人与永恒》)

④ 卑鄙是卑鄙者的通行证,
　　高尚是高尚者的墓志铭。

(北岛《回答》)

例③"年轻人"与"老年人"相对,"回忆"与"展望"对比鲜明,意味深长。例

④两相对照,强有力地对比了卑鄙者与高尚者的不同际遇。

3. 串对

上下联内容之间有因果、条件、假设、承接等关系,串对的两项顺势而下,故又称"流水对"。例如:

⑤ 野火烧不尽,
　春风吹又生。

(白居易《赋得古原草送别》)

⑥ 欲穷千里目,
　更上一层楼。

(王之涣《登鹳雀楼》)

⑦ 才饮长沙水,
　又食武昌鱼。

(毛泽东《水调歌头·游泳》)

例⑤上联表原因,下联表结果。例⑥上联表假设,下联表结果。例⑦两联表承接关系。

以上三种形式各有所长,一般说来,正对精警,反对强烈,串对自由。

从形式上看,对偶包括工对和宽对两种。

1. 工对

工对是严式对偶,古人称之为"对仗"。它不但要求上下联字数相等,结构相同,而且要求相对部分词性相同,平仄相对,没有重复的字。例如:

⑧ 明月松间照,
　清泉石上流。

(王维《山居秋暝》)

⑨ 墙上芦苇,头重脚轻根底浅;
　山间竹笋,嘴尖皮厚腹中空。

(毛泽东《改造我们的学习》)

⑩ 绿柳舒眉辞旧岁,
　红桃开口贺新年。

(春联)

这些对仗句,上下联相对工整。从结构上看,不仅整体结构相同,上下联都是主谓句,且局部结构也一致;从词性上看,"绿"与"红"、"旧"与"新"都是形容词对形容词,"柳"与"桃"、"岁"与"年"都是名词对名词,"舒"、"辞"与"开"、"贺"

都是动词对动词;从平仄上看,两两相对,如例⑩:仄仄平平平仄仄,平平平仄仄平平。

2. 宽对

与工对相比,宽对在字数、词性、结构和平仄等方面,要求不太严格,只要字数相当,结构相似即可。这种较为自由的形式应用较为广泛,在现代诗文中较常见。例如:

⑪ 我若能裁你以为带,我将赠给那轻盈的舞女,她必能临风飘举了;我若能把你以为眼,我将赠给那善歌的盲妹,她必能明眸善睐了。 (朱自清《绿》)

⑫ 这是一个多么动人的字眼
　　亲切如慈母的微笑
　　缠绵如恋人的诉说

(赵丽宏《祖国啊……》)

⑬ 不要对我说:苦难净化心灵,悲剧使人崇高。默默之中,苦难磨钝了多少敏感的心灵,悲剧毁灭了多少失意的英雄。 (周国平《直面苦难》)

对偶是颇为中国化的言简意丰的修辞方式,现代汉语诗文中的对偶已突破了一些限制,因此,运用对偶一方面只要做到字数相等,结构大致相当,声韵基本协调就可以了;另一方面要注意服从内容需要,不要一味强求工对或拼凑对偶,否则会以辞害意。

六、排比

(一) 排比及其作用

用三个或三个以上结构相同或相似,内容相关,语气一致的词语、句子或段落排列起来表达一个相关内容,以增强语势、加强语意、加深情感的修辞格叫排比。

排比是一种富于表现力的辞格,宋代陈骙《文则》云:"文有数句同一类字,所以壮气势、广文义也。"排比的运用十分广泛:用于描写,可以把事物描绘得井然有序;用于抒情,可以把感情表达得真挚浓烈;用于说理,可以把道理阐释得透辟严密。排比使语势得以增强,从而加强了节奏感和旋律美。

(二) 排比的类型

1. 句子成分的排比

① 到夏季,绿得更浓、更深、更密。生命在充实、在丰富。

(袁鹰《枫叶如丹》)

② 艺术创作是一种生命转换的过程,即把最深刻的生命——心灵,有姿有态、活喷喷地呈现出来。这过程是宣泄、是倾诉、是絮语、是呼喊,又是

多么快意的创造！　　　　　　　　　　　　　（冯骥才《表白的快意》）

③ 快乐，它是一种富有概括性的生存状态、工作状态……它是世界的丰富、绚丽、阔大、悠久的体现。　　　　　　　　　　（王蒙《喜悦》）

例①是三个补语的排比，把夏季绿色的特征与生命的充实生长叙写得细致而传神。例②是五个动宾短语的排比，原本抽象的生命转换过程一下子变得具体可感且富有层次。例③是四个定语的排比，既是对中心词"体现"的限制，更是对它的丰富阐释。

2. 句子的排比

④ 那像小提琴一样轻柔的，是在草丛中流淌的小溪的声音；那像琵琶一样清脆的，是在石缝间跌落的涧水的声音；那像大提琴一样厚重回响的，是无数道细流汇聚于空谷的声音；那像铜管齐鸣一样雄浑磅礴的，是飞瀑急流跌入深潭的声音。　　　　　　　　　　（谢大光《鼎湖山听泉》）

⑤ 荆江告急！武汉告急！九江告急！……灾情就是命令，灾区就是战场。　　　　　　　　　　　　　　　　　　　　　　（《大江保卫战》）

⑥ 这里叫洋八股废止，有的同志却实际上还在提倡。这里叫空洞抽象的调头少唱，有些同志却硬要多唱。这里叫教条主义休息，有些同志却叫它起床。　　　　　　　　　　　　　　　　　　（毛泽东《反对党八股》）

为增强语势，根据表达的需要，句子的排比，有的是分句的排比，如例④；有的是单句的排比，如例⑤；还有的则是复句的排比，如例⑥。前两种使用较广泛。

3. 语段的排比

⑦ 因着语文，"孔雀东南飞"的故事成了家喻户晓的绝唱；因着语文，木兰从军的传说成了妇孺皆知的佳话。

因着语文，雪莱的"冬天到了，春天还会远吗"温暖了多少失意者的心怀；因着语文，但丁的"走自己的路，让别人去说吧"激荡着每个开拓者的胸襟。

因着语文，我们收藏了春的温暖、夏的火热、秋的丰硕、冬的冷峻；因着语文，我们领略了北国的冰雪、南疆的椰林、西域的雄鹰、东海的潮汐。

（熊芳芳《语文天生浪漫》）

作者用三个结构相似的语段排比，尽情铺陈了语文从浪漫的心灵出发的深广与博大，以引起读者强烈的共鸣。语段的排比语言整饬，散中见整，在散文和诗歌中较常见。

（三）排比的运用

1. 排比各项应是平行关系

排比的每一项之间在形式上都是平行的，同等的，内容上是互不包容的，也没有递升与递降的关系，与层递有本质上的区别。同时要注意不能一味叠床架屋，生拼硬凑。

2. 排比常与间隔反复合用

排比句中，常有相同的词语反复出现，一般称之为"提挈语"。例如：

⑧ 阅读，让人变得懂事、文明；阅读，让人变得高尚、完美；阅读，使人类走出了蛮荒；阅读，使人类有了自己的历史……

（何心乐《人在阅读的姿态》）

此例连用四个相同的句式，每句的提挈语"阅读"又构成间隔反复，使得语意更贯通，语势更强劲。

3. 注意排比与对偶的区别

排比和对偶都具有结构整齐、节奏分明等特点，但两者的差别是明显的：对偶是两项对称并立，排比是三项或多个项的平行排列；对偶要力避字面重复，排比的各个项往往出现相同的强调性词语；对偶要求字数相等或相当，排比不拘泥于字数，可略多或略少。

七、反复

（一）反复及其作用

反复是有意地多次重复使用同一词语、句子或段落，以强调某个意思或抒发某种情感的一种修辞格。

反复可运用于各种文体，它具有强调重点、加强语势、增强节奏感的修辞效果。用于叙事，可增强条理性、生动性；用于说理，可强化论述，增强逻辑性；用于抒情，可增添旋律美和音乐性。

（二）反复的类型

1. 连续反复

接连反复运用相同的词语或句子，中间不出现其他词语。例如：

① 三个水柱都有井口大，没昼没夜地冒，冒，冒，永远那么晶莹，那么活泼，好像永远不知疲倦。　　　　　　　　　　　　　（老舍《趵突泉》）

② 假如我是一朵雪花，
　　翩翩的在半空里潇洒，
　　我一定认清我的方向——

飞扬,飞扬,飞扬——
这地面上有我的方向。

(徐志摩《雪花的快乐》)

③ 站起来,站起来,站起来!
站起来走进奥运——
起跑才更振奋
冲刺才更无畏!

(王怀让《中国人,不跪的人》)

例①是散文中的连续反复,既十分动态地描绘了趵突泉的源源不竭,又渲染了作者欣喜赞誉之情。例②③都是诗歌中的连续反复,一唱三叹,字字铿锵,句句强化。

2. 间隔反复

相同的词语或句子间隔出现,中间隔有其他词语或句子。

④ 听听,那冷雨。看看,那冷雨。嗅嗅闻闻,那冷雨。舔舔吧,那冷雨。

(余光中《听听那冷雨》)

⑤ 有人在你身上读到寂寞,有人在你心中读到爱情,也有人在你心中读到仇恨,有人在你身边寻找生,有人在你身边寻找死。

(刘再复《读沧海》)

⑥ 就是那一只蟋蟀
　钢翅响拍着金风
　一跳跳过了海峡
　从台北上空悄悄降落
　落在你的院子里
　夜夜唱歌

　就是那一只蟋蟀
　在《豳风·七月》里唱过
　在《唐风·蟋蟀》里唱过
　在《古诗十九首》里唱过
　在花木兰的织机旁唱过
　在姜夔的词里唱过
　劳人听过
　思妇听过

(流沙河《就是那一只蟋蟀》)

例④"那冷雨"间隔出现四次,通过听觉、视觉、嗅觉、触觉分别写出不同感官对清明时节冷雨的共同感受,细腻而有层次。例⑤"有人在你身上读到"多次反复,渲染了大海的古老而富有魅力,俨然成了人生拼搏的舞台。例⑥是诗的开头两节,全诗每段均以"就是那一只蟋蟀"开头,反复咏唱,充分突现了怀乡的题旨。

连续反复和间隔反复也可以交错使用,例如:

⑦ 打开你们的窗子吧,
　打开你们的板门吧,
　让我进去,让我进去。
　进到你们的小屋里。
　我带着金黄的花束,
　我带着林间的香气,
　我带着亮光和温暖,
　我带着满身的露水。
　快起来,快起来,
　快从枕头里抬起头来,
　睁开你的被睫毛盖着的眼,
　让你的眼看见我的到来。

(艾青《太阳的话》)

这首儿童诗的节选部分多处使用连续反复和间隔反复,又把间隔反复与排比相结合,拟人化的手法,欢快而有韵律感的节奏,使充满生机活力的太阳公公的形象跃然纸上。

(三) 反复的运用

1. 反复不同于重复

反复是一种积极的修辞方式,重复是啰嗦、累赘,是一种语病。因此,反复只是在强调感情抒发、突出事物形象、阐释深刻思想时才使用。

2. 反复与排比的主要区别在于:第一,反复的各项不要求语法结构上的相同或相似,排比在语法结构上必须相同或相似;第二,反复可以由两个项构成,排比则必须有三个以上的项;第三,三项以上的间隔反复可以兼有排比,连续反复则只是反复而不兼排比。

八、层递

（一）层递及其作用

根据事物间的逻辑联系，把三个或三个以上结构相似、内容上表示递升或递降意思的短语、分句或句子排列起来，按序表达事理，这种修辞方法叫层递。

层递在语言形式上步步推进或逐次递减，因而显示了积极的修辞效果。在叙事中，可以生动具体地逐层揭示事物发展变化的过程；在说理中，可以使论证环环相扣，增强严密性，加强逻辑力量；在抒情中，可以使情感步步升华，增强感染力。

（二）层递的类型

1. 递升

按事物的变化规律，由小到大、由少到多、由浅到深、由轻到重、由低到高排列顺序。例如：

① 当我们缺少一样必需的东西时，我们痛苦了。当我们渴求一样并非必需的东西而不可得时，我们十倍地痛苦了。当我们不可得而别人却得到时，我们百倍地痛苦了。 （周国平《守望的距离》）

② 不过要读者容易接受，也还得靠好的表现形式，还得在布局上、逻辑上、修辞上再花些工夫，才能使文章的每一句、每一段、一直到全篇，一下子打进读者的脑筋。 （何其芳《谈修改文章》）

③ 浪花日日夜夜地冲击着礁石，一年、两年、几十年、几百年过去了，礁石表面尖利的棱角，被浪花一点一点地侵蚀、啃啮，渐渐地变小了，变平了。 （陈模《浪花和礁石》）

例①"痛苦"十倍百倍地递增，实际上是不断膨胀的欲望与人性抗争的生命历程的形象展示，极富哲理。例②从小到大排列，强调了要有好的表达效果非得下工夫修改文章不可。例③通过时间的不断推移，生动具体地揭示了自然现象及其变化规律。

2. 递降

按事物的变化，由大到小、由多到少、由深到浅、由重到轻、由高到低排列顺序。例如：

④ 从巴黎带来的华文报纸和英文书看完了，这成了最严重的事态，因为在下一个钟头、下一刻钟、下一分钟，你就不知道该干什么。

（韩少功《我心归去》）

⑤ 祖国是一座花园，

北方就是园中的腊梅。
小兴安岭是一朵花,
森林就是花中的蕊。
花香呀,
沁满咱们的肺。

(郭小川《祝酒歌》)

⑥ 历史可以很小很小,小到一个庭院,一孔窑洞,甚至小到一个蚁穴。

(《历史》)

例④作者在异国他乡的寂寞、孤独和空虚在形象化的递减中逐渐升腾。例⑤是比喻兼层递,既有形象性的暗喻,又有范围渐小的递降,尽情歌咏了祖国的壮美山河。例⑥用具体而形象的递降阐释了"历史"。

(三) 层递的运用

1. 层递要符合基本要求

构成层递的基本条件是:结构上必须是三项或三项以上;内容上要有内在联系,能互相衔接;各项必须有主次之分,并按次排列,体现逻辑顺序。例如:"这所综合性大学规模较大,共有22个学院,68个专业,51个系,在校生3万余人。"排列次序混乱,不符合递降的要求。应将"系"与"专业"次序对调。

2. 注意层递与排比的区别

层递和排比在结构形式上有一些相似,如都是由三个或三个以上的项排列而成,但也有区别:从内容上看,排比的各项意义相关,它们之间是并列平等的关系,而层递各项按照深浅、大小、轻重、多少的顺序层层递升或递降,是阶梯式的;从形式上看,排比的各项要求结构相同或相似,而层递并不拘泥于结构的相同或相似。

九、对比

(一) 对比及其作用

对比,也叫"对照"。它是把两个对立的事物或一个事物的两个方面并举加以比较的一种修辞方式。

对比是把被比的几件事物或几个方面的好坏、优劣、高低、轻重进行对照、鉴别,以突出某一事物或某一方面的特点,有助于揭示事物的本质,增强说服力。

(二) 对比的类型

1. 一体两面对比

把一种事物的相对、相反的两个方面进行对照、比较。例如:

① 我们的战士,对敌人这样狠,而对朝鲜人民却是那样地爱。

(魏巍《谁是最可爱的人》)

② 每个人都有两个自己:一个是外在的、社会性的、变了形的;一个是内在的、本质的、真实的自己,就是心灵。　　(冯骥才《表白的快意》)

例①将志愿军战士的爱与恨相对照,热情颂扬了他们崇高的国际主义精神;例②把外在的自己与内在的自己相比照,鲜明地突出了"心灵"才是一个人生命的本质。

2. 两体对比

相反、相对的两种人物、两种事物放在一起,进行对照、比较。例如:

③ 有的人活着,
　他已经死了;
　有的人死了,
　他还活着。

(臧克家《有的人——纪念鲁迅有感》)

④ 于是,正义站起来了
　倒下的只是犯罪!
　正气站起来了
　倒下的只是败类!
　真理站起来了
　倒下的只有邪恶!
　人民站起来了
　倒下的只有魔鬼!

(王怀让《中国人,不跪》)

⑤ 每当我们民族处于危亡之秋,总会出现两类人。一类人有邦国而无自身,敬畏史笔,体恤民苦,壮怀激烈,视死如归;另一类人则重私利而轻大义,色厉内荏,寡廉鲜耻,戕害同胞,卖身求荣,置世世代代之唾骂于不顾。

(白桦《梅香正浓》)

例③用有的人苟且偷生衬托鲁迅先生虽死犹生,精神不朽。例④是两方面的对照,一方面是站立与倒下相对比,另一方面相对应的是正义、正气与犯罪、败类等等,句句对照,句句鲜明,句句直抒胸臆,淋漓畅快。例⑤强烈鲜明的对比再次颂扬了民族英雄史可法,升华了主题。

运用对比,要注意与对偶的区别。对比的基本特点是内容上的"对立",而对偶不一定要求内容上的"对立";在结构形式上对比不要求字数相同,结构相类,而对偶则要求形式上的"对称";对比的作用主要是加强语言的鲜明性,对偶的作用主要是加强语言的艺术感染力。对偶里的"反对"就意义上说是对比,就形式上说是对偶,这是辞格的兼属现象。如"横眉冷对千夫指,俯首甘为孺子牛",从形式上看是对偶,从内容上看是对比。因此,对比是否兼属对偶,主要看它的结构是否"对称"。

十、设问

（一）设问及其作用

设问是故作疑问,为了强调某一意思或引起人们的注意和思考而自问自答的修辞方式。

设问是无疑而问,因而只是自问自答或只问不答。

（二）设问的类型

1. 自问自答

① 哪样的生活可以叫做新的生活？我想来想去,只有一句话：新生活就是有意思的生活。　　　　　　　　　　　　　　（胡适《新生活》）

② 什么叫做光年呢？光年是天文学上表示距离的单位,表示光一年所走的路程的长短。　　　　　　　　　　　（叶至善《织女星和牵牛星》）

③ 怎么判断一个人究竟有没有他的"自我"呢？我可以提出一个检验的方法,就是看他能不能独处。　　　　　　　　（周国平《独处的充实》）

例①作者没有简单地说有意思的生活就是新的生活,而是故意设问,以引起人们的注意。例②在说明文、科学小品之类的文章中,作者往往用类似的自问自答阐释抽象的概念,使文势富于变化。例③作者以设问开篇,自然引出话题"独处",以激发读者的兴趣。

2. 只问不答

④ 走遍整个园子却怎么也想不通：母亲为什么就不能再多活两年？为什么在她儿子就快要碰撞开一条路的时候,她却忽然熬不住了？莫非她来此世上只是为了替儿子担忧,却不该分享我的一点点快乐？她匆匆离我去时才只有四十九岁呀！　　　　　　　　　（史铁生《我与地坛》）

⑤ 谢谢,为什么要感谢？你为我做了什么呢？你给我多少好处？你能帮我什么忙？你为了我,还是为了你自己？紧张而繁华的生活渐渐让我们淡漠了一切、怀疑一切、利用一切、也玷污了一切。　　（乔叶《天使的声音》）

⑥ 这,也许特殊了一点儿,常人不容易理解,那么,你看见笋的成长吗？你看见过被压在瓦砾和石块下面的一棵小草的生成吗？它为着向往阳光,

为着达成它的生之意志……顽强不屈地透到地面上来。　　（夏衍《野草》）

例④接连的设问,强烈地倾诉了作者失去母亲后的悲痛、自责之情。例⑤五个设问构成排比,语势步步紧逼,引发读者对"感谢"的核心意义的思考,从而学会感恩。例⑥通过设问承转过渡,既引起注意,引发联想,又从另一个角度形象地说明了一粒种子的巨大力量。

从总体看,设问能引人注意,启发思考,突出题旨,强化气氛,强调观点。从结构上看,设问用于标题或句首有醒目和提纲挈领的作用;用于中间有自然承转过渡的作用;用于结尾则发人深思,有强化主题的作用。

要注意的是,设问句不同于一般句法上的疑问句。例如:

⑦ 你的同桌呢?
　　去图书馆了。
⑧ 离开校园已经很久了,还记得曾经的老师吗?还记得曾经的同桌吗?这生活了六年的地方,我怎么会忘记呢?

语法中的问句是确有疑问而发问,需要对方作答;设问则是自己并无疑问,也不需要别人回答,只是为了增强修辞效果的需要,提一个或几个问题,自己作答或只问不答。因此,例⑦是疑问、例⑧是设问。

十一、反问

（一）反问及其作用

反问,又叫"诘问"、"反诘"或"激问"。它也是无疑而问,是故意用疑问的形式表示确定的意思。

反问是只问不答,答案就包含在问句之中。

（二）反问的类型

1. 肯定式反问

用肯定的反问形式表示否定的内容。例如:

① 现在,谁还能说出一棵草、一根木头的全部真实?谁会看见一场一场的风吹倒旧墙、刮破院门,穿过一个人慢慢松开的骨缝,把所有所有的风声留在他的一生中?　　（刘亮程《今生今世的证据》）
② 即使能活得好,我就那么在乎法国的面包和雷诺牌汽车?
　　　　　　　　　　　　　　　　　　　　（韩少功《我心归去》）
③ 就这样,终日浑浑噩噩或兴致勃勃地忙碌不停,哪里还会顾及无形地存在于我们身上的那个心灵?　　（冯骥才《表白的快意》）

例①否定的内容是"谁都不能说出"、"谁都不会看见",强烈表达了作者对曾经生活过的家园不同寻常的复杂情感。例②否定的内容是"我不在乎"。因为"我"不想移民,好像是缺乏勇气也缺乏"兴趣"。用肯定式反问,既加强了语气,又富有幽默感。例③否定的内容是"不会顾及心灵"。强烈的反问,表达了作者对"心灵"这个"生命的核心"的无比尊重。

2. 否定式反问

用否定的反问形式表示肯定的内容。例如:

④ 太阳一上屋檐,鸟雀便在吱叫,泥地里便又放出水蒸气来,老翁小孩就又可以上门前的隙地里去坐着曝背谈天,营屋外的生涯了;这一种江南的冬景,岂不也可爱得很么? （郁达夫《济南的冬天》）

⑤ 麦当劳地方化的过程,何尝不是人类历史上和现实社会中经常发生或正在发生的社会文化变迁过程的体现。想想历史上所有其他外来文化的传入,不都有相似的过程吗? （翁乃群《麦当劳的中国文化表达》）

⑥ 每种动物的眼睛对于它本身就是最好的,都能很好地适应生存,这难道不是自然界生命现象的奥秘吗? （王谷岩《谁的眼睛最好》）

例④是散文中用否定的形式表示肯定。例⑤是议论文中用否定的形式表示肯定,这种反问方式应用较广泛,与一般陈述句相比语气更强烈,观点更鲜明,态度更坚决。

有时反问和设问连用,增强了语势和感染力,又能引起注意,发人深思。例如:

⑦ 朋友们,当你们听到这一段英雄事迹的时候,你的感想如何呢?你不觉得我们的战士是可爱的吗?你不以我们的祖国有着这样的英雄而自豪吗? （魏巍《谁是最可爱的人》）

设问和反问都是无疑而问,两者的区别在于:设问是自问自答,少数是只问不答,答案自明,反问必须是问而不答,答在其中;设问本身不表示肯定或否定,反问明确表示肯定或否定的内容;设问的主要作用是引起注意,启发思考,反问的主要作用是加强语气,用不容置辩的语气表明态度。

十二、顶真

(一) 顶真及其作用

顶真,又叫顶针、蝉联、联珠。就是用上句结尾的词语或句子作下句开头的词语或句子,使首尾蝉联的一种修辞方式。

顶真是汉语传统修辞格之一,在多种语体中广泛运用。用于叙事状物,加强了条理性,线索清晰;用于议事说理,加强了逻辑性,环环相扣;用于抒情写意,加强了连贯性,淋漓酣畅。

(二)顶真的类型

1. 单次顶真

即只有一次顶接。例如:

① 但假若你在旅途的夕阳中听到舒伯特的某支独唱曲,使你热泪突然涌流的想象,常常是故乡的小径,故乡的月夜,月夜下的草坡泛着银色的光泽……
(韩少功《我心归去》)

② 现在,它疲倦了,疲倦得像个甜睡的宝宝,静静地躺着。
(杨健、叶兆君《小桥 流水 人家》)

③ 开口便笑,笑古笑今,凡事付之一笑。
大肚能容,容天容地,与己何所不容。
(峨眉山灵岩寺弥勒佛左右楹联)

④ 从感性认识而能动地发展到理性认识,又从理性认识而能动地指导革命实践,改造主观世界和客观世界。 (毛泽东《实践论》)

⑤ 站起来,站起来才能飞。
我们飞出了卫星
飞出了火箭
……

(王怀让《中国人,不跪的人》)

以上①②③例是词的顶真,④⑤例是短语的顶真。分别用于散文、对联、诗歌和议论文。

2. 多次顶真

即顶接的次数为两次或两次以上。例如:

⑥ 你的口,
歌向青山,
青山添了媚眼;
你的口,
歌向流水,
流水野孩子一般;
你的口,

歌向草木,
草木开出了青春的花朵;
你的口,
歌向大地,
大地的身子应声酥软。

(臧克家《春鸟》)

⑦ 古人说"修身、齐家、治国、平天下",这里边大有研究。"修身"才能"齐家","齐家"才能"治国","治国"才能"平天下"。

(康式昭 奎曾《大学春秋》)

⑧ 不同民族不同文化只要生存,便可能有接触;只要有接触,便有交流;只要有交流,便有变化。 (庞朴《传统文化与文化传统》)

⑨ 必也正名乎!……名不正,则言不顺;言不顺,则事不成;事不成,则礼乐不兴;礼乐不兴,则刑罚不中;刑罚不中,则民无所措手足。

(《论语·子路》)

以上⑥例是词的多次顶真,用于诗歌;⑦例是短语的多次顶真;⑧⑨例是分句的多次顶真。

顶真也可以是结构一篇文章甚至是结构长篇小说的一种手法。若干个短篇故事,靠顶真手法组成一个整体。我国的如《水浒传》、《三国演义》、《西游记》等,外国的如《一千零一夜》。

十三、回环

(一) 回环及其作用

回环是利用语言的巧妙变化,构成词语相同而语序相反的形式表达不同事物的有机联系的一种修辞方法。

回环是一种有着久远历史的辞格,如《老子》:"善者不言,言者不善。知者不博,博者不知。"应用也很广泛。特有的整齐形式、回环反复、和谐声音,既能给上下文增添特殊的含义,又能形成往复缠绵之美感;既能精当地揭示事物的辩证关系,又能使读者印象深刻。

(二) 回环的类型

1. 严式回环

指构成回环的部分词语必须相同,结构相同或相近。例如:

① 啊呀啊呀,真是愈有钱,便愈是一毫不肯放松,愈是一毫不肯放松,便愈有钱……

(鲁迅《故乡》)

② 其中尤以漏窗墙最为奇妙,它不仅能造成动与静的差异,而且能使

得动中有静,静中有动。 （陆文夫《围墙》）

③ 啊,大地是我,我是大地。一切有生命的精灵,都是我的宝贝;一切宝藏,都在我的体内…… （关登瀛《大地的话》）

例①"有钱"和"一毫不肯放松"的巧妙设置,互为因果,相互作用,突出了杨二嫂的不同寻常:精明、刁钻。例②四个字来回穿梭,显示了活动的景致与安静的漏窗墙相得益彰,"最为奇妙"。例③用抒情的口吻,回环的形式,既使音律和谐、情趣无限,又讴歌了大地的博大情怀。

2. 宽式回环

指构成回环的部分结构相似或相近,词语并不完全相同,有的中间可插入别的成分。例如:

④ 远远的街灯明了,
　好像是闪着无数的明星。
　天上的明星现了,
　好像是点着无数的街灯。
　　　　　　　　　　　　　　（郭沫若《天上的街市》）

⑤ 你站在桥上看风景,
　看风景的人在楼上看你;
　明月装饰了你的窗子,
　你装饰了别人的梦。
　　　　　　　　　　　　　　（卞之琳《断章》）

⑥ 一个民族的传统无疑与其文化密不可分。离开了文化,无从寻觅和琢磨什么传统;没有传统,也不成其为民族文化。
　　　　　　　　　　　　　　（庞朴《传统文化与文化传统》）

例④⑤都是在诗歌中运用了宽式回环,语气较为舒缓,又不乏活泼有趣。例⑥是议论文中的宽式回环,表达较为灵活自由,同时揭示了两者间的密切关系。

(三) 回环的运用

1. 回环可以扩展

⑦ 猪多肥多,肥多粮多,粮多猪多。

⑧ 一切为了学生,为了学生的一切,为了一切学生。

回环的构成方式是 A—B,B—A,但在实际运用中也有所扩展。例⑦的格式是：A—B,B—C,C—A,生动说明了三者递为因果的关系。例⑧则是把回环的格式稍加调整,变更了语序变化的格式,使表达的意义更为深刻而丰富,它以"学生"为中心围绕三个关键词构成了"ABC－BCA－BAC"的格式,环环相扣,步步相逼,突出了"一切以学生为本"的办学理念。

2. 注意回环与顶真的区别

回环与顶真在首尾顶接上十分相似,但又有根本区别。回环是 A—B,再由 B—A,即从甲事物到乙事物,再由乙事物回到甲事物的循环往复;顶真是 A—B,B—C,C—D……即从甲事物到乙事物,从乙事物到丙事物……的步步延伸。

十四、拈连

（一）拈连及其作用

拈连又叫"顺拈"、"顺连",就是利用上下文的语意关联,顺势把用于甲事物的词语巧妙地用于乙事物上的一种修辞方式。一般说来甲事物在前,是具体的,乙事物在后,是抽象的。起拈连作用的叫拈词,拈词一般为动词,对于甲事物,用的是它的本义,对于乙事物,用的是引申义和比喻义。

拈连是词语的超常搭配,它赋予语言的新义,是在一定语境中主观造成的。这种语义的超常跳跃,简约而富于变化,连贯而寓意深刻,它使抽象的事物变得具体形象,使普通的事物蕴含了特殊的、隽永的意义,耐人寻味。

（二）拈连的类型

1. 直接拈连

拈连的甲乙两事物同时出现。例如：

① 于是,我打开了抽屉,不仅是打开了抽屉,我打开了我的心。

(巴金《随想录》)

② 春天来了,山尖尖的冰雪融化了。漂载着野花,漂载着山草和林苔的清香,漂载着快乐,漂载着喜悦和云彩的影子,泉水在山箐里响起来了。

(吴然《抢春水》)

③ 刘翔,完成了一次"孤身飞翔"！当他狠狠跨过十个栏杆时,他跨越了世界田径的高山,也跨越了一个真实的自己。

(晏殊殊《新民晚报》2004 年 8 月)

例①"打开"是拈词,自然跳跃到"打开了我的心",豁然开朗之情跃然纸上。例②把"漂载"巧妙地"拈"来用在表抽象事物的"快乐"、"喜悦"上,表达了人们在立春之日抢春水的欢愉、兴奋。例③从"跨过……栏杆"跳跃到"跨越……高山"、"跨越……自己"的超常搭配,颂扬了刘翔对于中国乃至世界田径事业的贡献。

2. 间接拈连

甲事物不出现,乙事物无直接依托。或用于描写甲事物的拈词被省掉,直接出现乙事物。例如:

④ 我只是伫立凝望,觉得这一条紫藤萝瀑布不只在我眼前,也在我心上流过。　　　　　　　　　　　　　　　　　　（宗璞《紫藤萝瀑布》）

⑤ 浅浅的酒杯,
　始终盛不下浓浓的乡愁,
　异乡人终于醉倒在了,
　别人故乡的家门口。
　　　　　　　　　　　　　　　　　　　　　（蔡大海《遥远的门》）

⑥ 晨曦中阿爸在田间劳作,
　烟雾里阿妈煮饭在灶旁,
　小孩子在稻草堆里打滚,
　姑娘从溪边挑回一担担摇晃的夕阳……
　　　　　　　　　　　　　　　　　　　　（《这儿,原来是一座村庄》）

例④省略了描写甲事物的拈词"流过"。例⑤省略了甲事物"盛不下浓浓的酒"。例⑥省略了甲事物"挑回了一担担水"。间接拈连内涵丰富,更为简约有力。

运用拈连一是要注意甲事物与乙事物间的内在联系,以便理解乙事物所表达的深刻道理;二是要注意拈词的运用,以准确妥帖地沟通甲、乙两事物。

十五、仿拟

(一)仿拟及其作用

仿拟是在特定的语境里,故意仿照现成的词语、句子甚至篇章,临时创造出新的词语、句子或篇章的一种修辞方式。

仿拟是巧妙创新,有的幽默诙谐,有的新奇风趣,有的意境优美,有的深刻有力,因而极富创造性和生命力。

(二)仿拟的类型

1. 仿词

(1)语义仿拟。即把现成词语中的某个语素更换成意义相反或相类的语素,临时造出新的词语。例如:

① 不过那一块土地是久违了,二十五年,四分之一的世纪,即使有雨,也隔着千山万山,千伞万伞。　　　　　　　　　　（余光中《听听那冷雨》）

② 董厂长一脸苦笑地说:"如今办成一件事八面玲珑都不够,十六面玲珑也勉强。"
(理由《纯情·希望在人间》)

例①是利用"山"和"伞"在特定语境中的类义关系,创造出"千伞万伞",更贴近题旨。例②"十六面玲珑"显然仿造"八面玲珑",数字的变更既表达了无奈之情,又增添了幽默感。

(2) 谐音仿拟。即利用语素的同音或近音关系临时造出一个新词,例如:

③ 五儿急得便说:"原是宝二爷屋里芳官给我的。"林之孝家的说:"不管你'方官''圆官',现在有了赃证!我只是呈报了,凭你主子前辩去!"
(《红楼梦》第六十一回)

④ 以"声"作则
出口成"脏"

(某漫画标题)

例③"方"是"芳"的谐音仿拟,而"圆官"又是对"方官"的临时仿拟。例④"声"、"脏"分别是对成语"身"、"章"的谐音仿拟。这种方法,不仅诙谐有趣,而且含义深刻,令人深思。

2. 仿句

模仿人们比较熟悉的诗文而造出的新句。例如:

⑤ 啊,我完全陶醉在泉水的歌唱之中。说什么"山不在高,有仙则名",我却道"山不在名,有泉则灵"。孕育生机,滋润万木,泉水就是鼎湖山的灵魂。
(谢大光《鼎湖山听泉》)

⑥ 自从有了野荷,湖光便格外灿烂。该当是:水不在深,有荷则灵了。
(沈重光《野荷》)

⑦ 商翁之意不在榷,在于寻找轰轰烈烈,无伤大雅却也没啥意思……
(王蒙《逍遥集》)

例⑤⑥都是仿造刘禹锡《陋室铭》中的名句。例⑤仿造前两句"山不在高,有仙则名"。例⑥仿造后两句"水不在深,有龙则灵"。例⑦则是仿造欧阳修《醉翁亭记》中的"醉翁之意不在酒,在乎山水之间"而成。

3. 仿篇

仿照大家比较熟悉的篇章,造出新的篇章。

⑧ 房价让人昏啊,小桥流水人家,房价压垮瘦马,高价不下,没房人在

天涯。 （《读者》2006年21期）

这是仿马致远的《天净沙·秋思》而创作的新篇章。幽默地表达了高房价给人们带来的无尽烦恼。

仿拟是旧瓶装新酒，因此一定要注意"旧"与"新"的内在联系，所仿拟出来的内容一定要显豁，构造要相似，使人一看就明了，必要时可用引号加以标示。另外，仿拟与生造词语不同，仿拟是积极的修辞手段，而生造词语则会引起语言混乱。

十六、摹绘

（一）摹绘及其作用

摹绘是对人或事物的声音、色彩、情状等如实地加以摹拟。运用摹绘可增强语言的生动性和形象性，给人如闻其声、如见其形之感。

（二）摹绘的类型

1. 摹色

对事物的色彩进行描绘。例如：

① 细小的花朵，黄澄澄，金灿灿，在阳光抚摸下，更觉亮丽。
（肖寿仁《野菊》）

② 由远而近，河面映现的色彩不断变幻，火红，红黄，淡黄……层次非常分明。
（《黄河之水天上来》）

例①逼真地描摹出野菊在阳光照耀下的金色光彩。例②层次分明地描绘出黄河之水由远而近的色彩变化。

摹色的词语一般是形容词，有重叠式的，也有偏正式的。

2. 摹状

对人和事物的情状进行描绘。例如：

③ ……在她快要退出院子，快快地离去的时候，才看见垂头丧气的小林蔫蔫地从房里走了出来。 （王蒙《风息浪止》）

④ 一个怯生生的船家女，偶尔在江上听到乡音，就不觉喜上眉梢……
（柯灵《乡土情结》）

⑤ 深秋时节，柚子熟了，树上沉甸甸的绿色球儿好像一盏盏小绿灯，在微风里晃来晃去。 （孙海浪《柚子树下》）

摹状多用形容词重叠式。如例③"快快"、"蔫蔫"，例④"怯生生"，例⑤"沉甸甸"。有时也运用文字的形体或某种图形符号来描摹事物的形状。如：

⑥ 旋风突然就出现了。风挟裹着黄沙，构成了风的形状，像一只只倒扣的金钟，呈U字形，底部紧贴着戈壁滩，任意地旋转舞蹈着。

（张抗抗《海市》）

3. 摹声

对人和事物的声音进行逼真的摹写。例如：

⑦ 鸟声减了啾啾，蛙声沉了阁阁，秋天的虫吟也减了唧唧。

（余光中《听听那冷雨》）

⑧ 三味书屋是几十年前的书塾，当年"子曰"、"诗云"、咿咿呀呀的读书声，街上都能听得到。

例⑦是摹写大自然中鸟虫的鸣叫声。例⑧是生动地摹写孩子们的读书声。摹声使用的是拟声词，其功能相当于形容词。

对味道、气味、感觉等也可用摹绘来表现，如"麻辣辣、香喷喷、酸溜溜、甜津津、冷飕飕、热烘烘"等等。

摹绘不同于一般描写，如"红扑扑"给人红得可爱、红得健康的形象感，而"红"则是一般的实写，难以引起想象。

十七、辞格的综合运用

修辞格的综合运用是指在一个语言片断中，同时运用两个或两个以上的辞格，主要有连用和兼用两种形式。

（一）连用

是指在一个语言片断中，连续使用同一种辞格或几种不同的辞格。

1. 同一辞格的连用。例如：

① 走近一看，只见一股洪流直冲而下，在日光映射下，像是悬空的彩练，珠花迸发，有如巨龙吐沫；水冲到潭里，激起了沸腾的浪花、晶莹的水泡。大大小小的水珠，随风飘荡，上下浮游，如烟如雾，如雨如尘，浸入衣袖。

（黄药眠《祖国山川颂》）

② 天地为它们喝彩，蜜蜂为它们歌唱，蝴蝶为它们舞蹈。在爱的浪潮中，春风与菜花缠缠绵绵，舒展着一幅波澜壮阔的锦绣画卷。

（傅尔华《花海忘归》）

例①一气连用六个比喻,多层次、多角度地具体描绘了黄果树瀑布的形态。例②则是连用四个拟人辞格,生动展示了早春时节万物复苏的灵动画面。

2. 不同辞格的连用。例如:

③ 早春时节,当遥远的北国还是千里冰封、万里雪飘的隆冬,家乡罗平的油菜花,早已静悄悄地一声不响地开满了世界。田野里,小溪旁,山坳上,马路边,从山菁到山腰,从山脚到坝子,一层层一片片,纷纷扬扬,浩浩荡荡,撒满山间,撒满天地,也撒满人们的心田。 （傅尔华《花海忘归》）

④ 树林内外,百鸟争鸣,呼朋引伴,叽叽啾啾,整个刺槐林和竹林成了一个天然的俱乐部。 （《灰椋鸟》）

例③连用了拟人、排比、拈连。例④连用了拟人、摹声、暗喻。

(二) 兼用

是指一种语言表达形式兼有两种或两种以上的辞格,也叫"兼格"。

⑤ 春天,绿的世界。秋天,丹的天地。 （袁鹰《枫叶如丹》）

⑥ 一路不知吻过多少岸边的绿墙,也不知抚过多少岸边人的甜梦,现在,它疲倦了,疲倦得像个甜睡的宝宝,静静地躺着,仰视着天上的白云,做着一个归入大海前的美梦。 （杨健、叶兆君《小桥 流水 人家》）

例⑤是对偶和拟人融为一体。例⑥先是对偶和拟人兼用,接着是顶真和明喻的兼用。辞格的兼用现象是因为有些辞格之间有相似之处,如比喻和比拟、对偶和对比、排比与反复等。

兼用还有另一种情况,就是某个辞格里套着比它范围小的一个或几个辞格。这类辞格有的称之为"套用"。例如:

⑦ 一站站灯火扑来,像流萤飞走,
　　一重重山岭闪过,似浪涛奔流……
　　　　　　　　　　　　（贺敬之《西去列车的窗口》）

⑧ 小溪,我认识了你
　　谁说你没有痛苦,无忧无虑
　　吟唱着轻松的歌,不歇不息
　　谁说你缺乏感情,只爱自己
　　踩着一个节奏,潺潺流去

　　　　　　　　　　　　（苏文河《小溪,我认识了你》）

例⑦是对偶中兼用比喻,比喻中又兼用拟人。第一层次是对偶,对偶的上下联各由比喻构成第二个层次;比喻的本体又是比拟,是第三个层次。例⑧第一层次是对偶,对偶的上下联各由反问构成第二个层次;反问句中又有比拟,是第三个层次。这种兼用是大辞格有所借助,小辞格有所依托,层次丰富,变化迭出,强化了表达效果。现在的广告语中有的也体现了综合修辞的效果,如某化妆品的广告语"今年二十,明年十八"。就是对偶与夸张的兼用。

辞格的综合运用要注意两点:一是要服从内容的需要,服从提高整体表达效果的需要,防止辞格的堆叠;二是要懂得各种辞格的特点,在实际运用中突出主要辞格的作用。如属于对称类的,有对偶、排比、顶真等;属于形象类的,有比喻、比拟、夸张、借代等;属于抒发感情类的,有反复、回环、拈连等等。

图书在版编目(CIP)数据

现代汉语/卜玉平主编,白金香副主编.—南京:南京大学出版社,2009.8(2017.6重印)
五年制高等师范教材
ISBN 978-7-305-06400-5

Ⅰ.现… Ⅱ.卜… Ⅲ.汉语-现代—师范大学-教材 Ⅳ.H109.4

中国版本图书馆CIP数据核字(2009)第148598号

出版发行　南京大学出版社
社　　址　南京市汉口路22号　　邮　编　210093
网　　址　http://www.NjupCo.com
出 版 人　左　键
书　　名　现代汉语
主　　编　卜玉平
副 主 编　白金香
责任编辑　姚　徽　　　　　　　编辑热线　025-83593963
照　　排　南京紫藤制版印务中心
印　　刷　南京人民印刷厂
开　　本　787×1092　1/16　印张 19.5　字数 366 千
版　　次　2017年6月第1版第10次印刷
ISBN　978-7-305-06400-5
定　　价　35.00元

发行热线　025-83594756
电子邮箱　Press@NjupCo.com
　　　　　Sales@NjupCo.com　(市场部)

＊版权所有,侵权必究
＊凡购买南大版图书,如有印装质量问题,请与所购
　图书销售部门联系调换